傳播研究與效果評估

鄭自隆　著

五南圖書出版公司 印行

序 / 導讀

寫論文、做研究，都不難！

傳播相關科系，無論大學部或研究所都有「研究方法」的課，而且是必修，這門課對大學部學生，是邏輯思考、解決問題能力的訓練，以便投入職場後可以處理民調、傳播效果評估之類的業務；對研究生，研究方法的課則是為寫論文做準備。

作者多年的「研究方法」課程教學，瞭解這門課對學生有其難度，傳播科系學生來自第一類組，本就怕數學、怕公式，因此艱澀的研究方法，只會把學生撂倒，一下子就喪失學習的興趣，這本書《傳播研究與效果評估》，沒有要背的公式（公式是拿來用的，而不是拿來背的），不會講艱澀的統計原理（統計原理就讓統計所教，至於統計方法，只要會用SPSS就可以了），本書是概念的啓發，主要告訴學生五件事情 —
- 如何發展題目與研究目的
- 如何從研究目的建立變項關係
- 如何發展變項測量方法
- 如何選擇統計方法，以檢驗變項關係（如何計算就留給SPSS）
- 如何詮釋統計發現，以呼應研究目的

因此本書可以作為大學部的啓蒙書，更適合研究所使用，作為「食譜」，依樣畫葫蘆，調理出「論文」料理。

論文的訓練就是學術訓練，可能有人會說，現在研究所那麼普遍，幾乎已經成為「國民教育」，而且畢業後絕大部分的學生也不會投入學術工作，還需要寫論文嗎？事實上，論文更是思考問題、解決問題的訓練；邏輯思考就是環環相扣，寫論文要找研究方向、擬定題目、探索文獻、選擇印證研究問題的方法、蒐集分析資料，最後歸納結論，其間每一環節都得扣連，這就是分析問題與解決問題的過程。

寫論文第一個碰到的挑戰就是想題目，傳播領域的論文當然必須與傳播有關，第一章「導論」，從 H. Lasswell 的模式介紹傳播研究的五大範圍——傳播者、傳訊訊息、傳播對象、傳播媒介、傳播效果，從所介紹的各範圍相關理論，或可讓學生有一些啟發。

第二章「研究架構」，一開始就告訴研究生如何發想題目，思考論文題目是論文寫作的第一個難題，題目發想有二個途徑：

- 從傳播現象找出問題，再以理論印證之；
- 從傳播理論找出問題，再以傳播現象證明之。

此章還介紹社會科學研究應有的「變項」（variable，也稱為變數）觀念，以及論文撰寫的五個必須環環相扣的單元，也是論文一定要有、缺一不可的五章，社會科學研究有其一貫性，從二十世紀所建構的學術架構典範，迄今未變：

- 第一章「研究目的」：說明研究背景、研究動機，擬討論或分析的問題；
- 第二章「文獻探討」：從相關研究中，討論本研究的理論基礎；
- 第三章「研究方法」：說明分析或探討「問題」的方法；
- 第四章「研究結果與發現」：陳述經由研究方法所得的結果或重要發現；
- 第五章「結論與建議」：包含結論、理論討論、建議（未來研究建議與實務建議）、研究限制。

本書第三章「研究設計」，介紹量化傳播研究的三個基本功：資料蒐集、抽樣、測量，學習傳播研究這些基本功夫都必須懂；抽樣單元只有二個小公式，一個是以樣本數回推抽樣誤差，另一個是小母體（30,000以下）的樣本數計算，本書不會告訴你公式如何推演（這是統計所要學的，而不是傳播所），本書只告訴你如何用這些公式。

第四章「傳播效果評估」，是因應學生畢業，進入媒體產業可能面對的實務運用；傳播領域的效果評估，以「廣告」歷史最為悠久，廣告涉及龐大經費，所以美國廣告界名言，我知道所投入的廣告費有一半是丟到水裡，但不知道是哪

一半；本章效果評估分為訊息評估、媒體評估、整體廣告運動評估予以說明，事實上，廣告的效果評估方法，亦可應用於傳播領域的新聞、公關、電視、電影……的效果測量，只要舉一隅就可以三隅反，當然實務的效果評估只要加入理論的討論，亦可以發展為學術論文。

第五章至第十一章為方法分論，分別介紹傳播研究常被使用的方法，不同題目有不同的解決方法，研究生應就自己題目選擇最適合的方法，方法擇定後，只要依樣畫葫蘆就會有合乎體例中規中矩的論文：

- 調查法（Survey research）
- 內容分析法（Content analysis）
- 焦點團體座談（Focus group discussion）
- 德菲法（Delphi method）
- 深度訪談法（In-depth interview）
- 文本分析（Textual analysis）
- 個案研究（Case study）

方法分論每一章均會搭配若干我指導學生的論文，並予評論，選用這些論文並非完美，事實上也沒有完美的論文，就是教授的論文也需同儕評論（peer review），選用學生論文係提供讀者發想空間，截長補短，讓後學者可以踏著「先烈血跡」前進。

本書沒有特別介紹實驗法（experimental study），這是作者個人的「偏見」，雖然40年代C.I. Hovland用實驗法所產出的說服原理已成傳播經典，但自此以後卻鮮少有傑出的實驗法傳播研究，可見傳播研究使用實驗法有其難度。實驗法是以控制一個觀察（實驗）的變項，然後比較不同組別（實驗組、控制組）產出的不同，或就同一組受測者觀察前測與後測的差異；實驗法是醫學、農學常用的方法，其過程嚴謹，必須孤立實驗變項，排除干擾因素，方能突顯實驗意義，因此適合自然科學研究；但對傳播、廣告、新聞、公關研究而言，研究對象是「人」，而人的認知與態度干擾因素太多，因此，對A個案的實驗結論未必可類推至B，實驗結果概化能力有限。

　　此外，實驗被期待是處於自然情境（natural setting）之下進行，但傳播實驗處理（treatment）卻很難被認為真實或接近真實，而且也容易引起霍桑效應（Hawthorne effect），如研究同一商品製作二張廣告稿，比較是否因訴求差異，而導致不同情感效果，且不說學生實驗設計所作的廣告是否有專業水準，可接近市場真實；更需考慮的是，通常人們看廣告是低涉入感（low involvement）行為，隨便看看，但在實驗情境卻被要求詳細看，而且要分辨二張廣告稿的差異，如此取得的資料，只能見樹未必見林，效度（validity）堪慮。

　　本書引用的學生論文包含黃筱萱、吳國安、陶雅育、林威儒、蔡佩旻、張涵絜、黃婷華、楊璨瑜、王詣筑、林珈妤、劉昭卉、邱啓紋等人，有政治大學、也有世新大學，有一般生、也有再職專班生；這也說明無論來自哪間學校、是一般生抑或再職生，只要有心而且好好帶，都可以寫出中規中矩的論文。

　　第三章第四節個案討論「報紙廣告說服力公式研擬」，是作者四十年前的碩士論文，引述此論文一方面是記錄自己的研究軌跡，另方面也是向恩師徐佳士教授致敬與致謝，我的碩士與博士論文都是老師指導，也是老師最後一位指導的學生，算是「關門弟子」，感謝老師開啓我對廣告、新聞、傳播的視野，老師高齡九十餘，敬賀老師嵩壽。

鄭自隆

2015夏

目　錄
CONTENTS

第11章

個案研究法

導　論

第一節　廣告、公關與傳播研究

壹、從一個個案說起

很多人認為「研究」是學者的事，與實務無關；也有人會說，研究（尤其是社會科學研究），是用來妝點門面，或是替政策化妝，無法解決現實問題；廣告或公關業界更常認為，廣告與公關都是經驗與實戰的累積，「研究」幫不上忙，就留給教授升等、申請國科會之用，或讓研究生畢業拿到學位。

真的是那樣嗎？且來看以下的例子——

季節轉換對飲料工廠而言，是極為敏感的，夏天生產線24小時開工，仍趕不上市場需求，但一到冬天，銷售停頓，生產線停擺，工人閒散，固定成本仍須支出，面對冬天是飲料的淡季，廠商都會思考如何透過廣告提升銷售量。

黑松沙士在90年代同樣面臨這個難題，因此委託廣告代理商聯廣公司進行研究，經市場調查發現，飲料市場的「淡季：旺季」比是1：3，夏季是冬季的3倍，而黑松沙士占沙士市場95%，處於絕對的優勢，因此是冬季市場「品類」之事，是沙士與可樂、汽水、茶、咖啡的競爭，而非黑松與其他沙士品牌的競爭。

再從消費者行為調查發現，消費者冬天不喜歡喝冷飲，而冬天最喜歡的飲食

活動是吃火鍋；聯廣公司於是針對「火鍋」與「沙士」的關聯，舉辦消費者的焦點團體座談（FGD: Focus Group Discussion），研究發現：

1. 吃火鍋，容易上火
2. 喝沙士，可以降火氣

聯廣公司創意部門於是根據上述的市場調查、消費者行為調查、消費者焦點團體座談的研究結果，形成廣告概念（concept）：

> 冬天吃火鍋，就要喝沙士，降火氣。

這個案例告訴我們，「研究」絕不是象牙塔內的「自我感覺良好」之作，廣告創意也不是神來之筆，倚仗創意人員的「天縱英明」。「研究」有其實務功能與意義，傳播研究是從實務的觀察，「歸納」為理論，再從理論「演繹」觀察指標，用以審視實務。

廣告是跨學門的知識，因此社會科學研究方法，當然可以應用到廣告研究上，而且廣告被認為是傳播學門的支領域，更可以「大方」的使用傳播相關的研究方法。廣告如此，公關與其他的媒體研究也是如此。

貳、何謂「研究」？

無論理工農醫或文法商科的領域都會提到「研究」，在大學也會有「研究方法」的課，但什麼叫做「研究」？「研究」（research）和「調查」（survey）又有什麼區別？

一、「研究」有兩個條件

1. 系統的

「研究」是有規劃而且嚴謹的過程，其方法是學術社群所認可，通常會站在巨人的肩膀上──以理論作為研究的基礎，經過反覆推敲求證，通常好的研究不會以單一觀察驟下結論，而在研究過程中數學和統計是歸納推論的工具之一，但不是唯一，研究過程中的邏輯性，理論、方法、資料、發現的環環相扣才是最緊要的。

2. 客觀的

「研究」固然是創造力與想像力的活動，但絕不因研究者個人喜好而有所偏差，透過適當方法、客觀推論過程，以學術倫理為支撐，去除人為的主觀，以呈現客觀的研究結果；一位嚴謹的研究者，不會因自己的政黨偏好、意識型態、種族、宗教信仰、商業利益的緣故，而做出迎合預設立場的研究（這是嚴重違反學術倫理的！）；換言之，好的研究不會先有「答案」再來「找證據」，必須由「證據」來推論「答案」。

因此透過研究，在實務面可以提供有效的資訊，增加決策效能及效率；在理論面，研究結果可以歸納為理論、建構理論，而理論更可以演繹來說明所觀察的現象，回到實務面的貢獻。

二、「研究」和「調查」又有什麼區別？

以「目的」而言，調查通常是對現況有問題，所做的事實發現或挖掘，所以常被稱為fact-finding survey，著重在「What」；而研究除了要瞭解事實或現況外，更重要的是發現影響事實或現況的可能因素，也就是變項間因果關係（causal relationship）的推演，著重在「Why」。

舉例來說，「臺北市民眾使用網路行為調查」，如果只針對區里普及率、使用類型做調查，那是「調查」，但根據這個調查的數據，以臺北市民眾人口變項（性別、年齡、教育程度、職業類型）與使用行為做交叉分析，探討哪些因素會影響網路使用行為，甚或以之分析「數位落差」，則成為「研究」。

以「面向」來說，由於研究是變項間因果關係的探討，因此可能針對這一主題，重複進行多項類似觀察，以交叉檢驗，歸納共同結論，如「使用與滿足」（uses and gratifications）的主題，可以分別以不同媒體使用類型觀察之（如收看電視政論節目、耽溺網路電玩遊戲、到電影院看電影），以交叉驗證，再形成堅強的理論論述；而調查，通常只是單一事件的觀察，沒有理論建構的企圖，因此不會涉及不同面向的交叉驗證。

以「功能」來說，研究因為對一主題重複進行多項觀察，以探討其變項間因果關係，因此有歸納結論以建構理論、驗證理論的企圖；但調查通常是實務功能

表1.1.1 「研究」與「調查」的區別

比較	研究	調查
目的	分析Why 變項間因果關係的探討	挖掘What 事實或現況的發現
面向	針對變項間因果關係，重複進行多面向觀察，以交叉檢驗。	單一事件的觀察
功能	有建構理論、驗證理論的企圖	實務功能導向
時間壓力	較無時間壓力	有時間壓力

導向，如調查市場、瞭解民意、檢討政策，功能比較單純。

以「時間壓力」來說，研究因有建構理論的企圖，因此必須「細火慢燉」急不得；但調查因為要分析市場、瞭解民意、檢討政策，因此有時間壓力，如選舉期間的候選人支持度調查，當某候選人拋出一項政見時，要瞭解選民反應，下午拋出議題，晚上就得做民調。

參、理論與研究

研究是從實務的觀察，「歸納」為理論，所謂理論，係將複雜社會現象簡化為變項（variable）關係的論述（statement），必要時並以圖示或以數學型式來呈現。理論模型不只是假說（hypothesis），也不是單一變項的定義，而是必須涵蓋所有的相關變項或元素（elements），並呈現變項或元素間的互動關係，此外有時亦可透過量化方式予以實證檢驗。

為什麼需要以理論來詮釋社會現象？理論或理論模型對傳播或社會的觀察、評估有何助益？Reynolds（1971）認為理論有五大功能：

· Typologies：即「分類現象」，將一組觀念（concept）予以組織（organizing）與分類（categorizing）；

· Understanding：即「瞭解現象」，以理論作為瞭解、觀察現象的表尺（scale）；

· Explanation：即「解釋現象」，以理論來詮釋現象發生的原因；

．Prediction：即「預測現象」，相同的社會現象，以理論預測其發展軌跡；

．Control：即「控制現象」，對未來可能發生之狀況，透過理論瞭解之、解釋之，並預測其發展之可能性，而予以掌控發生機率或預先控管其損害。

以「傳播類型」爲例，經由「分類現象」，可以瞭解傳播可分爲大眾傳播（mass communication）與人際傳播（personal communicator）；而媒介傳播影響面大，但人際傳播掌握關鍵影響；換言之，認知、態度、行爲的效果兩者是不同的，媒介傳播認知效果大，但行爲效果小，人際傳播則具關鍵影響力，行爲效果大，認知效果小，這是「瞭解現象」。

大眾傳播因媒介物理性、資訊可以複製，所以認知的影響面大，而人際傳播則因社交壓力而形成行爲階層的影響，這是「解釋現象」；因此可以「預測」，使用人際傳播將可以掌握關鍵影響力，發揮改變（change）的力量；因此在實務面的運用，廣告主可以使用大眾傳播媒介來建立「告知」與培養「情感」，而成立「粉絲」團（Fans Club）可以培養意見領袖或凝聚人氣。

再以廣告代言人VisCAP模式做說明，根據研究分析，選擇廣告代言人可以有四項指標，即Visibility（知名度）、Credibility（可信度）、Attractiveness（親和力）、Power（權威感），這是將「廣告代言人」做分類，也就是「分類現象」。

從社會心理學可以瞭解，知名度、可信度、親和力、權威感都是消費者偶像崇拜、英雄崇拜的基礎，當然可以作爲選擇廣告代言人的參考，這是經由理論「瞭解現象」。

透過「解釋現象」，可以瞭解爲什麼知名度、可信度、親和力、權威感這四項指標選擇會成爲選擇廣告代言人的指標？知名度是形成偶像的基本條件；可信度才會有專家效應，塑造成權威；有親和力才不會與消費者有距離感，方能形成in-group的感覺；Power是暗示性的權威感，可以有「吹笛人」的效應。

最後，運用VisCAP指標，可以選擇適合商品或品牌的代言人，這是「預測現象」。

表1.1.2　理論功能

理論功能	傳播類型	廣告代言人VisCAP
分類現象 （Typologies）	傳播可以分爲大眾傳播與人際傳播。	廣告代言人可依四項指標選擇之—— Visibility：知名度 Credibility：可信度 Attractiveness：親和力 Power：權威感
瞭解現象 （Understanding）	媒介傳播影響面大 人際傳播掌握關鍵影響	這四項指標是消費者偶像崇拜的基礎。
解釋現象 （Explanation）	大眾傳播：因媒介物理性、資訊可以複製，所以影響面大。 人際傳播：因社交壓力而形成關鍵性影響。	Visibility：偶像的基本條件 Credibility：形成專家效應 Attractiveness：塑造親和力與吸引力 Power：形成暗示性的權威感
預測現象 （Prediction）	使用大眾傳播的廣告，可以廣泛告知。 使用人際傳播可以掌握關鍵影響力，發揮「改變」的力量。	預測依此四項指標選擇代言人，會產生何種銷售或品牌效應。
控制現象 （Control）	使用大眾媒介建立「告知」，培養「情感」。 成立「粉絲」團體，以培養意見領袖。	以此四項指標作爲選擇代言人的判準（criteria）。

　　好的理論或理論模型，由於具備上述的分類現象、瞭解現象、解釋現象、預測現象、控制現象等功能，因此必須有如下的特質（Reynolds, 1971）：

1. 抽象性（abstractness）

　　獨立於時空，沒有時空限制，1947年，P. Lazarsfeld研究美國總統大選發表 The People's Choice（人民的抉擇），發現總統大選的文宣效果在於強化（reinforcement）而非改變（change），這個研究發現是在二十世紀中葉的美國，但在二十一世紀的臺灣大選，這個理論仍然適用，獨立於不同時間、空間，不受到時空限制，這就是好理論。

2. 學術社群主觀性（intersubjectivity）

　　架構完整，其意義爲專家所承認，亦即好的理論必須受到學術社群的認同。E. Noelle-Neumann 在1973年發表〈累積、諧和與公眾效果〉，後來演化成

Spiral of Silence（沉默螺旋理論），也是對西德選舉的觀察，雖以德文發表，但仍為英文學術社群認同，具備圈內主觀性。

3. 實證性（empirical relevance）

理論應可作為實證之用，很多理論是來自實證研究的歸納，被學術社群接受後，在演繹的過程，仍會受到實證研究的挑戰。1970年，P. J. Tichenor提出knowledge gap（知識差距理論或「知溝」理論），認為「教育程度」會影響資訊接收而形成知識差距，但後來有學者以不同議題研究，認為「興趣」比「教育程度」更會導致知識差距（Genova and Greenberg, 1979）。

4. 範圍（scope）

好的理論應具概化能力（generalization），其解釋、預測、控制面應大，E. M. Rogers在1962年發表的Diffusion of Innovation（創新擴散理論），原先是鄉村社會學的觀察，探討農民使用新品種、新技術的接納過程，後來這個理論也被運用於醫生採用新藥、個人電腦的擴散過程，不再侷限農業推廣，顯示這個理論的適用「範圍」大、概化能力強。

5. 簡潔（parsimony）

好的理論應名詞精簡，意義深刻：1955年，E. Kate與P. Lazarsfeld發表的《*Personal Influence*》（人際影響）一書，提出意見領袖（opinion leader）一詞，簡單二個英文字，涵蓋二級傳播、社交壓力、傳播效果等複雜概念，呈現名詞簡潔性。

第二節　傳播研究的範圍

傳播研究範圍可以從很多面向討論，如D. McQuail與S.Windahl的《傳播模式》，從傳播基本過程、人際傳播、文化與社會影響、閱聽人、媒介生產與組織、計畫性傳播、新媒體、國際傳播等面向歸納傳播研究[1]，不過從H.D. Lass-well的傳播模式（Lasswell Formula）中五個要素分析，似乎更可以清楚瞭解傳播

---

[1]　D. McQuail and S.Windahl (1993). *Communication Models,* New York: Longman.

研究的範圍，這個模式也是對何謂「傳播」的言簡意賅的說明，儘管是在1948年提出，迄今已六十餘年，但仍被學界所遵循[2]。Lasswell Formula說傳播（communication）就是：

who says

what to

whom in which

channel with what

effect

第一個Who指的是傳播者研究（communicator research或control studies），第二個What指的是訊息研究（message research或content analysis），第三個Whom指的是閱聽人研究（audience analysis），第四個Channel指的是通路或媒體研究（media research），第五個Effect指的是效果研究（effect analysis）。從這五個面向都可找到傳播、媒體、廣告、公關研究的例子。

壹、傳播者研究

在傳播乃至廣告領域中，有頗多的「傳播者研究」，傳播者研究指的是資訊傳送端的探討，茲舉一些例子說明。

一、傳播來源可信度（Source Credibility）

在傳播領域會討論傳播來源可信度，同樣的在廣告領域也有類似的研究，廣告代言人的VisCAP模式就是其中之一，如何選擇廣告代言人？L. Percy與J. R. Rossitor 認為選擇廣告代言人應考慮VisCAP 四個因素；簡單的說，就是知名度、可信度、親和力、權威感的效果：

Visibility：即知名度效果，因此知名度愈高的藝人，其代言價碼愈高。

Credibility：即可信度、專家性、信賴感，有一些屬理性消費的商品，由

2　Lasswell, H.D. (1948). 'The structure and function of communication in society' in Bryson (ed.), *The Communication of Ideas*. New York: Harper and Brothers.

於消費者涉入感（involvement）深，高知名度藝人代言未必有用，應該要找專家，如藥品廣告，與其找藝人代言，倒不如找醫生或藥師。

Attractiveness：即吸引力與親和力，代言人要找EQ高、沒有架子的，有親和力才會讓消費者覺得是「同一國的」。

Power：即權威感，也就是暗示性說服力，譬如說「呼籲不要夜歸」的公益廣告，找孫越代言就有權威性、說服力，但如果找搞笑藝人做代言人就是笑話一則了，以前衛生署有健康性行為的廣告找來某藝人代言，就犯了這種錯誤。

二、The ABX NewComb's model

這個模式是T. Newcomb發展的[3]，從心理學角度說明兩個人（A、B）的互動，所導致A（閱聽人、消費者）對所指涉事或物X（商品、政策）的態度，若是B扮演代言說服者的角色，那也屬傳播者研究的範圍。

用ABX model來說明消費者、代言人、商品的關係，A代表消費者、B代表代言人、X代表代言人推薦的商品。當A（消費者）喜歡B（代言人），B推薦X（商品）的情況下，A也要會愛屋及烏喜歡X，內心才會平衡不會有衝突。

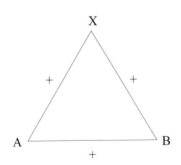

圖1.2.1　Newcomb's A-B-X Model

資料來源：D. McQuail and S.Windahl (1993). *Communication Models*, p.28.

---

[3]　Newcomb, T. (1953). 'An approach to the study of communicative acts', *Psychological Review*, 60:393-404.

三、媒體守門行為

守門理論（Gatekeeping）最早是1947年Kurt Lewin提出的，1950年D.M. White再補充之[4]；這個理論說明一個客觀的社會事件到變成新聞呈現，中間會有好幾個「關隘」扮演「守門」角色，不但過濾資訊，還會加油添醋，或以主觀意見或意識型態來詮釋新聞，經過層層的守門，最後的「新聞」呈現與原先的「事件」本質可能差距甚遠。

| 社會事件 | → | 記者拍攝 | → | 記者撰稿 | → | 編審審稿 | → | 主管介入 | → | 新聞呈現 |

從新聞處理與媒體作業就可看出，從客觀「事件」的發生，到「新聞」產出，有多少訊息或「真相」被「守門」掉。以社會運動為例，一個長達4小時的活動，電視新聞可能只報導90秒，訪問2個人；為什麼只報導90秒，現場記者根據當場氣氛與專業觀察拍攝1小時餘的帶子，訪問10餘個人，回到電視臺過帶過音，文字記者與攝影記者討論後，剪成4分鐘帶子，有4個人受訪，但審稿主管認為此事件不具特殊新聞性，受訪人中有2人講得「不精彩」、「不聳動」，於是把這2人的談話畫面剪掉，重新剪成90秒。4小時的活動、有數百人參加，其中3小時58分鐘，以及除電視畫面出現的2個人外，其餘參與的數百人都被「守門」掉，而文字記者、攝影記者、審稿主管就是「守門人」。

媒體守門用來思考公關活動之新聞發布作業，瞭解公關新聞的供給，到實際新聞的產出，為什麼會有差距？

四、新聞來源與媒體的互動

新聞來源（採訪對象）與媒體的關係是很微妙的，W. Gieber與W. Johnson（1961）將兩者的關係分為三種類型[5]：

---

[4] White, D. M. (1950). 'The "gatekeeper": a case studying the selection of news', *Journalism Quarterly,* 27:389-90.

[5] Gieber, W. and Johnson, W. (1961). 'The city hall beat: a study of reporter and source roles', *Journalism Quarterly,* 38:289-97.

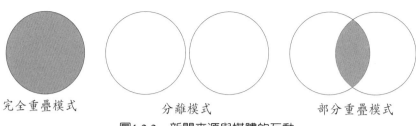

完全重疊模式　　　　　分離模式　　　　　部分重疊模式

圖1.2.2　新聞來源與媒體的互動

分離模式：新聞來源與媒體是對立、互不隸屬，且媒體對新聞來源採批判的態度，扮演「第四權」角色[6]，媒體拿著放大鏡檢驗新聞來源，批判、檢討、制衡成了媒體天職，這也是傳統自由報業的理想。

部分重疊模式：指兩者利益部分重疊，媒體需要新聞、消息來源需要見報，因此處於互惠互賴的關係。在日常新聞處理，媒體與新聞來源大約都是如此的運作方式。

完全重疊模式：指兩者利益完全重疊、價值觀一致，在集權國家，報業屬國家統治機器的一環，國家利益就是媒體利益，媒體成了統治者的傳眞機、傳聲筒，失掉批判功能。

新聞來源與媒體的互動也是用來思考公關活動之新聞發布作業，對精品或影劇新聞，記者與公關人員「利益」可能完全重疊：記者需要有稿子可以寫，公關人員則需要新聞上報；對產業新聞或政治新聞而言，記者與公關人員「利益」可能部分重疊，記者有其社會責任考量，對產業提供的「宣傳稿」未必會全盤買單；此外，儘管新聞來源與媒體的互動可能「完全重疊」或「部分重疊」，但新聞來源發生危機事件，兩者的關係就會變成「分離模式」：媒體發揮第四權功能，記者轉換爲監督者的角色。

五、議題設定

議題設定理論（Agenda-setting）是M. McComb與D. Shaw在1972年提

---

[6] 自由主義的報業哲學，主張媒體是獨立於行政、立法、司法三權之外的「第四權」，對三權扮演監督與制衡的角色。

出[7]，這個理論在說明閱聽人眼中所觀察、腦海所建構的外在事件形象，都是媒體所「加工染色」的，媒體認為重要的，閱聽人也會認為重要，媒體認為應該從什麼角度看問題，閱聽人也會跟著從那個角度看問題；換言之，媒體「設定議題」讓閱聽人追隨。

媒體如何設定議題？除了新聞主題篩選、切入角度、優缺點的曝露與隱藏等「質」的角度外，報導量、版面配置、版次安排、電視新聞出現次序、特寫或專訪搭配等「量」的處理，都是在為閱聽人「設定議題」。從這個理論可以發現，大眾傳播媒體在民意的形成過程中，扮演著對閱聽人設定議程的角色，媒體處理的態度或分量，會直接影響到民眾對這個新聞事件的認知。

議題設定同樣可以用來思考公關作為，媒體會告訴閱聽人「如何看」、「如何評論」新聞事件，公關的功能就是努力營造正面形象，或消弭負面雜音。

貳、訊息研究

傳播就是訊息的告知，訊息設計就是傳播環節中重要的元素，因此訊息或內容也是傳播與廣告研究的重點。

一、恐懼訴求

廣告中的訴求（appeal）有很多不同的表現方式，在理性或感性（emotional vs. rational）這二個大範疇下，延伸出很多不同的訴求方式，如愛的訴求（夫妻、親子、情人、朋友）、經濟訴求（省錢、省力、省時）、性的訴求等，其中恐懼訴求（fear appeal）不但商業廣告愛用，公益廣告乃至競選廣告都愛用。

恐懼訴求（fear appeal）是廣告常被使用的策略或手法，其架構非常有邏輯性：先引起閱聽人焦慮或不安，然後告知焦慮原因，最後再以訴求主體紓解之；換言之，先以「恐懼現象」威脅，再告知「引起原因」，最後說服以「紓解

---

[7] McComb, M. and Shaw, D. L. (1972). "The agenda-setting function of mass media', *Public Opinion Quarterly,* 36:176-87.

方法」（訴求主體），以舒緩閱聽人的焦慮。

事實上，恐懼訴求的恐懼現象常是假相：「恐懼現象」與「引起原因」不必然有因果關係，有肝病，人生未必是黑白的；沒戴保險套的性行為，未必會得愛滋病；肺癌也不全然是抽菸造成的……。不過因為表面上邏輯性強，因此說服效果極佳。

表1.2.2　商業廣告、公益廣告、競選廣告恐懼訴求舉例

說服過程	成藥廣告	衛教宣導	戒菸廣告
恐懼現象	肝若好，人生是彩色的；肝若壞，人生是黑白的。	恐懼愛滋病	肺癌
引起原因	肝病	沒戴保險套	抽菸
紓解方法	使用所介紹的成藥	要戴保險套	戒菸

二、耶魯研究

二次大戰期間，美國軍方集合一批學者研究宣傳與軍人士氣問題，被稱為「耶魯研究」，其中C. I. Hovland用實驗法所歸納出的結論，除傳播來源可信度屬傳播者研究、閱聽人可說服性（persuasibility）屬閱聽人研究外，其餘四項發現都與訊息研究有關：

・單面或雙面說服？（one-sided or both-sided effect?）
・先講先贏或後講才贏？（primacy– recency effect?）
・訴求方式？
・結論應明確或含蓄？

軍事宣傳與政治宣傳都是廣告公關行為，因此耶魯研究的結果，當然也可以應用於商業廣告或公關作為。

參、閱聽人研究

閱聽人研究是探討閱聽人對傳播訊息（新聞、社論、廣告）或來源（不同媒體）的反應，其中探討閱聽人特質（respondent characteristics）與傳播行為的關聯性，在廣告領域使用尤多，包含：

(1)人口學變項：閱聽人性別、年齡、居住地、教育程度對傳播行為的影響。

(2) AIO（attitude-interest-opinion）：瞭解閱聽人態度、興趣、意見對議題或消費行為的影響。

(3) VALS（value and life style）：瞭解閱聽人價值觀與生活型態對消費或傳播行為的影響。

此外，亦有一些傳播的閱聽人研究，亦可延伸至廣告、公關的運用，如：

一、使用與滿足

使用與滿足（uses and gratification）的研究，源自早年Bernard Berelson的一篇〈*What "Missing the Newspaper" Means*〉的報告，這篇報告在分析1945年6月30日紐約送報生展開為期2週的罷工，當紐約人看不到報紙時，任職Ford基金會行為科學研究所擔任主任的Berelson，利用這個難得的機會做了研究，探討紐約人「為什麼懷念報紙？」[8]；後來K. E. Rosengren與S. Windahl逐漸發展成完整理論。

使用與滿足通常被用來分析閱聽人曝露傳播素材的動機，不過當然也可用來討論消費者曝露廣告訊息的看法。

二、認知不和諧

很多人都有這樣的經驗，剛買了新車，當看到電視播出這部車子廣告時，就

---

[8] Bernard Berelson的研究原發表於Ford基金會出版之*Communication Resarch,1948-1949.*後被Wilbur Schramm收錄於其所編之*The Process and Effects of Mass Communication*一書中。

會特別興奮，吆喝家人趕快來看；當電視播出另一品牌汽車廣告時，會扭頭不看，甚至轉臺。這可以從「認知不和諧」（cognitive dissonance）理論，予以說明。

提出「認知不和諧」理論是美國心理學者Leon Festinger[9]，這個理論認為當一個人面臨兩個認知（或認知與行為）不一致而產生衝突時，必須誇大所選擇的認知的優點，同時突顯所放棄認知的缺點，以消除內心的不和諧。也就是當所熟悉的兩個或兩個以上的認知相衝突，或被迫在兩個同等喜歡的事物做選擇時，內心會產生矛盾、天人交戰而引起認知的不和諧。如即將買屋的人，面對A的地段、B的學區、C的造型，猶豫難決，當為小孩上學而選擇B時，勢必要捨棄A的地段優勢與C的建物造型，選擇一個，就得放棄另外兩個的長處與優點。

如何解決這種內心衝突？不管如何選擇，最後必須說服自己，自己的選擇是對的，當選擇A放棄B時，必須誇大所選擇A的優點，壓抑或刻意忽略A的缺點，同時誇大或突顯B的缺點，忽視B的優點，以消除內心的不和諧。商業廣告亦是如此，要強調自己的優點是其他品牌所沒有（商品歧異性，unique），而且其他品牌所有的優點，自己家的通通具備（'me-too'）。

三、涉入感

我們對廣告是接近「無感」，電視廣告時間一到，我們就忙著尿尿、打電話、喝水、吃東西、吆喝小朋友做功課……，因此廣告學理中有「低涉入感」（low involvement）理論，這是H. E. Krugman所主張的，此理論認為閱聽人接觸廣告是無意識、被動的行為，所以對廣告沒有防衛機制，因此廣告更能發揮無形的說服效果。[10]

美國FCB廣告公司即針對閱聽人消費行為的理性、感性，以及涉入感的高低發展一個模式，以分析消費者行為，並以之形成廣告策略，這個模式稱之為FCB Grid，包含四個象限：

---

[9]　Festinger, L. A. (1957). *A Theory of Cognitive Dissonance*, New York: Row and Peterson.

[10]　Krugman, H. E. (1965). "The impact of television advertising", *Public Opinion Quarterly*, 29:349-56.

象限 I：消費者行為是理性、高涉入感的，如購買房產、汽車，要支付龐大金額，而且考慮因素眾多（如購買房產要考慮地段、學區、交通、增值空間、社區環境），是屬資訊導向消費行為，因此廣告應該理性訴求，提供充分資訊，讓消費者完成理智的決策。

象限 II：消費者行為是感性、高涉入感的，如購買珠寶、高價手錶、名牌衣服提包、藝術品等，金額昂貴，要考慮「質」與「價」是否超值，是屬情感導向消費行為，廣告要塑造品牌價值，以及商品的稀有與限量，讓消費者得到非理性（感性）的滿足。

象限 III：消費者行為是感性、低涉入感的，如購買有品牌文具、情人節送高價巧克力、到Starbucks喝咖啡，價格雖然稍昂貴，但不是太大筆的開銷，消費者願意支付比一般更高的價格去消費，主要是消費過程可以得到「品牌」的滿足，是屬偏好導向消費行為，廣告一樣要塑造品牌價值，讓消費者有「消費品牌」的虛榮感。

象限 IV：消費者行為是理性、低涉入感的，如日常生活中柴、米、油、鹽之類的商品，品牌不是絕對必要，消費者要的是物美價廉，期待好用又便宜，而且使用慣了就不會輕易改善，是屬習慣導向消費行為，因此廣告必須週期性提醒，而且要配合促銷活動，防止消費者「變節」。

四、知識差距

知溝效應又稱知識差距（knowledge gap）或資訊差距（information gap）是P. J. Tichenor與G. A. Donohue、C. N. Olien等學者在1970年提出的理論[11]，此理論認為，當一個新觀念、新議題、新事物剛被提出來時，高社經地位與低社經地位民眾都是一樣「無知」的，但隨著時間發展，高社經地位民眾由於基礎知識扎實、有時間有經濟能力可以學習新事物，所以資訊或知識的累積就比較快，而低社經地位民眾受限基礎知識與經濟能力，資訊或知識固然也在成長，但成長比較

---

[11] Tichenor, P. J., Donohue, G. A. and Olien, C. N. (1970). "Mass media and differential growth in knowledge", *Public Opinion Quarterly*, 34:158-70.

慢，久而久之就形成差距（gap）。

這個理論在廣告的運作是市場區隔效應的思考，尤其是政府的公共資訊宣導（PSA: public service announcement，如腸病毒防治、省電、節水），政府的公共資訊宣導廣告常因講究「創意」，使用中產階級與知識分子的視覺語言，低社經地位民眾無法吸收，就會被忽略。

五、ELM模式

閱聽人詮釋廣告訊息，是受到內在的心理因素（需求與動機、對商品的涉入感、對廣告訊息的感受與處理能力）與外在的社會因素（家庭、團體、人際網絡等因素）影響，因此，詮釋廣告訊息時就會形成中央途徑（central route）或周邊途徑（peripheral route）解讀，這就是R. E. Petty與J. T. Cacioppo從心理學發展的「訊息推敲可能性模式」（ELM: elaboration likelihood model）所主張的，此模式認為閱聽人對訊息的琢磨、推敲（即elaboration）的可能性（即likelihood），形成不一樣的資訊處理途徑，最後導致不一樣的訊息解讀或態度的形成。[12]

當消費者有明確商品需求，形成高涉入感時，此時廣告創意表現單純，無額外干擾訊息時，消費者就會採取「中央途徑」，集中注意力關注於廣告所介紹的商品，而不會注意廣告其他的枝節訊息。

反之，當消費者沒有明確商品需求，是低涉入感的看廣告，此時若廣告創意表現花俏，他就會採取「周邊途徑」解讀，只看到廣告細節，忽略商品訴求。譬如當消費者有購買汽車的需求時，他會在乎廣告中對商品功能的介紹，這是「中央途徑」的解讀，當他沒有要買汽車時，他會關注廣告場景漂不漂亮、模特兒美不美？廣告文字有沒有用錯？音樂是否合適？形成「周邊途徑」解讀，這種解讀愈討論對品牌的聯想愈弱，離品牌也愈遠。

---

[12] Petty, R. E. and J. T. Cacioppo (1981). "Issue involvement as a moderator of the effects on attitude of advertising content and context", in K. B. Monroe (ed.). *Advances in Consumer Research*, Vol. 8, Ann Arbor, MI: Association for Consumer Research.

表1.2.3　影響「中央途徑」或「周邊途徑」解讀之因素

影響因素		中央途徑	周邊途徑
消費者因素	商品需求	明確或高	無
	涉入感	高	低
廣告表現因素	廣告訊息干擾因素	無或不明顯	明顯
	商品知識	豐富	貧乏或無
	訊息重複曝露	多	少

資料來源：鄭自隆（2014）。《廣告策略與管理》，第2版，臺北：華泰，頁43。

　　對廣告效果而言，閱聽人的「周邊途徑」解讀當然是不利的，如何讓閱聽人採「中央途徑」解讀？

　　‧降低廣告訊息干擾因素：廣告聚焦商品或品牌，揚棄與商品或品牌無關的創意，廣告表現與商品必須有關聯性（relevant）。

　　‧強化商品知識：廣告訴求商品功能或USP，不須花俏演出。

　　‧訊息重複曝露：媒體選擇與媒體排期（scheduling）要合宜，讓目標消費者能密集接觸廣告。

肆、傳播通路研究

　　傳播通路研究即以媒體為研究對象，以探討媒體組織、媒體內部控制、新聞產製，乃至政經力量對媒體的影響。如新聞室社會控制（social control in news room）如何內化（internalization）編輯與記者；或如報業哲學的研究，認為傳播受到社會的制約，由於不同政治制度與理念，因此形成不同的報業（大眾傳播）哲學：極權主義、共產主義、自由主義與社會責任論。

　　通路的研究在廣告領域，常用於分析廣告產業，如研究廣告主與廣告代理商的互動關係、媒體購買制度、廣告從業人員工作滿意度，亦有透過德菲法（Delphi）探討面對社會急遽變遷，廣告產業的未來[13]。此外，媒體選擇與排期

---

[13] 蔡佩旻（2014），《廣告代理產業未來營運模式之臆測》，國立政治大學傳播學院碩士論文。鄭自隆教授指導。

（scheduling）、收視率調查、ABC也屬廣告通路研究[14]。

　　ABC的原名是Audit Bureau of Circulations，有譯爲「發行稽核局」，事實上它是一個民間的組織，而不是官方的一個「局」，它的功能在稽核印刷媒體（報紙與雜誌）的發行量，以維護公平、公正而且公開的廣告秩序。ABC 是1914年於美國芝加哥成立，是由廣告主、廣告代理商與媒體共同組成的非營利性組織，透過ABC ，廣告主與廣告代理商得以獲知媒體正確的發行數字，使廣告安排能夠更有效，而媒體也可以透過ABC，使發行量數字爲廣告主與廣告代理商接受。

　　1994年臺灣設有「中華民國發行公信會」推動ABC 制度，可惜當時三大報（自由時報、聯合報、中國時報）均拒絕加入稽核，直到2003年蘋果日報來臺上市，首先宣布加入ABC稽核，接著自由時報也加入，但聯合報、中國時報一直拒絕加入。2006年蘋果日報退出ABC，直到2014年只有自由時報有持續被稽核。

伍、效果研究

　　傳播效果區分爲三個層次，即認知（cognition）、態度或情感（affection）、行爲（behavior），廣告效果也是：
　　認知：品牌或商品知名度
　　態度：對品牌或商品的好感度
　　行爲：商品購買

　　無論是傳播效果或是廣告效果，訊息都不是魔彈（magic bullet），閱聽人接觸訊息都會應聲而倒，有一些理論說明，閱聽人會有自己的過濾機制，影響曝露訊息後的傳播效果或廣告效果。

---

[14] 日籍研究生柴信一（2002），《臺灣平面媒體發行量稽核之推動與執行：日本經驗之借鏡》，國立政治大學廣告研究所碩士論文。鄭自隆教授指導。

一、DeFleur之「心理動態模式」

古早的傳播效果「魔彈論」，早已被證明無效，閱聽人固然接受刺激（stimulus），就會形成反應（response），但不是相同的刺激就會形成相同的反應或效果，在刺激與反應之間會有一個「中介變項」（Intervening Variables）或調整機制（modifications）來干擾或決定對刺激的反應，這就是M. DeFleur所謂的「心理動態模式」（psychodynamic model），DeFleur認為有三個因素會影響閱聽人對訊息的詮釋[15]：

第一個因素稱為「個別差異說」（Individual Differences），這是來自人格（personality）的差異；也有因需求或認知不同所產生的選擇性過程（selective process）：選擇性曝露（selective exposure）、選擇性理解（selective perception）、選擇性記憶（selective retention）。

第二個因素是「社會範疇說」（Social Categories），不同的人口學特徵，如不同性別、教育程度、社經地位對廣告的詮釋也不一樣；此外，分屬不同次文化（subculture）或社會層化（social differentiation）不同，對訊息也會有不同反應。

第三個因素是「社會關係說」（Social Relations），不同社會網絡（social network）會影響個人對訊息、商品、品牌的態度與評價。此外，意見領袖（opinion leader）所發揮的影響，也屬社會關係的範圍。

個別差異、社會範疇、社會關係建構了一個綿密的過濾機制，過濾閱聽人對傳播訊息的認知、情感與行為，傳播不是「魔彈」，可以所向披靡。

二、效果階層

傳播效果有認知、態度、行為三個層次，也就是傳播訊息對閱聽人，可能影響認知，也可能影響態度或行為，新聞如此，廣告亦復如此。

---

[15] DeFleur, M. (1970). *Theories of Mass Communication*. New York: David McKay.

不過閱聽人的反應過程未必一定循著「認知→態度→行為」的順序，先建立認知，再培養態度或情感，最後形成行為。 M. L. Ray在1973年建立一個「傳播效果階層說」（the hierarchy of communication effects），討論閱聽人接受傳播訊息後的認知、態度、行為反應過程，Ray將閱聽人的反應過程分為三種階層：學習階層、不和諧歸因階層、低涉入感階層。[16]

1. 學習階層

對高涉入感商品，如汽車、房地產、手機、名牌珠寶、高價藝術品，消費者的反應過程是先認識品牌、蒐集資訊，然後培養情感，逐漸下定購買決心，最後才謹慎的採取購買行為，這樣「認知→態度→行為」的過程，稱為學習階層（the learning hierarchy）。

2. 不和諧歸因階層

不和諧歸因階層（the dissonance-attribution hierarchy），一樣是高涉入感，但各種選擇間的區別卻很低或無差別，在此情況下就要採取「行為→態度→認知」的過程，先強迫改變行為，行為被迫改變後久而久之，就會影響態度與認知。

3. 低涉入感階層

對日常用品，如泡麵、飲料、糖果、文具、衛生棉，廣告要使用低涉入感階層（the low-involvement hierarchy），先建立消費者對商品或品牌的認知，有了認知後鼓勵其購買，至於喜不喜歡商品，等有了使用經驗後再說，形成「認知→行為→態度」的反應過程。

不同的階層，在廣告、公關的運用也不同：

學習階層：對此階層的商品，訊息擴散要以大眾傳播媒體廣告為主，但最後主導決策行為的，可能是人際傳播的意見領袖，如面對二個房地產物件猶豫不決時，房地產達人朋友關鍵的分析，就會影響決策。同樣的，汽車、手機、名牌珠寶、高價藝術品……的反應過程都是如此。

---

[16] Ray, M. L. (1973). 'Marketing communication and the hierarchy of effects', pp.147-76 in Clarke, P. (ed.), *New Models for Communication Research*. Beverly Hills, CA: Sage.

表1.2.4　傳播效果階層

比較	學習階層	不和諧歸因階層	低涉入感階層
反應過程	認知→態度→行為	行為→態度→認知	認知→行為→態度
涉入感	高	高	低
各種選擇間的區別	高	低	低
應使用之傳播方法	大眾傳播為主 人際傳播為輔	人際壓力	大眾傳播（特別是電視）
應用案例	高涉入感商品（汽車、房地產、手機）	中國文革批鬥 宗教傳播	低涉入感商品（日常用品、泡麵、飲料）

資料來源：參考自李金銓（1984）。《大眾傳播理論》，臺北：三民，頁168。

不和諧歸因階層：在廣告的領域，不和諧歸因階層的例子比較少，但宗教傳播就是一個例子，某些宗教教派進行宗教儀式時，會要信徒承認自己「有罪」，透過呼喊、懺悔的集體行為，情緒得到宣洩後，他就會認為自己真的「有罪」，這也是強迫改變行為，再建立態度與認知的例子。

當面對不和諧歸因階層的影響過程時，大眾傳播媒介是使不上力的，必須透過人際的壓力，而且常是官方或威權、威嚇的壓力，如領導禱告的牧師是威權的壓力。

低涉入感階層：此階層的商品，由於價格不高，購買頻率頻繁，所以涉入感是低的，而且各種選擇間的區別是低的或不重要，泡麵、飲料、衛生棉都沒有顯著的商品歧異性。對屬低涉入感階層的商品作行銷，大眾傳播媒介是最重要的工具，尤其是電視，不管是電視廣告或電視置入都有很大的影響力。

三、沉默螺旋

沉默螺旋（the spiral of silence）是德國社會學家E. Noelle-Neumann 於1974年所提出的理論，這個理論認為個人意見的形成與表達，會先審視外在環境的強勢意見，由於害怕孤立，若自己的意見與外在環境的強勢意見不一致時，自己會改變本意而附和強勢意見，而使得外在的強勢意見看起來愈強，甚至強過其

實，而弱勢意見則相對愈來愈弱，甚至趨於孤寂。[17]

　　如何審視外在環境的意見？主要來自兩方面，一是主流的大眾傳播媒體的意見，另一是周遭人際傳播的影響，譬如說當一個人被詢問對某項議題的態度時，他會先考慮大眾傳播媒體對此議題的立場，以及周遭親朋好友對此議題的態度，若他的意見與媒體及周遭親友的意見一致時，他就會勇於表達陳述出來；反之，若他的意見與媒體及周遭朋友、同事的意見不一致時，則他可能改變立場去迎合外在環境的強勢意見，以避免孤立。

　　也就是說個人意見的形成過程中，會受到大眾傳播與人際傳播的雙重影響，爲了避免在意見的表達過程中造成孤立，因此其意見若與外在強勢意見一致時，就會樂於表達出來，但若不一樣時，則會避免提出，如此循環，就成了沉默的螺旋，不一樣的聲音也就趨於孤寂。

　　「沉默螺旋」可應用於危機事件之公關處理，當危機擴大形成媒體與網路霸凌時，支持的聲音會趨向沉寂；因此在危機事件剛露出時，必須掌握機先，引導輿論。

　　傳播、廣告、公關都是「人、媒體、社會」三者的互動，本節所述的各項理論，都不是學者憑空想像的，而是經由「研究」的累積，方能建構「理論」，所以傳播理論或廣告、公關理論，都是對實務現象的觀察，經由「研究」而歸納建構的結晶，學習理論就是爲了瞭解實務、解決問題，很多人認爲「大學只會教理論」、「理論沒有用」、「理論只用來考試」，實在是很大的誤解！

　　「研究」是「理論」的基礎，瞭解研究方法更能瞭解理論，也可以分辨實務操作的謬誤，提出更好的方案！

---

[17] Noelle-Neumann, E.(1984). The Spiral of Silence, Chicago: University of Chicago Press.

研究架構

第一節　題目發想

壹、社會科學研究架構

　　傳播研究，如同所有的社會科學研究，其架構都是嚴謹而固定的，會以五個單元來串聯整個報告，各單元環環相扣：

　　第一單元「研究目的」：說明研究背景、研究動機，擬討論或分析的問題；

　　第二單元「文獻探討」：從相關研究中，討論本研究的理論基礎；

　　第三單元「研究方法」：說明分析或探討「問題」的方法；

　　第四單元「研究結果與發現」：陳述經由研究方法所得的研究結果，或重要發現；

　　第五單元「結論與建議」：包含結論、理論討論、建議（未來研究建議與實務建議）、研究限制。

　　這五個單元通常一個單元以一章的方式呈現，不過若第四單元「研究結果與發現」內容龐雜，也可能分為二或三章呈現，但無論分為幾章，必須強調的是各章之間應有邏輯關聯性。論文結構必須嚴謹，是起碼的要求，不是各自成章，章與章之間沒有關聯，很多研究生的論文忽略了各單元環環相扣的精神，常見的錯誤有：

‧第一章「研究目的」包山包海，無法聚焦，也不能從第三章的研究方法取得答案；

‧第二章「文獻探討」胡亂抄寫，內容龐雜，文獻無法討論研究問題，結論也無法回應文獻，孤零零一章，前不著村、後不著店；

‧研究方法與研究問題脫鉤，形成第四章的「研究結果與發現」，與「研究問題」無關；

‧結論章的實務應用建議憑空想像，不是根據研究結果所形成的建議，如果這樣是對的，那幹嘛還要做研究？

貳、如何發展研究題目

思考論文題目是研究生寫論文的第一個難題，所想的題目也常被指導教授打槍，論文題目發想有二個途徑：

‧從傳播現象找出問題，再以理論印證之。

先觀察外在的傳播現象（內容、媒體、管理），找出有興趣的主題，再思考何種理論可以回答Why，為什麼有這種現象？哪些因素影響，甚至導致這種現象？用理論來回應其間的因果關係。

例1：如對生命週期極短的智慧型手機有興趣，想要瞭解誰會不斷更換手機？這是從傳播現象切入的題目，若OK，接著就要思考何種理論可以回應這個問題，或許創新擴散理論（Diffusion of Innovation）就可以解釋這些創新者（in-novator）的特質。亦即這個題目：

傳播現象——新科技（智慧型手機）的使用

傳播理論——創新擴散理論

例2：不同年代電視廣告所呈現的女性意識不同，早期廣告中的女性是附庸角色，中期逐漸展現女性自我意識，主張「認真的女人最美麗」，近期不但是「認真的女人最美麗」，還強調「有刺更有魅力」，若對廣告中的女性角色變遷有興趣，就必須從女性主義、社會變遷等理論去找答案。

傳播現象——廣告中的女性意識：世代差異

傳播理論——女性主義、社會變遷理論

．從傳播理論找出問題，再以傳播現象證明之。

其次可以從傳播理論切入，再找一個特定的傳播現象證明或否證之，以驗證理論或修正理論。

例3：議題設定理論（agenta-setting）認爲媒體可以經由編輯（標題大小、版面位置）與新聞寫作（題材選擇、訪問對象、評論方向），來決定讀者「怎麼聽」、「怎麼看」這則新聞，進而幫讀者描繪事件的圖像。若想瞭解這個理論是否可以詮釋全民矚目、具爭議性的重大社會事件，或可用2014年的318學生運動驗證之。

傳播理論——議題設定理論

傳播現象——比較自由時報、蘋果日報、聯合報、中國時報等四報，對2014年318學生運動之新聞處理

例4：若對L. Percy與J. R. Rossitor所建構的選擇廣告代言人VisCAP模式有興趣，想要瞭解是否適用於臺灣廣告代言人的選擇，可以擇定某一特定產業，蒐集其廣告分析之。

傳播理論——VisCAP模式

傳播現象——汽車電視廣告代言人角色分析

參、確立研究範圍

論文題目發想確定後，接著就要確立研究範圍，學術論文係回應特定議題，宜精不宜廣，所以不能包山包海或漫無止境，有明確的研究範圍方能呈現研究的深度，與研究者的功力。如何確立研究範圍？

一、小題大作

很多人誤會研究要做大，才是「偉大」的研究，事實上好的研究就一定要「聚焦」，聚焦就是小題大作，也只有小題大作，方能呈現研究的深度。所謂「小題大作」就是「研究題材特殊化」（specification on research subject），也就是縮小研究範圍；縮小研究範圍當然有很多方法，不過確立「操作定義」卻是可用且好用的方式。

　　研究定義，通常會從「理論定義」（theoretical definition）切入討論，所謂理論定義就是文獻或理論對此主題的闡釋，因各家研究或角度不同，通常會很龐雜，如討論傳播對國家「現代化」（modernization）影響，從理論或相關研究的蒐集，可以得到數十種不同的現代化指標，如投票率、教育普及率、國民所得、失業率、電影院數量、汽車數量、識字率、電視機、冰箱、冷氣機數量⋯⋯，甚至連沖水馬桶的普及率也算。

　　當研究規模無法這麼龐大時，就必須從「理論定義」中找出與本研究最有關係的指標，以形成「操作定義」（operational definition），操作定義就是這個研究對此主題所規範的範圍。由前述「傳播與現代化」的例子，或許可以將「現代化」的操作定義縮小為「工業化」（industrialization），以聚焦傳播對開發中國家邁向已開發的影響。

理論定義（theoretical definition）
文獻或理論對此主題的闡釋

操作定義（operational definition）
這個研究對此主題所規範的範圍

　　再舉廣告、公關的例子：

　　例5：P&G曾推動「六分鐘護一生」的社會運動，鼓勵婦女每年要花6分鐘，去醫院檢測乳癌與子宮頸癌，這個運動透過大量電視與報紙廣告進行，廣告只有談「六分鐘護一生」的衛教訊息，以及ending出現P&G廣告主名稱，如果要做廣告效果研究，如何說明理論定義與確定操作定義？

　　理論定義：廣告效果（advertising effectiveness）是個很大的概念，從閱聽人的角度，會有認知（cognition）、情感（affection）、行為（behavior）三個不同的階層，再從本案例推廣標的來看，雖然只是「衛教知識」，但也會擴及「品牌」、甚至「商品」效益，因此本案例所謂的廣告效果是3×3矩陣。

表2.1.1　廣告效果矩陣

廣告效果	衛教知識	品牌	商品
認知			
情感			
行為			

操作定義：應明確說明本研究聚焦在哪一項目進行研究，如衛教資訊之擴散，而非做3×3矩陣中所有效果分析。

例6：假設研究題目是「臺灣對外宣傳之研究」，這個題目有研究範圍的疑惑，「對外」指的是哪一國？或哪一些國家？「宣傳」指的是廣告？國會遊說（lobbying）？新聞發布（publicity）？記者會？抑或邀請國外記者來臺灣參訪（press tour）？此外，「年代」也有問題，是從1949年開始分析，還是特定的時段，如被逐出聯合國，或臺美斷交前後？

因此這個題目應予以聚焦，如改為「臺灣對美之國家形象廣告內容分析：1988-2000」，集中討論李登輝執政期間，如何透過行政院新聞局的廣告，塑造臺灣是民主、進步、科技的國家形象。

二、不要做已經有答案的題目

確立題目後，應上網查一查有沒有類似的題目，別人已經做過的題目，除非有如下的考量，否則不必做：
- ·新方法、新意義；
- ·挑戰舊研究，對舊研究的方法、結論有所質疑；
- ·年代久遠及因社會變遷，有重新審視的必要。

如「臺灣民眾傳播行為研究」，第一次是1975年由政治大學徐佳士教授主持進行，但因臺灣社會急遽變遷，因此每隔幾年就會有類似的研究。[1]

---

[1] 1975年《臺灣民眾傳播行為研究》（政治大學國科會專案），1986年《臺灣民眾傳播行為研究》（政治大學國科會專案），1993年《臺灣民眾傳播行為研究》（政治大學國科會專案），2004年《臺灣民眾傳播行為研究》（世新大學執行專案），2007年《科技匯流下之臺灣民眾傳播消費行為研究》（有線電視寬頻產業協會專案）。

此外也不要做常識性題目，如「乖乖」廣告媒體策略研究，「乖乖」是兒童零食，當然應使用電視廣告，而且要購買兒童頻道，總不會去購買政論性節目或報紙廣告。

三、區別「調查」與「研究」

第一章第一節已討論過「調查」與「研究」的區別，調查只是現象的挖掘（fact-finding），但研究卻是從現象挖掘中，印證變項關係，進而確認因果關係，並以理論詮釋之。很多研究生（尤其是在職碩士專班）不瞭解兩者的差異，以任職單位的調查作為學位論文不是不可，但不能寫成業務報告。

如某在職碩士專班學生以自家公司拍的微電影為研究對象，題目是「○○微電影廣告研究」，呈現創意構想、故事內容、拍攝目的、拍攝過程，但這只是fact-finding survey，無法構成論文，要成為論文必須根據理論，做自變項（影響別人的變項）、應變項（受影響的變項）的討論，因此題目宜調整為「○○微電影廣告收視評價分析」，而且要加入理論，以詮釋為何自變項會影響應變項：

- 應變項：微電影廣告收視評價
- 自變項：地區、人口學因素、家庭型態……之差異

肆、方法與資源

題目方向確立後，必須先考量方法與資源的限制，並思考解決方法，妥適後再著手進行，以避免論文進行一半，發生「撞牆」半途而廢，以本節六個例子為例，應如何考量意義、方法與資源：

例1：智慧型手機使用者創新擴散行為研究

- 如果使用調查法，但手機購買者資料在哪裡？如何取得母體（population）資料，又如何抽樣（sampling）？如果使用焦點團體座談（focus group discussion）？樣本代表性如何？研究結果有沒有推論（generalization）能力？

例2：電視廣告中的女性意識：世代差異

- 早期電視廣告影片散置各處如何取得？如何抽樣？

例3：臺灣報紙報導2014年318學生運動新聞分析

‧臺灣報紙本就以媒體的意識型態處理政治或社會議題，分析結果會不會有套套邏輯（tautology）的問題？

例4：臺灣汽車電視廣告代言人角色分析

‧分析年代多久？電視廣告影片如何取得？如何抽樣？

例5：「六分鐘護一生」廣告效果分析

‧可以使用調查法，但同樣的，如何取得母體資料，又該如何抽樣？若使用焦點團體座談，同樣有樣本代表性與推論能力問題。

例6：臺灣對美之國家形象廣告內容分析：1988-2000

‧可以使用內容分析（content analysis），但行政院新聞局已裁撤，如何取得研究素材？

謀定而後動，寧願在題目發想階段，花點工夫做多面向思考，預先考量可能遭遇的問題，想好排除策略，不要中途撞牆，再繞回原點。

伍、題目擬定

論文方向決定後，題目呈現應使用學術語言，學術論文與小說、書籍不同，題目必須具體呈現研究意義或企圖，如討論電視新聞的商業與政府置入，題目應該可為「電視新聞置入呈現比較：商業vs.政府」，不宜有「電視新聞如何『賣』？」這樣的題目，「電視新聞如何『賣』？」作為書名，當然可以，而且聳動具市場性，不過不可用於學術論文。

學術論文題目的文字展現，必須能展現最重要的「研究目的」，其次就是精簡文字，具體呈現研究重點，因此可以有下述的一些方向供思考：

1. 展現研究結果：將具體的研究結果作爲題目，如：

作者	年代	題目	畢業學校
盧燕萍	2004	客家電視臺非新聞性節目呈現客家文化內涵指標之建構	國立政治大學傳播學院在職專班
林威儒	2009	以大型活動建構城市品牌之評估指標研究	國立政治大學廣告研究所
陶雅育	2010	企業博物館公關功能指標之建構	世新大學公共關係暨廣告研究所

2. 展現變項關係：將自變項與應變項的互動關係作爲題目，如：

作者	年代	題目	畢業學校
郭于中	2001	2000年總統選舉三組候選人競選文宣策略與電視廣告表現之相關性研究	國立中山大學政治學研究所
王沛娣	2003	臺灣廣告成長與經濟發展之關聯性研究：1962-2002	國立政治大學廣播電視學研究所
王復正	2013	雜誌封面設計因素與銷售量關聯性：《商業週刊》個案研究	文化大學新聞研究所
林珈妤	2013	消息來源公關稿與報紙新聞報導之差異比較：華航新聞發布個案研究	國立政治大學傳播學院在職專班
黃婷華	2014	消費者仇恨與品牌選購：認知不和諧	國立政治大學廣告研究所

3. 突顯理論意義：以驗證或建構理論作爲題目，如：

作者	年代	題目	畢業學校
洪婉臻	2008	公民新聞學專業義理：挑戰與建構	文化大學新聞研究所
余曉婷	2011	候選人Facebook粉絲專頁之使用意圖研究：UTAUT模型驗證	文化大學新聞研究所
黃筱萱	2013	臺灣房地產廣告與社會變遷：資訊式或轉換式廣告	國立政治大學廣告研究所
張雅璇	2013	電視新聞動畫化之倫理研究：眞實再現？	國立政治大學新聞研究所

4. 呈現時代變遷：強調貫時性的研究作爲題目，如：

作者	年代	題目	畢業學校
林銘皇	2005	汽車電視廣告中汽車、家庭與性別角色之變遷：1985-2004	國立交通大學傳播研究所
戴維怡	2006	臺灣報紙廣告風格之演變：1945 - 2005	國立政治大學廣告研究所
張瑋	2010	金馬獎最佳劇情片分析1962-2009：黨國意識型態與去黨國意識型態	文化大學新聞研究所
林幼嵐	2011	廣告中的女性意識：世代差異	國立政治大學廣告研究所

5. 突顯方法特色：強調研究方法的創新作爲題目，如：

作者	年代	題目	畢業學校
江羚弘	2009	國民黨與民進黨政黨形象：隱喻抽取技術（ZMET）之應用	國立政治大學政治研究所
廖翎	2013	政府風險溝通模式建構：民眾對「食品安全議題」之認知與行爲研究	國立政治大學廣告研究所
蔡佩旻	2014	廣告代理產業未來營運模式之薔測	國立政治大學傳播學院在職專班

6. 彰顯個案價值：以個案名稱作爲題目，如：

作者	年代	題目	畢業學校
莊伯仲	1994	候選人電視辯論與電視政見發表會訊息之內容分析：1994年臺北市長選舉之個案研究	文化大學新聞研究所
廖文華	2001	臺灣布袋戲電影〈聖石傳說〉之行銷傳播策略個案研究	文化大學新聞研究所
王純玉	2012	電視宣導節目再現客家族群形象之研究：《感動時刻》個案	國立政治大學廣告研究所
王詣筑	2013	網路KUSO政治：2012年總統大選個案研究	國立政治大學新聞研究所

特別要說明的是，很多探討個案的論文，次標題會用「以○○○○爲例」，如此寫法並不恰當。當使用「爲例」（as an example）時，表示研究結果代表此個案有類推至母體（population）或其他個案的能力，即具備概化能力

（generalization），本案可作爲其他個案的參考案例（example）之意。不過以一家公司、一個候選人、一次選舉爲觀察對象，就奢言可以推論至產業所有的公司、同黨或同性別的候選人，或不同型態的選舉，應無此能力，當口試委員詰問時，恐也無法回答。

因此以個案的觀察作爲研究主體時，次標題逕寫「○○○○個案研究」（case study）爲宜。[2]

第二節　變項與變項關係

壹、變項

所謂「變項」，英文是Variable，也有譯爲「變數」，討論變項，先來瞭解概念、命題、假說、理論的關係。

概念：即concepts，在理論被建構之前，每一個「概念」都是獨立的個體，譬如說「資訊量」、「時間」、「社經地位」是三個獨立、彼此無關的概念。

命題：概念的互動形成「命題」（propositions，也可以稱爲「論述」），前述的「資訊量」、「時間」、「社經地位」是三個概念，可以形成以下二個命題或論述：

1.資訊量的累積與時間有關
2.高低社經地位影響資訊量的累積

假說：當命題進入待驗證的階段，就成了假說（hypothesis），上述二個命題可以透過適當的研究方法，以不同主題（如公共議題、重大新聞擴散、政府政策、衛教與健康資訊）加以檢驗。

理論：當上述的假說經過檢驗，符合學術社群主觀性（intersubjectivity），

---

[2] 本單元所舉之碩士論文，均爲鄭自隆教授指導。

架構完整，其意義爲專家與學術社群所承認，就成了知溝理論（knowledge gap）。換言之，理論是多個概念的組合（Theory is composed of concepts.），也就是說「概念構成理論」，所以知溝理論係由下列三個概念構成：

1. 資訊量
2. 時間
3. 社經地位

知溝理論的三個概念，就是「變項」，變項就是相互影響的因素（factor or element）。在知溝理論中，從命題可以瞭解：

· 「時間」的長短影響「資訊量」的累積
· 「社經地位」的高低影響「資訊量」的累積

所以，構成知溝理論就是「資訊量」、「時間」、「社經地位」三個變項，之所以稱爲「變項」，是因爲有變動的概念：

「時間」的長短，「長短」就是變動的概念；「資訊量」的累積也是變動的概念，時間愈長，資訊量累積愈多；同樣的，「社經地位」的高低也是變動的概念，社經地位愈高，資訊量累積愈多。

貳、自變項與應變項

「時間」的長短影響「資訊量」的累積——所以，「時間」是影響「資訊量」的因素，「時間」稱爲「自變項」，「資訊量」是被影響的因素，稱爲「應變項」；同樣的，「社經地位」的高低影響「資訊量」的累積——「社經地位」就是「自變項」，「資訊量」爲「應變項」。

如果以因果關係來討論，變項（variable）即因果關係中之影響或被影響的因素；簡單的說：

· 自變項（Independent variable）：影響別人的變項，也就是「因」。
· 應變項（Dependent variable）：被影響的變項，也就是「果」。

自變項 ⟶ 應變項

譬如說：

例：不同性別對政黨的支持度不同

    性別：為影響因素

    政黨支持度：被影響因素

例：單身者較會購買名牌

    單身：為影響因素

    購買名牌：被影響因素

傳播研究常是因果關係（causal relationship）的推演，也就是說由所蒐集的樣本資料歸納為因果關係；這因果關係甚至被演繹至母體，以詮釋整體現象，這也稱為概化（generalization）的過程。以下表為例，抽菸導致肺癌、教育程度影響政治態度、居住地區差異影響報紙閱讀意願、廣告量大小導致銷售量升降、廣告訴求方式型塑廣告認知……，「因」就是自變項，「果」就是應變項。

因cause（自變項）	果effect （應變項）
抽菸	肺癌
教育程度	政治態度
居住地區	報紙閱讀意願
廣告量	銷售量
廣告訴求方式	廣告認知
廣告代言人類型	廣告偏好
公關活動類型	企業形象
媒體報導角度	首長形象

參、變項關係

傳播研究（甚至大部分的社會科學研究）都是變項之間因果關係的探討，除了前述「自變項→應變項」模型外，變項關係還有不同組合。

一、自變項、中介變項、應變項

當變項有A、B、C等三個時，且三者呈現如下的關係，A影響B、B影響C，但A也影響C，則呈現如下的關係圖：

圖2.2.1　自變項、中介變項、應變項關係圖

此模型中，A稱為自變項，B為中介變項，C為應變項；所謂中介變項（intervening variable），指的是介於自變項與應變項之間的變項，此變項受到自變項的影響（與A變項的對應關係是A變項的應變項），但也影響C變項（與A變項的對應關係是影響C變項的自變項）。其三者關係式如下：

自變項 → 中介變項

中介變項 → 應變項

自變項 → 應變項

例1：A（性別）、B（所得）、C（消費行為），臺灣部分行業常有因性別而同工不同酬的現象，同一工作男生薪資高於女生，形成「性別差異→所得高低」的現象，而所得高低也會影響到消費行為是否大方闊綽（「所得→消費行為」）。此外，男女性別的差異，其消費行為也不同（「性別→消費行為」），此變項關係A（性別）為自變項、B（所得）為中介變項、C（消費行為）為應變項。

例2：A（教育程度）、B（媒介使用量）、C（政治態度），教育程度的高低會影響媒介使用量（教育程度→媒介使用量」），媒介使用量的高低會影響政治態度（「媒介使用量→政治態度」）。此外，教育程度的高低也會影響政治態度（「教育程度→政治態度」），變項關係為A（教育程度）為自變項、B（媒介使用量）為中介變項、C（政治態度）為應變項。

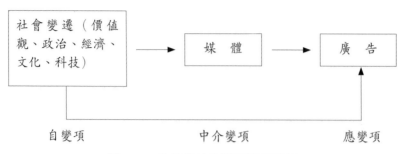

圖2.2.2　廣告與社會變遷變項關係

例3：從百年來臺灣社會變遷（政治、經濟、文化、科技因素）與廣告發展的軌跡來看，似乎可以看到這樣的互動關係——社會影響廣告多，而廣告影響社會少。這種社會變遷與廣告發展呈現單向線性關係（linear relationship），社會變遷是自變項，既影響了媒體，也影響廣告發展；媒體是中介變項，先受到社會變遷的影響，但也影響了廣告發展；而廣告則是應變項，同時受到社會變遷與媒體的影響，三者的影響關係見圖2.2.2「廣告與社會變遷」模式。

廣告有沒有力量可以回溯影響媒體，甚或社會系統？當然會有一些特例，如廣告的支持與否，可導致電視節目的存在或死亡，或廣告帶動時尚與流行風潮。不過以大的角度來看，在資本主義制度下，廣告是營利工具，它不會也不需去改變媒介制度，更不會主動挑戰社會禁忌，廣告是社會體制的一環，在社會規範下運作；換句話說，廣告只是呈現社會變遷的「鏡子」，但不會是啓動社會變遷的「觸媒」。[3]

二、前導變項、自變項、應變項

當變項有A、B、C等三個時，且三者呈現如下的關係：A影響B、B影響C，但A與C無關，則呈現如下的關係圖：

圖2.2.3　自變項、中介變項、應變項關係圖

---

[3] 摘自鄭自隆（2015），《廣告、媒體與社會》，臺北：華泰，頁275-277。

此模型中，A稱爲前導變項，B爲自變項，C爲應變項；所謂前導變項（antecedent variable）係指影響自變項的變項（A變項與B變項的關係是「A變項爲自變項、B變項爲應變項」），但A變項與C變項是無因果關係的變項。其三者關係式如下：

前導變項 → 自變項

自變項 → 應變項

但前導變項與應變項無因果關係

例1：A（父母職業）、B（教育程度）、C（媒介接觸量），臺灣常會因父母親職業的差異，影響了孩子的教育程度（父母職業→教育程度），孩子教育程度的高低則會影響他的媒介接觸量（教育程度→媒介接觸量），不過父母親職業的差異，卻和孩子的媒介接觸量無關；此變項關係A（父母職業）爲前導變項、B（教育程度）爲自變項、C（媒介接觸量）爲應變項。

例2：A（候選人黨籍差異）、B（競選廣告表現）、C（得票數），臺灣歷年選舉有這種現象，國民黨與民進黨，兩黨候選人競選廣告表現風格常有很大的差異（候選人黨籍差異→競選廣告表現），而候選人競選廣告表現的不同則會影響得票數（競選廣告表現→得票數），但是候選人黨籍的差異卻和得票數多寡無關；此變項關係A（候選人黨籍差異）爲前導變項、B（競選廣告表現）爲自變項、C（得票數）爲應變項。

例3：A（教育程度）、B（薪資所得）、C（婚姻和諧性），在臺灣，老闆常以職員教育程度的高低，作爲敘薪標準（教育程度→薪資所得），而貧賤夫妻百事哀，夫妻所得的高低，則會影響婚姻和諧性（所得→婚姻和諧性），不過教育程度卻和婚姻和諧性無因果關係，不是高教育程度的夫妻，婚姻就比較美滿；此變項關係A（教育程度）爲前導變項、B（所得）爲自變項、C（婚姻和諧性）爲應變項。

肆、變項模型建構與修正

如果由理論或相關文獻的分析，發現X影響Y、Y影響Z、X影響Z，根據這

樣的文獻關係，可以建構如下的假設模型，並暫稱X變項為自變項、Y變項為中介變項、Z變項為應變項。

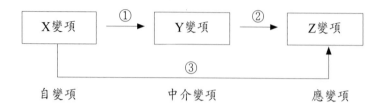

接著論文第四章就要證明：
X變項是否影響Y變項？……………… ①
Y變項是否影響Z變項？……………… ②
X變項是否影響Z變項？……………… ③

研究結果會有2×2×2（關係式①有成立與不成立等二種狀況，關係式②與關係式③亦同）等八種檢驗結果：

狀況I：如果研究結果發現：
① 被證明：X變項影響Y變項
② 被證明：Y變項影響Z變項
③ 被證明：X變項影響Z變項
則此假設模型被證明，模型不必修正。

狀況II：如果研究結果發現：
① 被證明：X變項影響Y變項
② 被證明：Y變項影響Z變項
③ 不被證明：X變項與Z變項無因果關係

則此假設模型應被做如下的修正，並改稱X變項為前導變項、Y變項為自變項、Z變項為應變項。

狀況III：如果研究結果發現：

① 不被證明：X變項與Y變項無因果關係

② 被證明：Y變項影響Z變項

③ 被證明：X變項影響Z變項

則此假設模型應被做如下的修正，並改稱X變項與Y變項均爲自變項、Z變項爲應變項。

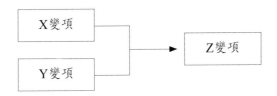

狀況IV：如果研究結果發現：

① 被證明：X變項影響Y變項

② 不被證明：Y變項與Z變項無因果關係

③ 被證明：X變項影響Z變項

則此假設模型應被做如下的修正，並改稱X變項爲自變項、Y變項與Z變項均爲應變項。

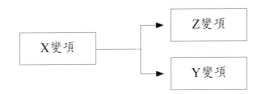

第四章（研究結果章）之假設模型檢驗會有 2 × 2 × 2，包含X變項、Y變項、Z變項均無關之八種狀況，第五章（結論章）再根據研究結果調整或修正模型。

第三節　各章寫作格式

　　包含傳播、廣告、公關在內的社會科學，都是具邏輯性、系統化的嚴謹過程，因此論文的呈現也必須符合邏輯性、系統化的要求，論文架構會分爲五章，每章環環相扣：

- ・第一章　研究目的
- ・第二章　文獻探討
- ・第三章　研究方法
- ・第四章　研究結果與發現
- ・第五章　結論與建議

壹、研究目的

一、意義

　　論文第一章在說明研究目的或研究旨趣，並以此帶出所要探討的研究問題，通常會以三節呈現：研究動機、研究背景、研究問題：

　　第一節爲「研究動機」，主要說明爲什麼要進行這個研究？此研究有何理論或實務意義？研究結果對理論詮釋或實務應用有何幫助？邱啓紋碩士論文《電視偶像劇操作置入型態分析——三立〈命中注定我愛你〉個案研究》的研究動機就這樣寫[4]—

　　　　臺灣偶像劇在所有戲劇節目的收視占比已達10%，和2007年相比，偶像劇收視占比更成長了3%。在十大戲劇節目排行中，偶像劇的進榜數也持續增加，且排名已躍升至前五名，由此可見臺灣完全自製的偶像劇已經深獲觀眾的肯定。偶像劇因爲篇幅較長，因此較能和觀眾建立長久的關係，劇中重要的角色在不同的場景（episode）中重複出現，對觀眾而言，角色是熟悉的、可辨識的（recognizable），並且是符合刻

---

[4]　邱啓紋（2009），《電視偶像劇操作置入型態分析——三立〈命中注定我愛你〉個案研究》，國立政治大學廣告研究所碩士論文。鄭自隆教授指導。引文文字與段落略有修改，註腳刪除。

板印象的（stereotypical）。在觀看的同時，觀眾預期會看到要角不斷地出現，並和角色建立一段較為長久的關係。這種「熟悉感」給觀眾擁有一種舒適安全感覺（a comforting feeling of security of security），觀眾會認為角色的行為是可以預測的，和他們心理既有的形象相符。

靠著觀眾對劇中人物當下的喜愛，偶像劇能暫時將某個品牌的形象與該要角的風格形象結合在一起，而以一種比較討喜的方法打入觀眾的心中。倘若觀眾對該演員的喜愛沒有隨著這齣劇而結束，那麼觀眾對品牌的形象，在沒有接收到其他相衝突訊息的狀況之下，就可能會因「可取得性效果」而持續保留。

此外潛化理論雖然不足以用來解釋觀眾對電視劇中所置入的某個品牌的形象，但是偶像劇中持續呈現的固定的「年輕人的生活方式」（如穿著時髦、對愛情和未來懷抱夢想、勇於冒險、充滿熱情等特質），仍可能會影響大量收看偶像劇的族群之價值觀和其選購商品時當下的心境。偶像劇既然引領潮流，影響閱聽眾之思考與行為模式，因此探討偶像劇「如何」以置入型式傳遞商品訊息有其重要性。

此文之研究動機撰寫甚佳，有實務數據與現象觀察，亦佐以理論論述，以及研究影響，值得學習。

第二節為「研究背景」，說明研究當時的時空背景，相關的政治、社會、經濟事件，或法規政策對研究的影響，如果是個案研究，則對個案予以說明。

同前例，邱啟紋的論文第一章，以第一節說明臺灣自1992年衛視中文臺播出一系列日劇（《東京電梯女郎》、《成人的選擇》、《少女身世之謎》、《年輕太太法力無邊》和《看護中心》）開始，接著引進韓劇，2001年起，開始有臺製偶像劇《流星花園》引領風潮，以至研究當時的電視風潮，由於篇幅頗長（4頁），所以獨立一節「臺灣偶像劇的興起」，此外作者再以接著的另一節，描述研究個案《命中注定我愛你》之製作單位、故事內容、收視率、推廣活動、周邊商品。

第三節為「研究問題」，也有逕稱為「研究目的」，此節係接續「研究動機」，以引導出「研究問題」，而「研究問題」也必須透過第三章的研究方法予以證明或檢驗，更重要的是第四章的研究結果與發現，更必須回應「研究問題」，所以「研究問題」的擇定極為重要。

二、研究問題之撰寫

「研究問題」的撰寫方式有二種：敘述式與條列式，以「條列式」的撰寫方式為宜。

．敘述式

例1：

　　本研究的主要目的，是以內容分析法探討臺灣地區重視生活品質的報紙——○○報，報導醫藥新聞群，一段長時間內，質與量的變化，檢視過去媒體提供了多少醫藥保健訊息，企圖瞭解報紙提供了哪些訊息。本研究並非企圖瞭解公眾是否受媒體影響，只想藉由內容分析的分法，明瞭公眾所獲得的訊息是什麼。

此例有幾個缺點：

1. 研究目的含混，無法明確知道作者之企圖，「一段長時間內」多久？與其說「質與量的變化」，不如具體說明分析類目（categories）；

2. 用詞不當，不宜稱臺灣為「臺灣地區」，更不可有評論式的描述，稱○○報為「臺灣地區重視生活品質的報紙」，學術論文文字必須保持客觀、中性；

3. 內容分析法只能客觀呈現媒體提供什麼訊息，而不能「明瞭公眾所獲得的訊息是什麼」，用詞不夠嚴謹。

例2：

　　本文的研究目的乃在，分析中共人民日報於開放探親前、後有關臺灣的報導，以瞭解中共對內報導有關臺灣新聞的內容、技巧，包括各地區臺灣新聞的特性，是否因臺灣開放探親而有所改變，並依此探討中共對內宣傳的意圖，及其與中共對臺政策的關係。

此例較前例清楚，不過若能具體寫出自變項（開放探親前、後）與應變項（人民日報臺灣新聞的內容、技巧）的關係則更佳。如：

研究目的：以內容分析探討，臺灣開放大陸探親前、後，人民日報報導臺灣新聞的內容、技巧之差異。

・條列式

例3：

（一）觀察國外推廣控制誤差和提高功能的收視率調查方法，以作為臺灣地區的借鏡。

（二）分析臺灣地區各種收視率調查方法的抽樣、問卷設計及資料蒐集整理，以瞭解相互間的差異。並比較各種收視率調查的結果，觀察相互之間的差異程度，和探討造成差異的可能原因。

（三）針對臺灣地區的條件和限制，對於收視率調查的發展提出建議。

此論文係比較80年代臺灣各種收視率調查方法，以條列式呈現，研究目的清楚，不過仍有幾個缺點：

1. 「觀察國外推廣控制誤差和提高功能的收視率調查方法，以作為臺灣的借鏡」，此為文獻的討論，用以作為檢視第四章研究結果的指標，不應是研究目的；

2. 「針對臺灣地區的條件和限制，對於收視率調查的發展提出建議」，這是第五章的實務運用建議，所有的論文都具備的功能，不是本論文專有的研究目的；

3. 同樣的，不宜稱臺灣為「地區」。

例4：廖淑伶（1990）《媒介議題性質與議題設定功能之研究》，政大新聞所碩士論文，很具體呈現自變項與應變項的互動關係，每一研究目的都是變項關係的陳述，是個很好的範例。

1.媒介議題報導情形和公眾議題的關聯性。
2.媒介議題性質和公眾議題的關聯性。
3.民眾的人口變項和媒介議題設定的關聯性。
4.民眾的傳播行為和媒介議題設定的關聯性。

例5：邱啓紋（2009）《電視偶像劇操作置入型態分析——三立〈命中注定我愛你〉個案研究》，政大廣告所碩士論文，其研究目的也是條列式的陳述。

1.檢視偶像劇中不同商品類型之置入型態爲何。
2.檢視偶像劇中不同置入型態其所呈現之商品資訊分布情形。
3.檢視不同的商品類型在偶像劇中所呈現的商品訊息分布狀況。

貳、文獻探討

一、意義

好的研究，要從理論出發，最後再回到理論，第二章「文獻探討」（literature review），即用以檢視相關理論、文獻。學術論文或學位論文並不是業務報告，只有單純的呈現事實調查，被稱爲fact-finding survey，無法符合學位論文的要求。

例如：「臺北市家庭電腦網路普及率研究」，調查普及率只是單純的fact-finding，缺乏理論貢獻，那應如何加入理論？此研究若加入Uses and Gratification（使用與滿足）、Information Gap（知溝效應或資訊差距）、Diffusion of Innovation（創新擴散）等理論，都可以詮釋家庭電腦網路普及率的現象。

「文獻探討」功能有四項：

1. 形成研究目的

對理論作實證性研究，以充實理論、驗證理論或修正理論，這也是學術論文的要求，學位論文則是對研究者學術能力的檢驗。如黃婷華（2014）《消費者仇恨與品牌選購：認知不和諧》，政大廣告所碩士論文，其中消費者仇恨（consumer animosity）與認知不和諧（cognitive dissonance）都是心理學理論，此論文就是以理論來討論消費者行爲。

2. 建構研究假說

假說（hypothesis，複數hypotheses）是根據理論或經驗，所形成待證明的命題（proposition），因此研究假說必須根據理論而建構。很多研究生不知道假說

的意義，常常把研究問題直接修改文字做成「假說」，這是不正確的。

3. 建構分析指標

德菲法的測量指標與內容分析法的類目（categories）都應有理論基礎，所謂類目是內容分析法中用以檢驗研究素材的分析項目，因此類目的建構應依據理論。如黃筱萱（2013）《臺灣房地產廣告與社會變遷：資訊式或轉換式廣告》，政大廣告所碩士論文，以內容分析法討論早期與近期房地產廣告的呈現，有資訊式廣告或轉換式廣告的差異，其資訊式或轉換式廣告的分析類目就必須有理論依據。

4. 詮釋研究結果

好的研究，最後必須再回到理論層次的討論，所以第五章「結論章」最好有理論的討論，討論此論文對理論的意義，是否有充實、調整或修正理論。

二、文獻類型

哪些資料應該收入第二章「文獻探討」的討論？很多研究生不瞭解「文獻探討」的意義，把個案說明或現象的描述都納入第二章，譬如說以○○微電影的分析為題目，就把微電影的歷史、拍攝此微電影的公司、此部微電影的故事通通收在第二章，錯了，上述的背景說明應該擺在第一章。

第二章的「文獻探討」應該聚焦討論與此研究有關的理論或相關學術論述，不應蒐羅龐雜、灌水篇幅；以前述黃婷華《消費者仇恨與品牌選購：認知不和諧》論文為例，第二章只要討論三項即可：

自變項：消費者仇恨

應變項：品牌選購

詮釋原因：認知不和諧

文獻類型包含兩類，一是理論，二是相關的研究論述：

1. 理論

很多研究生的學位論文，討論到理論都會從「頭」開始講起，變成理論ABC，談沉默螺旋（the spiral of silence），就會從E. Noelle-Neumann在1974年

最早的研究說起，談創新擴散（Diffusion of Innovation），就會講E. M. Rogers 在70年代做的農村創新品（肥料、農藥、新品種）的擴散；其實理論沒有必要 從盤古開天說起，通常會讀到這篇論文的人，對此理論都有基本認識，因此第二 章的理論討論，只要述及與本研究有關的部分即可。

2. 相關研究

相關研究指的是與本論文有關的論述，有橫向與縱向二種，譬如說討論 「新商品的品牌管理」，橫向指不同產業新商品品牌管理的相關研究，縱向指同 一產業新商品品牌管理的研究；又如新媒介「議題設定功能」研究，橫向可蒐集 傳統媒體議題設定的研究，縱向可討論網路媒體有關議題設定的論述。所謂相關 研究，包含博碩士論文、期刊論文、研討會論文、技術報告等。

第二章的「文獻探討」所述及的理論與相關研究論述，在論文的「參考書 目」都應該被找到；此外報紙、網路、非學術雜誌的資料，在第二章可以被引 用，但絕不應是主要文獻，這些非學術的資料也不需要列在「參考書目」中，其 來源只要用「註腳」（footnote）註明資料來源即可。

參、研究方法

一、意義

第三章「研究方法」係用以說明驗證問題或假說的方法，為什麼學術論文必 須說明研究方法？

1. 呈現研究的客觀性

由研究方法來說明此研究結果是客觀產出的，不是研究者個人主觀的偏好或 意見，「客觀性」的要求，是所有包含自然科學與社會科學的共同要求，當有學 術同儕質疑研究結果時，第一個被檢驗的就是研究方法，若研究方法OK，對研 究結果也只能接受。

2. 證明研究的可複製性

說明研究方法，也就是證明研究的可複製性（reproductivity）—— 也就是

這個研究由A或B、C來做，只要遵循相同研究方法，就一定得到相同的研究結果；研究的可複製性，事實上也是呈現研究的客觀性。

二、內容

第三章「研究方法」要呈現研究的客觀性，因此必須詳細說明研究過程與研究工具，可以用三節——方法概述、樣本、測量方法來說明。

1. 第一節之「方法概述」

簡要說明為什麼要使用此方法？這個方法為什麼是最適當的？譬如說，研究選民的對政黨形象，可以使用調查法，也可以使用焦點座談法，或深度訪問法，甚至使用圖像投射的隱喻抽取技術（ZMET）。無論論文使用何種方法，都必須有足夠的理由做支撐。

很多研究生的論文，在第三章會抄很大，如使用內容分析法，就會從王石番教授的《傳播內容分析法》抄起，一抄4、5頁，有的還從內容分析的起源，B. Berelson的觀點說起[5]，這當然沒有必要，通常會讀這篇論文的人都懂內容分析法，因此「方法概述」應著力於說明為什麼要使用此方法就可以了。

若一篇論文有二種以上的方法，就應在「方法概述」節做說明，最好製表以呈現「研究目的」與「研究方法」的對應關係。如研究○○○候選人競選策略形成與廣告產出、選民認知效果的關係，其中「競選策略形成」使用對該陣營文宣主管的深度訪問（in-depth interview），「廣告產出」係就競選廣告的組成元素、訴求做文本分析（text analysis），而所形成的「選民認知效果」則透過選民的焦點座談（focus group discussion）討論廣告帶來的認知、態度與行為（是否投票支持）效果。不同的研究目的與方法的對應，使用製表的方式就會比較清楚：

---

[5] 王石番（1991），《傳播內容分析法》，臺北：幼獅。

研究目的	研究方法
策略形成	深度訪問法
廣告產出	文本分析
選民認知效果	焦點座談法

2. 第二節之「樣本」

此節係要陳述「樣本產生」的方法與過程，因此必須分別說明樣本與母體、抽樣方法、樣本數、樣本檢定：

‧母體（population）：母體係指研究對象的總體，如臺北市長選舉民意調查，母體就是全體臺北市民或臺北市20歲以上的公民；「318學運社論分析：自由時報vs.聯合報」，兩報在2014年對「318學運」之社論即為母體。

‧抽樣方法（sampling）：抽樣方法有很多方式，論文必須明確說明依據何種方法，從母體抽取樣本。

‧樣本數（sample size）：即樣本數量，並從抽樣方法與樣本數中，計算信心水準（confidence level）與抽樣誤差（sampling error）。

‧樣本檢定：檢驗樣本與母體在某項特質是否有差異，亦即在該項特質上，樣本是否可代表母體。

3. 第三節之「測量方法」

第三節「測量方法」說明測量工具、信度／效度檢驗、研究時間：

‧測量工具：包含量表或問卷，量表通常指其他研究已發展或通過檢驗之固定化標尺，如政治態度量表、民主化量表、現代化量表、媒體識讀量表；問卷則是為證明本研究之研究問題，而發展之題項。量表應列於節中，問卷若少於2頁，亦可置於節中，若篇幅太長，則只列架構，詳細問卷另置於附錄。

‧信度、效度檢驗：說明檢驗方法，以證明此測量標尺符合信度（reliability）、效度（validity）之要求。

‧研究時間：要註明研究進行期間或測量耗時多久，說明研究進行期間，主要反應時代背景，同時排除特殊事件（history）的影響；說明測量耗時多久，則主要觀察是否有測量工具的成熟度效應（maturation）。

研究方法為本書之重點，上述之「樣本產生」的方法與過程，與測量標尺、信度／效度檢驗，在本書第三章「研究設計」會有詳細說明。

肆、研究結果與發現

第四章為「研究結果與發現」，是論文主體，也是論文最重要的一章，以呈現研究結果，通常占的篇幅也最多。

「研究結果」當然要回應「研究目的」，因此本章應依研究目的，逐節撰寫。如研究目的為：
1. 媒介議題報導情形和公眾議題的關聯性；
2. 媒介議題性質和公眾議題的關聯性；
3. 民眾的人口變項和媒介議題設定的關聯性；
4. 民眾的傳播行為和媒介議題設定的關聯性。

則第四章各節可如此安排：
第一節　媒介議題報導與公眾議題
第二節　媒介議題性質與公眾議題
第三節　民眾人口變項與媒介議題設定
第四節　民眾傳播行為與媒介議題設定

又如前述邱啟紋《電視偶像劇操作置入型態分析——三立〈命中注定我愛你〉個案研究》論文，其研究目的為：
1. 檢視偶像劇中不同商品類型之置入型態為何。
2. 檢視偶像劇中不同置入型態其所呈現之商品資訊分布情形。
3. 檢視不同的商品類型在偶像劇中所呈現的商品訊息分布狀況。

其第四章「研究結果與發現」各節則如此安排：

伍、結論與建議

第五章為「結論與建議」，是論文的收尾與歸納，通常本章會分為二節，第一節為「結論」，第二節為「建議」，當然亦有另加一節為「研究限制」。

1. 結論

必須從研究發現中歸納主要結論，絕不可以是研究者憑空想像，與研究發現無關的結論；此外，結論要歸納為抽象論述（可詮釋的scope要大），而非只是第四章的摘要（summary）。

此外，亦有論文在「結論」節做「理論的討論」，對理論做批評、修正與討論，對學術論文或學位論文這是被鼓勵的。好的研究就應從理論開始，最後再回到理論。

2. 建議

建議包含兩部分，一是「實務建議」，二是「對未來研究之建議」；同樣的，建議必須基於研究發現，而不是想當然耳。

3. 研究限制

研究限制要說明本研究或因時間壓力、資源（如研究經費）所導致研究規模、樣本數、研究時間的限縮。

但研究限制不要寫可以避免，或可做到但沒去做的事項，很多研究生論文會寫問卷不周延、沒有問到要問的問題、訪問對象不適切、樣本無代表性……，這些都是事前應避免而沒有避免的現象，自曝其短，口試委員會要求修改後，再另行口試。

「結論與建議」章看似簡單，其實不容易寫。下例是鄭自隆（2014）

《「節能意識調查」民眾焦點團體座談結案報告》的結論與建議，可供參考。該研究係透過北、中、南、東四區焦點團體座談，以瞭解民眾對節電行為、媒體宣導活動偏好及評價，與包含電視廣告、廣播廣告、海報廣告等，及其他宣導品討論與評價[6]；討論題目為委託單位所擬：

1. 請問您家中有神明桌嗎？若有，請問您家中的神明燈是否已汰換成LED燈？汰換原因及尚未汰換的原因為何？

2. 請問您家中的電熱水瓶或開飲機有定時裝置嗎（內建或外掛式）？為了節電並顧及方便性，您會使用定時裝置嗎？不會使用的原因為何？

3. 請問您會透過手持行動裝置（如平板電腦、智慧型手機）來搜尋節能相關資訊嗎？若使用臉書或LINE通訊軟體來傳遞節能活動或節能手法，請問您會建議什麼樣的內容形式或包裝？

4. 目前經濟部推出網路活動「節能分享讚」，請民眾分享日常生活中節電手法或創意節電手法，您有沒有更具創意的節電手法可供參考？

5. 請問您最想知道哪些家電種類的節電資訊？什麼樣的行銷模式（家電促銷、抽獎活動、微電影徵選）會比較吸引您？

6. 近年國內節能減碳活動包括有結合國際環保節日辦理大型宣導活動、結合志工深入社區傳遞節能手法、拍攝國內首部節能微電影吸引民眾目光、結合網路名人蔡阿嘎拍攝節電影片及知名部落客（熊秋葵、兔包）傳遞節能知識。請問您對政府在推動節能減碳活動上，有沒有更具創意的作法或想法？

7. 宣導品討論
(1)電視廣告：「一指救地球──手勢篇」CF（30秒）
(2)電視廣告：「夏日輕衫」CF（30秒）

---

[6] 鄭自隆（2014），《「節能意識調查」民眾焦點團體座談結案報告》，委託單位：財團法人工業技術研究院，執行單位：世新大學知識經濟學院。

(3)廣播廣告：主播篇（3位主播、蠟筆小新、小丸子）

(4)海報廣告：「全民節電行動」海報、「一指節電中」海報

(5)其他宣導品

　　‧節能阿光毛巾

　　‧圓形感溫卡立牌

　　‧阿光隨手扇

　　‧阿光神明燈

　　‧「全民節電行動」文宣

　　第五章的結論與建議，不是第四章研究結果與發現的summary（摘要），必須將第四章的研究發現「抽象化」——結論不是只描述本個案，而是有類推至其他個案的詮釋能力；換言之，scope（關照面）要大；此例，討論面繁雜，但結論卻必須「收尾」，不能照討論題綱逐一寫結論。寫作參考案例如下：

第三章　結論與建議

第一節　結論

壹、民眾節電行為以「經濟」為主要考量

　　LED神明燈認知度不高，民眾換購時以「經濟」為主要考慮，除非舊的燈泡壞掉，否則不會主動汰換；此外，LED神明燈屬理性低涉入感商品，所以銷售現場POP提醒或銷售人員推廣有其效果。

　　對推廣電熱水瓶使用定時裝置，民眾普遍知道熱水瓶、開飲機耗電，因此很多受訪者已放棄使用，或煮開後拔電，顯示「經濟考量」仍為其主要動機。而「定時裝置」價格昂貴、操作困難，亦使其有使用門檻。

貳、新媒體不適合運用於節能宣導

　　雖然手持行動裝置極為普及，但受訪者均表示不會透過手持行動裝置來搜尋節能相關資訊，理由是節電資訊無「即時性」，而且畫面小、字體小，又有上網費用，因此認為必要時使用桌上型電腦搜尋即可。

此外，民眾使用「臉書」或「LINE」通訊軟體，主要用於通訊、娛樂與社群聯誼，對無時效性之政府宣導，缺乏曝露（exposure）意願。

參、節能創意沒有新的火花

民眾提供之節能創意缺乏推廣價值，受訪者提供之創意點子，大多有地區性限制或僅適合特殊生活習慣，缺乏可推廣於全國之「點子」，顯示政府目前推廣之「隨手關燈」、「冷氣調高1度」、「常洗濾網」等點子，已涵蓋所有可能節能面向，似達天花板效應（ceiling effect），不可能再有新的火花。

肆、民眾關心「電腦」耗能分級

由於使用時間長，所以民眾極為關心「電腦」耗能分級，因此「電腦」耗能分級應作為未來管制與推廣重點。

伍、民眾最肯定「政府補助」措施

行銷模式中「微電影徵選」不受青睞，認為與民眾無關，至於「促銷」與「抽獎」，受訪者咸認為「促銷」優於「抽獎」，因為「促銷」比較實惠，「抽獎」要憑運氣。不過民眾最肯定、最懷念的還是「政府補助」措施，顯示具體的「經濟」措施比任何訴求都還有用。

陸、民眾不喜歡華而不實的節電宣導

無論大型宣導活動、社區志工、微電影、部落客（蔡阿嘎、熊秋葵、兔包）代言，都無法贏得民眾一致或高度的肯定；顯示節電經多年宣導，民眾已有明確認知（cognition），也支持節電，情感效果（affection）亦已具備，即使在行為層次（behavior），大多數民眾也會自動隨手關燈，宣導已具成效，因此應該是「提醒」式的宣導，而不是華而不實的活動。

而運用代言人應慎重，不應形成「人 > 議題」，成為政府花錢promote代言人，而不是節能議題。過度搞笑的代言人，受訪者批評低俗、LOW、反智，不會讓孩子看他的影片，也應避免使用；事實上，當議題重要，民眾涉入感高時，訊息應以「議題」為主，而非「代言人」。

　　此外，宣導主題要「新資訊」，而非只呈現繪畫或表演技巧，像民眾已知的「隨手關燈」、「冷氣調高1度」就不必了，同時置入要有巧思，而不是偷懶的赤裸裸宣導，以免民眾「無感」。

柒、廣告不宜重「創意」忽略「效果」

　　節電屬「理性」行為，廣告應考量「傳播效果」而非「花俏創意」，當「花俏創意」使民眾形成周邊途徑（peripheral route）解讀時，絕對會干擾對主訊息（節電）的接收，形成本末倒置；「一指救地球─手勢篇」與「夏日輕衫」二支電視廣告，都有改進的空間。

　　此外，廣告要有記憶點，廣告訊息不是愈多愈好，一支廣告只講一個重點，以形成記憶點，不應貪多。卡通人物（蠟筆小新、小丸子）廣播廣告「省錢當零用錢」，受訪者記憶點極為明確，印象亦比3位主播的廣播廣告強，這也顯示「經濟訴求」較能引起注意。

　　海報廣告亦是，訊息不必貪多，也要有明確記憶點，製作亦要符合設計規範，不應有顯著的設計瑕疵。

捌、贈品應符合實用性、排他性原則

　　贈品受到受訪者肯定，活動贈品除考量成本、品質外，應考慮其實用性、排他性，即可用、好用、用得著，而且市面買不到；此次贈品具實用性與排他性，受到歡迎。

第二節　建議
壹、以「經濟」為主要訴求

　　民眾節能行為主要以「省錢」為考量，因此節能宣導應以「經濟」為主要訴求，道德層面的訴求（如「救地球」、「救北極熊」）只能作為華麗的輔助訴求，以滿足民眾社會性與心理性的滿足。

　　這正所謂的「Hard Selling for Hard Time」，這主張是美國30年代「大蕭條」時代（The Depression）的廣告觀念，認為在大蕭條的經濟艱困時代，廣

告應直接訴求品牌、功能、效果與價格，而不必拐彎抹角，塑造美好生活憧憬——當消費者對前景已經無感或失掉期望時，冷灶熱燒沒有用。

「艱困時代、廣告直接」，不景氣時代廣告就是要直接講白，用軟銷、講創意，塑造美好憧憬是沒有用的，這種廣告思維可稱之為「『悶』經濟廣告」，政府節能宣導更應如此。

貳、不迷信「新媒體」

網路媒體所衍生的一些新技術，如臉書、LINE、APP、關鍵字行銷、QR code、寫手置入推文（placement recommendation），被稱為「新媒體」，成為顯學；不過科技始終來自人性，民眾使用「新媒體」的動機，不外是通訊、聯誼、娛樂，而不是接受廠商或政府宣傳，因此若試圖透過「新媒體」來擴大節能宣傳，恐怕徒勞而無功。

本次焦點團體座談即發現，民眾明確表達不會以手持行動裝置來搜尋節能資訊，理由是字太小、費用高，並認為節電訊息無急迫性，也不會有新資訊，根本沒有使用手持行動裝置的必要；若有需要，「用桌上型電腦就好了」。

此外，使用手持行動裝置最多的族群是年輕人，他們並非家中繳納電費的人，對電費也最無感，所以期待年輕人主動用手機搜尋節能資訊，簡直是緣木求魚，對年輕人最好的訴求就是蠟筆小新、小丸子廣播廣告中的「省錢當零用錢」。

「新媒體」是短暫的流行現象，生命週期極短，2012年微電影興起，2013年成為熱潮、2014年悄然退燒。節能宣導應可長可久，應集中資源，運用臺灣民眾最多使用的電視，持續、有計畫的宣導。

參、訊息應關注「效果」而非「創意」

廣告是易看懂、易遺忘的訊息，其目的是「銷售商品」，而不是研經鑄史留之久遠，成為後世品讀聞香的典範，廣告無此功能更不必有此期待，因

此思考創意時，具銷售力、能賣商品絕對是第一考慮。廣告絕對是「效果第一」，而不是「創意至上」，「效果」是必須條件，「創意」是充分條件，有「效果」又有「創意」，固然最好，當兩者衝突時，就應堅持「效果」拋棄「創意」。

廣告不是藝術而是科學，廣告溝通的對象是人，而且促使人家接受訊息（「告知」功能），建立對商品或品牌的好感（「態度」功能），甚至讓人從口袋掏錢出來購買（「行為」功能），其間每一步驟都牽涉到消費者繁複的資訊處理與決策功能，「科學」的思考絕對必要。

閱聽人受到心理因素與社會因素的影響，詮釋廣告訊息時就會形成中央途徑（central route）或周邊途徑（peripheral route）解讀，閱聽人的「周邊途徑」解讀是不利的，當消費者沒有明確商品需求，低涉入感的看廣告，此時若廣告創意表現花俏，他就會採取「周邊途徑」解讀，只看到廣告細節，忽略商品訴求。譬如當消費者有購買汽車的需求時，他會在乎廣告中對商品功能的介紹，這是「中央途徑」的解讀，當他沒有要買汽車時，他會關注廣告場景漂不漂亮、模特兒美不美？廣告文字有沒有用錯？音樂是否合適？形成「周邊途徑」解讀。

節能宣導廣告創意表現應單純，無額外干擾訊息，期使民眾採取「中央途徑」解讀，集中注意力關注於廣告所介紹的節能訊息，而不要注意廣告其他的枝節表現。

陸、「參考書目」撰寫

「參考書目」（references）不列為「章」，所以不可寫成「第六章參考書目」，只要直接寫「參考書目」。「參考書目」撰寫原則：
- 先「中文」、後「英文」
- 「中文」按作者姓氏筆劃數排列
- 「英文」按作者姓氏英文字母順序排列

亦即無論是書籍、期刊論文、研討會論文、專書篇章⋯⋯，中文均按作者「姓」之筆劃數排列次序，英文則按作者姓氏英文字母順序排列。其撰寫方式如下：

·書籍

例：鄭自隆（2014）。《廣告策略與管理》，臺北：華泰。

　　鄭自隆：作者

　　2014：出版年代

　　《廣告策略與管理》：書名，以《》標示。

　　臺北：出版地

　　華泰：出版商

例：Twitchell, J. B. (2000). *20 Ads that Shock the World*, New York, NY: Crown.

　　Twitchell, J. B.：作者，「姓」在前，「名」使用縮寫。

　　2000：出版年代

　　20 Ads that Shock the World：書名，每一字均大寫，以斜體標示。

　　New York：出版地

　　NY：州名，需用縮寫

　　Crown：出版商

·論文（期刊、學位與研討會論文）

研討會論文

例：鄭自隆（2009）。〈替代或襲奪？臺灣電視產業的問題與因應〉，2009年銘傳大學國際學術研討會發表（2009年3月），銘傳大學主辦。

　　論文名以〈〉標示；此外應註明研討會名稱，與主辦單位。

期刊論文

例：鄭自隆（2012）。〈政策宣導效果指標之建構〉，《廣告學研究》，36：1-28，臺北：國立政治大學廣告系。

　　論文名以〈〉標示，期刊名以《》標示。

　　36：期數

　　1-28：頁碼

例：Pingree, H. et al. (1976). "A scale for sexism", *Journal of Communication 26*: 193-200.

Pingree, H.：作者，「姓」在前，「名」使用縮寫。

et al.：即et alia（= and others），表示還有其他作者，中文為「等」之意。

A scale for sexism：論文名，第一字大寫，餘小寫；以" "標示。

Journal of Communication：期刊名，每一字均大寫，以斜體標示。

26：期數

193-200：頁碼

學位論文

例：傅秀玉（2014）。《財經談話性節目關鍵要素之研究》，政治大學傳播學院在職專班碩士論文。

　　詳細參考書目撰寫體例，可參考《新聞學研究》論文體例 http://140.119.187.78/word/53301252012.pdf。

柒、附錄

　　「附錄」的英文是appendix，在醫學裡是「盲腸」之意。附錄應蒐羅與本研究有關，但不宜擺在內文的資料，包含：
- 問卷
- 深度訪問或焦點團體座談之逐字稿
- 平面廣告之廣告稿
- 電視廣告之分鏡圖

　　同樣附錄不列為「章」，所以不可寫成「第七章附錄」。

　　從本章的討論，可以瞭解廣告、公關、傳播研究論文必須有邏輯性！章章相扣，一章推演一章，而每一章都要回應研究目的，同時也應關照理論的建構、印證或修正。

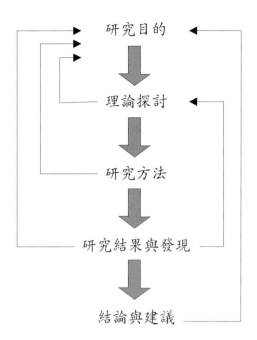

研究設計

第一節　資料蒐集

壹、量化與質化研究

　　傳播、廣告、公關等領域的研究方法，可分為量化研究（quantitative research）與質化研究（qualitative research）兩大範圍。量化研究是蒐集大量資料，經分析後作為佐證結論的研究方法，其研究結果有概化（generalization）企圖，最典型的量化研究就是調查法（survey research）。而探討傳播素材的內容分析法（content analysis），因以大量資料為分析基礎，因此也被歸為量化研究方法。

　　質化研究不是以大量資料為基礎，而是偏向個案的觀察，並經由個案觀察所形成的結論，推論至母體或其他個案，亦即好的質化研究應該具備足夠的概化能力，質化研究包含焦點團體座談（FGD: focus group discussion）、德菲法（Delphi method）、深度訪問法（in-depth interview）……。

　　實驗法是量化研究抑或質化研究？實驗法（experimental study）是心理學、醫學、農學常用的方法，以控制一個觀察（實驗）的變項，然後比較不同組別（實驗組、控制組），或同一組受測者前測與後測的差異。醫學、農學的實驗法，會使用大量的觀察對象，是量化研究；但傳播研究的實驗法，都是單一個案的觀察，比較偏向質化研究。早期C. I. Hovland的人格特質、訊息處理所產生的

傳播效果差異，就是由實驗法得到的結論。[1]

如以商品「來源國」效應爲觀察（實驗）變項（稱爲treatment），若採「單組前測後測設計」：

$$Y1 \quad X \quad Y2$$

Y1：爲前測，測量受測者對此商品之評價與態度；

X：爲實驗處理，即告知受測者，此商品來自何國；

Y2：爲後測，再測量受測者對此商品之評價與態度，並與前測比較，商品評價與態度是否改變，是正向抑或負向。

「單組前測後測設計」沒有對照組與實驗組做比較，被稱爲「準實驗法」（quasi- experimental design）。

同一「來源國」效應研究，若採「實驗組、控制組前測後測設計」：

$$\boxed{R} \begin{array}{ccc} Y1 & X & Y2 \\ \hline Y3 & & Y4 \end{array}$$

Y1：爲實驗組前測，測量受測者對此商品之評價與態度；

X：爲實驗處理，即告知受測者，此商品來自何國；

Y2：爲實驗組後測，再測量受測者對此商品之評價與態度，並與前測比較，商品評價與態度是否改變，是正向抑或負向；

Y3：爲控制組前測，測量受測者對此商品之評價與態度，量表應與Y1一致，以便比對；

---

[1] 見Hovland, C. I., Lumsdaine, A. A. and Sheffield, F. D. (1949). *Experiment on Mass Communication*. New York, NY: John Wiley. 與Hovland, C. I. and Janis, I. L. (eds) (1959). *Personality and Persuasibility*. New Haven, CT: Yale University Press.

Y4：為控制組後測，再測量受測者對此商品之評價與態度，量表應與Y2一致；

R：代表實驗組、控制組係採隨機分組。

此方法甚複雜，除Y1與Y2比較外，還要比較Y3與Y4、Y1與Y3、Y2與Y4。

實驗法過程嚴謹，必須孤立實驗變項，排除干擾因素，方能突顯實驗意義，因此適合自然科學研究。對傳播、廣告、公關研究而言，研究對象是「人」，而人的認知與態度干擾因素太多，如以前例「來源國效應」做實驗，受測者可能只是對商品有意見，而不是來源國的關係，很難單純突顯實驗變項，因此對A商品的實驗結論未必可類推至B商品，實驗結果概化能力有限。

此外，實驗被期待是處於自然情境（natural setting）之下進行，但傳播實驗處理（treatment）卻很難被認為真實或接近真實。如研究同一商品比較二張廣告稿，是否因所呈現的訴求差異，而導致不同情感效果；但要設計二張符合市場水準的廣告稿，是有些難度，尤其是研究生的論文，為實驗所設計的廣告稿一看就知道是假的，如此實驗結果，作為學位論文勉勉強強，說要形成結論為業者參酌遵行，恐怕很難。所以，實驗法在醫學、農學的研究的確是具概化能力的量化研究，但在傳播領域，可能只是解釋單一現象的個案研究。

傳播研究使用實驗法也容易引起霍桑效應（Hawthorne effect），所謂霍桑效應，指受測者因處於實驗情境而產生行為的強制改變。如上述研究同一商品製作二張廣告稿，比較是否因訴求差異，而導致不同情感效果，通常人們看廣告是低涉入感（low involvement）行為，隨便看看，但在實驗情境被要求詳細看，而且要分辨二張廣告稿的差異，如此取得的資料，效度（validity）堪慮。

貳、資料蒐集對象與方法

不同研究方法，因解決問題的差異，當然就會有不同資料蒐集對象、測量工具與方法，說明如下：

・調查法

調查法是以問卷，透過面訪、郵寄（含網路）、電話，以蒐集受訪者對研究標的態度（attitude）、意見（opinion）或事實（fact）；因此研究對象是「人」（受訪者），測量工具是問卷，問卷可以是開放式或封閉式。

・內容分析法

內容分析法是對傳播素材（新聞、廣告、社論、影片……）的研究，所以完全不會受制於「人」，甚至也不會受制於「時間」，不管是週間、週日，或白天、晚上都可以做，極富彈性；所使用的測量工具，是用以分析傳播素材的各項類目編碼表（coding form）。

・焦點團體座談

焦點團體座談（FGD）是群聚座談（discussion）方式，係針對問題，設計開放式題目，透過自然而互動的情境，由受訪者提供態度或意見的質化研究方法，具brain storming（腦力激盪）效果；研究對象是「人」〔具備研究擬探討主題需求的「焦點團體」（focus group）〕，測量工具是作為討論基礎的開放式問卷。

・深度訪問法

深度訪問法是經由對多名受訪者一對一的訪問，歸納彙整資料所形成的研究，研究對象當然是「人」，而且是與研究主題有關的人（當事人或相關領域的專家學者），使用的是開放、半結構式問卷，只有大方向題目，訪問內容在進行中，隨受訪者回答，而深入、延伸問題，或取消問題。

・瞬間顯像測量

瞬間顯像測量（Tachistoscope Test）是以圖形瞬間顯像呈現方式，以測量受測者短期記憶與印象，顯像速度可為0.25至5秒，通常用於模擬消費者在賣場接觸商品，或閱讀戶外廣告情境而設計，因此曝露時間短；研究對象是「以人測物」，分析的是傳播素材，但由受訪者透過問卷來評定其傳播效果。

・電視節目分析儀

電視節目分析儀（TV program analyzer）是以儀器來測量受訪者對影音傳播素材（電視新聞、廣告、節目、電影）的評價，分析單位可以小至「秒」，受

訪者不用問卷，其評價透過介面（如電玩搖桿）直接由系統蒐集，也屬「以人測物」的方式。

· 隱喻抽取技術

隱喻抽取技術（ZMET: Zaltman Metaphor Elicitation Technique），Zaltman是研發者Gerald Zaltman。此方法是由受訪者自行蒐集與研究主題有關的圖片，研究者則透過圖片為中介，與受訪者一對一做導引式對談（guided conversation），以挖掘受訪者「內心想法」（insight）。

· 德菲法

德菲法是針對專家（通常為學術或專業社群）的問卷調查，與調查法不同的是，它不是單次調查（one-shot survey），而是反覆詢問，以形成共識，並淘汰大家認為不重要的題項；在第二次以後的施測時，問卷會針對每一題項，標示該受訪者與所有受訪者選項落點，讓該受訪者知道自己與其他受訪者觀點的差異，再思考是否要調整選擇。換言之，具備焦點團體訪談互動的功能，但沒有面對面的社交壓力，可以毫不掩飾的展現自己想法。

表3.1.1　不同研究方法之對象、測量工具與資料蒐集

研究方法	對　象	測量工具與資料蒐集
調查法	人	問卷（開放式或封閉式）
內容分析法	物（傳播素材）	類目編碼表
焦點團體訪談	人	開放式問卷
深度訪問法	人	開放式問卷
瞬間顯像測量	以人測物	儀器＋問卷（開放式或封閉式）
電視節目分析儀	以人測物	儀器
隱喻抽取技術（ZMET）	人	圖像
德菲法	人（專家）	問卷

第二節　抽樣

壹、意義

　　很多人懷疑抽樣，說臺北市民有200多萬人，市長選舉民調才問1,000餘人會準嗎？總統選舉，臺灣選民有1,800餘萬人，是不是應該問2、3萬人才具代表性？

　　眞的不要懷疑抽樣的意義，想想看當媽媽煮完一鍋湯後，要試試鹹淡，請問媽媽是舀一湯匙試喝，還是會把整鍋湯喝完？

　　舀一瓢，試一鍋湯的鹹淡，就是「抽樣」。在資料蒐集過程中，當母體中每一個體均爲受測對象，就形成「普查」（population sensus），普查當然是最好的，一網打盡毫無漏網之魚，不過費時費力，而且有時候做不到。假設品管作業，要瞭解所生產的燈泡可以點燃幾小時，使用普查就是要把所有的燈泡一直燒到壞，才能取得數據，會有老闆這麼笨嗎？

　　有了「抽樣」（sampling），只要抽取一小部分的燈泡試點，其數據就可以推論到全體，「抽樣」是相對於「普查」的概念，其意義是：

1. 節省經費：不用針對每一個體都進行測量；
2. 節省時間：測量數量減少，當然節省時間；
3. 不致完全毀損母體：如上述之生產線品管抽樣。

　　抽樣的產出物即爲「樣本」（sample），樣本可以爲「人」，即以「人」爲調查對象，如民意調查；也可以爲「物」，如上述品管抽樣的燈泡。傳播研究的電影、廣告、電視節目、新聞稿、社論、新聞照片……都可以是抽樣的對象，抽樣必須遵循下列三原則：

　　1. 樣本必須從母體（population）產生：定義母體後，樣本就必須從母體產生。品管抽樣常以同一「批號」（lot）爲母體，從同一批號抽取樣本，樣本檢驗OK，代表同一批號商品均OK。

2. 隨機（random）：亦即母體中之每一個體有均等被抽中之機會，不可刻意挑選樣本，或避開哪些樣本。

3. 樣本數（sample size）需具解釋力：抽出樣本數須足夠，方具解釋能力，要抽多少樣本？後述。

「母體」的定義，應從研究目的與操作定義（operational definition）、執行可行性來思考。一般看來平常的母體概念，經深思也有不同的範疇，如《臺灣民眾傳播行為研究》，什麼是這個研究所謂的「臺灣民眾」：

· 國籍？是不是一定要有國籍，居住此地的外國人算不算？

· 居住地？有國籍，但不常住臺灣的人算不算？

· 年齡多大才列為母體？不考慮年齡，抽出幼童有何意義？

亦即母體的定義無所謂對錯，完全依研究目的，並考慮執行可行性，再形成母體的操作定義。而所抽出的樣本，應具二項特質：

· 同質性：樣本的確可代表母體；

· 異質性：每一樣本具不同特質，可充分呈現母體特性。

抽樣步驟如下，本節即依樣本數、抽樣方法、樣本檢定逐一說明。

· 確定母體

· 決定樣本數

· 選擇抽樣方法

· 執行抽樣

· 問卷回收後，進行樣本檢定

貳、樣本數

樣本數是不是愈多愈好？1936年美國總統大選競爭激烈，《文學文摘》（the Literary Digest）以家有裝置電話的家庭為母體，郵寄1,000萬份問卷，回收200萬份，以預測總統選舉。調查結果共和黨藍登（Alf London）支持度60%，贏了民主黨羅斯福的40%，但選舉結果卻正好相反。問題出在哪裡？

30年代家裡有電話的都是中上階層的家庭，而中上階層的人當時都傾向支

持共和黨，所以會導致共和黨贏了民主黨的結論；因此儘管使用普查，樣本數驚人，但母體定義不精確，再多的樣本數也會槓龜！

樣本數到底要多少，才會有代表性？樣本數之計算有兩種思考，一是大母體、另一是小母體。

一、大母體之樣本數

統計學界同意，當母體數大於30,000，或母體數不確定時，樣本數就必須是1,067以上，樣本數1,067呈現的意義是「信心水準95%，抽樣誤差±3%」。所謂抽樣誤差（sampling error），也就是可容忍誤差，即以樣本推論母體時，可能產生的誤差程度。而信心水準（confidence level），為以樣本推論母體時，樣本在可容忍誤差範圍內，正確反應母體之百分率。

樣本數1,067方能達到統計學所謂的「信心水準95%，抽樣誤差±3%」，其意義是針對同一母體，在同一時間，做100次相同的抽樣調查，其中會有95次調查的結果會落在該次調查數據的±3%以內。

例如：「總統候選人支持度」調查，該次調查結果A候選人支持度32%、B候選人支持度30%，由此可推論，若在同一時間、以同一母體抽樣，重複做100次的抽樣調查，其中會有95次調查的結果落在此次結果的±3%以內，亦即：A候選人可能支持度為29-35%、B候選人可能支持度為27-33%，而且還有5次的調查結果會在「A候選人支持度29-35%」與「B候選人支持度27-33%」範圍之外。這也意謂候選人支持度必須贏對手6%以上，才有95%的勝算（不要忘了還是有5%的機率會「凸槌」），只贏1%或2%就宣稱民調領先並無意義。

這也表示當母體數大於30,000時，無論是300,000（如某個行政區）、3,000,000（如新北市）或23,000,000（全臺灣人口數）的調查，樣本數只要1,067以上，且由隨機產生，即具有將結論推論至母體的能力。

不過要提醒的是，大區域的調查結果必須「整體」解讀，不得切割。如上例，只能說「全國性調查，A候選人支持度32%、B候選人支持度30%」，不能

往下切割至各別縣市；如此例，若澎湖只抽出5名樣本，其中3人支持A、2人支持B，不可下這樣的荒謬結論：「此調查在澎湖，A候選人支持度為60%、B候選人支持度為40%」！為什麼這個推論是荒謬的？因為樣本數 = 5，抽樣誤差就不會是±3%，而是±43.8%，沒有任何解釋意義。

當然，每次調查的樣本數不會剛好是1,067，如何以樣本數回推抽樣誤差？可以將樣本數套入此公式：

$$B = \sqrt{\frac{(1.96)^2\,PQ}{N}} = \sqrt{\frac{0.9604}{N}}$$

B = 抽樣誤差
N = 樣本數
P = 可能出現的或然率（0.5）
Q = 1 − P

根據此公式計算之以樣本數回推抽樣誤差，可參閱表3.2.1。

表3.2.1　樣本數與抽樣誤差

樣本數	抽樣誤差（%）
10	30.90
100	9.80
1,000	3.09
10,000	0.98
100,000	0.30

二、小母體之樣本數

所謂小母體，指母體數確定為30,000以下，或樣本占母體之5%以上，以及特定樣本，如中小學老師、臺北市扶輪社員、上市公司CEO經理人，其計算公式：

$$n = \frac{NPQ}{(N-1)D + PQ}$$

n = 樣本數

N = 母體數

P = 可能出現的或然率（0.5）

Q = 1 − P

$$D = \frac{B^2}{4}$$

（B = 可容忍誤差）

P為受訪者態度的或然率，即假設支持／不支持、同意／不同意各占一半（50% = 0.5），B為抽樣誤差（3% = 0.03），如母體數為3,000，則代入公式，樣本數n = 811.01。當可容忍誤差 = .03之母體數與樣本數計算結果如表3.2.2，從此表可瞭解，當母體數超過30,000時，樣本數就應如同大母體之1,067的樣本數。[2]

表3.2.2　母體數與樣本數

母體數	樣本數
3,000	812
30,000	1,072
300,000	1,108
3,000,000	1,111
30,000,000	1,112

參、抽樣方法

抽樣方法分為「隨機」與「非隨機」二種方式，抽樣隨機適用於樣本數龐大、有概化能力企圖的量化研究；非隨機抽樣則適用於個案推導、不需要很多樣本的質化研究。

---

[2]　樣本數計算公式參考自羅文輝（1996）《精確新聞報導》，臺北：正中，頁95-100。

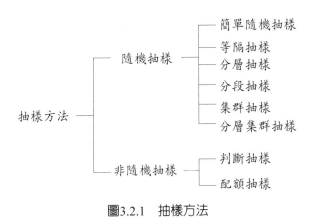

圖3.2.1　抽樣方法

一、隨機抽樣

1. 簡單隨機抽樣

簡單隨機抽樣（simple random sampling，簡稱SRS），就是將母體編號，隨機抽出樣本。80年代的收視率調查，將電話號碼簿，每四或五戶剪下，置於筒中，這半小時要抽出80人電話訪問，就從筒子隨機抽出80張，交由訪員打電話，看似土法煉鋼，但符合簡單隨機抽樣精神。

優點：
　　・容易執行；
　　・適合小母體或特定母體。

缺點：
　　・母體很大時，工作繁複，不易執行；
　　・僅適用於同質性高的母體，如果母體分層非常明顯，容易產生偏頗，即母體異質性（heterogeneous）強時，抽出的樣本恐怕無法呈現母體特性。如某國小學童家庭多元，有臺灣、外省、客家、原住民、新移民，如果使用簡單隨機抽樣，樣本未必能呈現母體的比率。

2. 等隔抽樣

等隔抽樣（interval sampling），即將母體編號，再以相等間隔抽出樣本。如某高中有8,000名學生，若要抽出800人為樣本，可依年級、班、座位編號，每

間隔10人抽出1位樣本，至於第1位則由隨機亂數產生。有一個簡單的公式可供參考：

$$R = N/n$$

R：間隔數

N：母體數

n：樣本數

優點：

‧若母體已具有分層特性，等隔抽樣可減少母體的差異性。如上例，依年級、班、座位編號，所抽出樣本可以呈現年級、班的分層特性；

‧容易抽樣。

缺點：

‧僅適合小母體或特定母體，大母體很難或無法編號，如臺北市民市政滿意度調查，200餘萬臺北市民即無法編號。

此外要提醒的是，傳播研究若使用內容分析法，以分析廣告、新聞素材時，不可以七天為抽樣間隔單位，否則會抽到同一個星期幾，第一個抽到星期三，就會一直抽到星期三。

3. 分層抽樣

分層抽樣（stratified sampling）是最常用的方法，尤其母體有明顯的分層特性，如單位、地區別時，分層是最好的抽樣方式，分層抽樣並不困難：

‧依特性分層（最好是母體現成的特性，不要人為刻意分層）；

‧每「層」為平行、獨立單位；

‧計算每一層個體數占母體之比率；

‧依比率從各層中，再依簡單隨機或等隔方法抽出樣本。

例：某大學有五個學院，各學院學生人數如下頁表格，學生人數合計15,000人，若要抽出300位學生為樣本，當：

‧使用「簡單隨機抽樣」，樣本組成未必如母體分層特性，不是好主意；

‧使用「等隔抽樣」，必須先將學生編號，再抽樣；若依學院別編號，使用等隔抽樣亦有分層抽樣的效果，不過執行較繁瑣；

‧使用「分層抽樣」，依各學院學生數分配決定樣本數，每學院再依所分配樣本數，依簡單隨機或等隔方法抽出樣本。當然，此例亦可以「系」為分層，更顯周延。

學院	學生數	比率	樣本數
A	3,000	20.0	60
B	2,500	16.7	50
C	4,000	26.7	80
D	4,000	26.7	80
E	1,500	10.0	30
總計	15,000		300

若是全國性調查，則可以縣市作為分層依據，即依縣市人口數比率，做分層抽樣抽出樣本，表3.2.3為世新大學民調中心，依內政部人口統計而產生之縣市分層抽樣。

優點：

‧分層樣本，各層均可產生代表，不會因樣本集中產生偏頗。

‧可根據每層的特質做比較分析，亦即「層」可視為自變項。如上例，可將「學院別」作為自變項，與應變項（如上網時間）交叉，以瞭解是否因學院別的差異，導致上網時間不同。

限制：

‧每層的人數和分布比例必須正確。

‧使用現成分層依據，如單位、組織、地區，不要使用人為刻意分層。

表3.2.3 以全國為母體之樣本結構表

縣市別	18歲以上人口數	比例（%）	樣本數（人）
總計	19,130,477	100.0	1,071
北部地區	8,542,545	44.7	478
新北市	3,264,158	17.1	182
臺北市	2,214,313	11.6	124
宜蘭縣	377,692	2.0	21
桃園縣	1,622,567	8.5	91
新竹縣	415,453	2.2	23
基隆市	314,839	1.6	18
新竹市	333,523	1.7	19
中部地區	4,689,364	24.5	263
臺中市	2,162,370	11.3	121
苗栗縣	461,092	2.4	26
彰化縣	1,052,166	5.5	59
南投縣	429,415	2.2	24
雲林縣	584,321	3.1	33
南部地區	5,238,520	27.4	293
臺南市	1,560,696	8.2	87
高雄市	2,303,670	12.0	129
嘉義縣	445,959	2.3	25
屏東縣	711,563	3.7	40
嘉義市	216,632	1.1	12
東部及離島	660,048	3.5	37
臺東縣	185,166	1.0	10
花蓮縣	275,604	1.4	15
澎湖縣	84,949	0.4	5
金門縣	104,159	0.5	6
連江縣	10,170	0.1	1

備註：由於小數點四捨五入，造成抽樣樣本需進行調整，調整後樣本數為1,071份。

資料來源：世新大學民調中心，依內政部中華民國103年1月人口統計而抽樣。

4. 分段抽樣

分段抽樣（multistage sampling），即依母體特性分段，逐段抽樣，當然每「段」必須有大小或順序的關係；分段抽樣適合全國性大型調查：

第一段：抽出縣市

第二段：在該縣市抽出鄉鎮區

第三段：抽出里或鄰

抽出里或鄰後，依簡單隨機或等隔方法抽出樣本。

優點：

　　‧適合全國性樣本；

　　‧可以依行政區、地理特性區分，以突顯地區樣本特質。

限制：

　　‧執行困難，難度高；

　　‧分段愈多，可能產生之抽樣誤差愈大。

5. 集群抽樣

嚴格來講，集群抽樣（cluster sampling）不是另一種抽樣方法，而是抽樣單位不是個體（individual），而是集群（cluster），如一個「班」；換言之，這是以集群為單位的抽樣方法。

而集群的產生依亂數、等隔或分層、分段均可，如做國中生媒體素養的研究，以「班」為抽樣單位。集群產生方式可以有：

亂數：以隨機方式，就一個或數個學校，抽出「班」。

等隔：將一個或數個學校的「班」編號，再以相等間隔抽出。

分層：依年級數的比率，抽出「班」。

分段：先抽出地區，再從地區中抽出縣市，再從縣市中抽出學校，再以亂數或等隔方式，抽出「班」。

優點：

　　‧一次可蒐集很多個體樣本；

　　‧執行並不困難；

‧集群可視爲自變項，與應變項交叉分析；

‧以集群爲單位，容易找到替代集群。

限制：

‧同一集群中個體具同質性，除非另有研究考量，否則誤差較大；

‧集群分類必須與研究主題扣緊，而非僅著眼於一次可蒐集很多個體樣本。

6. 分層集群抽樣

分層集群抽樣（stratified cluster sampling），係整合分層法與集群法——先分層，再抽出集群。

優點：

‧降低單純集群抽樣，可能產生樣本同質性的缺點。

缺點：

‧可能兼具分層抽樣和集群抽樣兩者之缺點；

‧集群的特質可能改變，假若以地區或年級爲分層，所抽到之集群的特質或許不同，如城鄉差距或年齡差距。

二、非隨機抽樣

1. 判斷抽樣

判斷抽樣（judgmental sampling），即由研究者依研究需要，主觀抽出樣本；如研究競選廣告對第一代外省移民國家認同的影響，樣本分散各地，無明確母體名冊，只能由眷村抽出樣本。

優點：

‧簡化抽樣，節省準備作業與經費；

‧樣本容易取得。

缺點：

‧樣本恐不具異質性；

‧抽樣必須有依據，而非便宜行事。

2. 配額抽樣

配額抽樣（quota sampling），即研究者主觀判斷，依母體特質抽出樣本；配額抽樣通常用矩陣方式，列出抽樣母體特質的比例，例如：男女比例、年齡、教育程度等，焦點團體座談（FGD）就會使用配額抽樣，如一場FGD受訪者有8人，依研究需要可做如此安排：

性別：男女各4人。

年齡：每一性別中，20-35歲與35-50歲各2人。

教育程度：每一性別中，20-35歲2人中，大學以上與高中各1人，35-50歲受訪者亦同。

優點：

· 略有分層抽樣的特性

缺點：

· 配額分配需有依據，或回應研究需求，而非任意為之。

肆、樣本檢定

樣本檢定的意義是，檢驗樣本與母體在「某項特質」的差異，亦即在該項特質上，樣本是否可代表母體。特別要提醒的是，一項樣本檢定只檢定一項特質，不能以單一項樣本檢定通過，就宣稱此樣本足以代表母體，如性別檢定通過，只能說「就性別而言，樣本代表母體」，而不能說在其他的特質，此樣本亦有代表性。樣本檢定的方法有Z-test與卡方檢定：

一、Z-test

Z檢驗計算公式如下：

$$Z = \frac{Ps - Pu}{\sqrt{\frac{Pu(1 - Pu)}{n}}}$$

Ps：樣本百分比

Pu：母體百分比

n：樣本數

如某調查，其母體全國性別比為「男：女 = 51.62：48.38」，而樣本性別比為「男：女 = 49.04：50.96」，樣本數 = 1000；試問樣本的性別比是否可代表母體？取「男性」比套入此公式計算：

$$Z = \frac{0.4904 - 0.5162}{\sqrt{\dfrac{(0.5162)(1 - 0.5162)}{1000}}} = -1.633$$

Z之絕對值超過1.96，即無代表性；未超過1.96，即具代表性，即樣本在該項特質上可代表母體；1.96為在常態分配下之誤差值。此例Z值小於1.96，表示「就性別而言，樣本可代表母體」。

二、卡方檢定

如年齡層，樣本與母體呈現如下的分布，要瞭解在「年齡」分布上樣本是否可代表母體？可使用卡方檢定。

族群	樣本	母體
青年	44.5%	51.0%
中年	42.0%	31.5%
老年	13.5%	17.5%

$x^2 = 53.31$ $df = 2$ $p < .001$

經卡方檢定結果，呈現顯著差異（$p < .001$），即樣本與母體在「年齡」分布上呈現顯著差異；也就是在「年齡」分布上，樣本不能代表母體。

伍、網路民調樣本的代表性

所有的研究或民調要宣稱「樣本可以推論至母體」，必須符合以下的三項條件：

· 有明確母體，樣本從母體產生；
· 抽樣必須隨機；
· 樣本數至少1,067。

　　網路民調通常無法符合上述第一項與第二項要求，所以調查結果，僅代表填答者的共同意見，而不能推論到全體母體，若有誤用，會鬧笑話，請見下例：

案例

　　2003年9月15日中晚與聯晚都登出大學生願援交的新聞，聯晚在四版，標題是「92%大學生忙打工，5萬人願援交」，中晚更誇張，做了四版頭題，通欄大標題是「5萬大學生想入特種行業」；隔天（9月16日），蘋果日報也做了A九版頭題，標題是「5萬大學生願賣肉賺錢」。

　　新聞來源是1111人力銀行，這個調查係「1111人力銀行本月初透過網路發出13萬份問卷給人力銀行求職資料庫的大學生」，調查結果宣稱「有效回收樣本數3,200份」，因此「在95%的信心水準下，調查誤差值為正負1.96%」。

　　由於回收問卷中有7.56%的人願意從事特種行業，於是1111人力銀行就依此比率乘以臺灣70萬大學生，得到「五萬大學生願意賣肉賺錢」的聳動推論。

這個調查結論與媒體報導當然荒腔走板，其謬誤有這些：

　　·此調查係「1111人力銀行本月初透過網路發出13萬份問卷給人力銀行求職資料庫的大學生」，這段話點出了推論錯誤的癥結——調查母體是「人力銀行求職資料庫的大學生」，而非「全體臺灣的大學生」。1111人力銀行求職資料庫≠大學生母體，當然不可形成如此推論。

　　·所謂「隨機」就是母體中的每一個體都有均等被選中為樣本的機會，沒有隨機抽樣，就不能宣稱樣本可以代表母體，所以沒有「有效回收樣本數3,200份，在95%的信心水準下，調查誤差值為正負1.96%」的結論。

　　·回收問卷雖有3,200份，但回收率僅有4%；換言之，拒訪率高達96%，因

此這份調查結果甚至也不能推論到該人力銀行求職資料庫的學生。[3]

第三節　測量

壹、測量標尺

一、類型

測量指的是，測量變項（variable），以瞭解態度（attitude）或發現事實（fact）；態度是「主觀的感受」，無所謂對錯，每一受訪者均可能有不同看法，如「對左岸咖啡的評價」、「市長候選人支持意向」；而事實係指「客觀存在的現象」，是絕對的，因此數據要求要精確，如「廣告片長度（秒數）」、「○○報紙新聞評論ECFA之則數」。

變項之測量，除發現事實外，還進而推演變項間的因果關係（causal relationship），傳播研究常是因果關係的推演。如：
- 性別是否與電視曝露時間有關？
- 媒體使用類型是否影響政治態度？
- 廣告恐懼訴求強度是否影響閱聽人之商品認知？
- 不同類型公關活動是否影響企業形象之建構？

上述例子，「性別」、「媒體使用類型」、「恐懼訴求強度」、「公關活動類型」都是影響變項（自變項），而「電視曝露時間」、「政治態度」、「商品認知」、「企業形象」則是受影響變項（應變項），要探討自變項是否影響應變項，就必須先建立可以測量變項的標尺，「性別」當然很簡單，只有男、女二個選項，但「媒體使用類型」、「恐懼訴求強度」乃至「政治態度」、「商品認知」、「企業形象」呢，這些變項就得先建立測量標尺（measurement scale）方能測量之。

---

[3] 參見鄭自隆，〈五萬名大學生願援交？民調新聞不是這樣做的〉，《自由時報》，2003年9月20日。

測量標尺之設計，可以來自自我評量（性別、年齡、教育程度、居住地區……）、客觀觀察（品牌種類、節目類型、市場占有率、廣告標題字數……），或理論（廣告訴求類型、廣告性別關係、政治態度……），其呈現有四種類型：

名類標尺　nominal scale
次序標尺　ordinal scale
等隔標尺　interval scale
等比標尺　ratio scale

1. 名類標尺

意義：即名稱或類別，每一選項均代表單一意義，彼此無大小或順序關係，代表選項之數字亦是。如：

性別：1.男　　　2.女

男、女無大小或順序關係，以「1」作為男性選項，並不表示比「2」大或小。將男性選項標示為「2」或「9」或其他數字，女性選項標示為「1」或其他數字亦可，也不影響其統計結果。其他例，如：
- 職業：1.工商　2.軍公教　3.農漁牧　4.家庭主婦　5.學生
- 品牌：1.左岸　2.伯朗　　3.藍山　　4.統一

2. 次序標尺

意義：選項間有大小或順序關係，代表選項之數字亦是如此，因此會依序排列，如1<2<3<4，或1>2>3>4，如：

學歷：1.小學　2.國中　3.高中職　4.大學　5.研究所

選項排列呈現大小或順序關係，即表示受教育年數1<2<3<4<5。

其他例如：
- 所得：1. 20,000以下　2. 20,001-4萬元　3. 40,001-6萬元　4. 60,001元以上

‧上個月看電影次數：1. 無　2. 1-2次　3. 3-4次　4. 5次以上

3. 等隔標尺

意義：又稱等距標尺，各選項數字間其差異呈現相等距離，如「溫度」，每一刻度呈現相等距離，如室溫26°C比24°C，高2°C。不過數字間並沒有比率關係，如不能說26°C比13°C，熱2倍。

此外，態度標尺也被假設為等隔標尺，如：

1.很不喜歡　2.不喜歡　3.無意見　4.喜歡　5.很喜歡

研究者會假設每個刻度的差距是一樣的，刻度與刻度之間呈現相等距離，不過數字並沒有比率關係，不能說選擇「4」的受訪者喜歡的程度，是選擇「2」的受訪者的2倍。

4. 等比標尺

意義：又稱比率標尺，選項數字間不但呈現相等距離，並有倍數或比率關係。如「廣告量」，A公司每年2億元，B公司每年2,000萬元，A公司廣告量為B公司的2倍。

此外，如「薪資所得」、「銷售量」、「市場占有率」，若使用開放式問卷，直接問多少錢或多少%，都屬等比標尺。

下表可以更瞭解四種類型測量標尺的區別：

標尺	類型
星座	名類標尺
年齡：_____歲	等隔標尺
AGB Nielsen收視率調查年齡分類： 4-9歲、10-14歲、15-24歲、25-34歲、35-44歲、45-54歲、55-64歲、 65歲以上	次序標尺
智商	等隔標尺
候選人政黨	名類標尺
居住地區	名類標尺
報紙廣告之標題長度：_____字	等比標尺
報紙廣告之標題長度： 5字以下、6-8字、9-10字、11字以上	次序標尺
市場占有率：_____%	等比標尺

　　測量標尺的類型與統計方法的選擇有關，愈高階的標尺，愈能使用高等統計，其中名類標尺與次序標尺，為低階標尺；而等隔標尺與等比標尺，為高階標尺。

<pre>
名類標尺   低階
次序標尺   ↑
等隔標尺   ↓
等比標尺   高階
</pre>

　　低階標尺之「平均數」計算是沒有意義的，「性別：1.男　2.女」，說樣本性別平均數為1.3是沒有意義的描述，性別的描述僅能說男、女各有若干人？其各自百分比又是如何？

　　但高階標尺之「平均數」是有意義的，汽車產業全年度廣告量平均若干、金控業報紙廣告之標題長度平均7.8字、對○○廣告的評價平均4.1（介於「喜歡」與「很喜歡」之間），都是有意義的描述。也因為高階標尺「平均數」是有意義的，所以可以使用高等統計。

貳、問卷

一、意義

　　問卷是將變項之測量操作化，亦即將理論定義縮小為操作定義後，轉化為可測量的題項，如「傳播與現代化」的理論定義頗廣，若研究的操作定義以「大眾媒體之使用」象徵現代化，則問卷就必須針對「媒體使用類型」與「媒體使用時間」予以設計。

　　問卷設計應考慮如下的原則：

　　·回應研究目的：問卷應針對研究目的，與研究目的無關的題項，均應刪除，不必保留；

　　·用詞明確：文字清晰而明確，讓非專業的受訪者亦可以瞭解，避免感性或華麗修飾，誤導題意；

　　·選項之間應周延而且互斥：周延（exhaustive）即窮盡，涵蓋所有選項；互斥（exclusive）即選1.則不可選2.；反之亦然。如「性別：1.男　2.女」就是很好的例子，選1.男則不可選2.女；反之亦然。

　　2000年11月22日某電視臺「8點大小聲」電話call-in民調題目，就是既不「周延」，也不「互斥」的例子：

　　　　執政半年，您認為阿扁施政風格？
　　　　1.尊重民意　2.搖擺鴨霸

　　因為「尊重民意」，所以「搖擺」——沒有互斥，甚至「搖擺鴨霸」也不互斥，「搖擺」就不是「鴨霸」，若是「鴨霸」也不用「搖擺」；此外，也不周延，在「尊重民意」與「搖擺鴨霸」之外，還會有其他數不清的選項，如「勤政愛民」、「混吃騙錢」……；電視臺的電話民調是營業項目，收入是電視臺與電信業者拆帳的，不必當真。

二、類型

1. 封閉式問卷

問卷設計有兩種題型：封閉式問卷與開放式問卷。封閉式問題（close-ended question）適合已有研究基礎，選項範圍明確的問題，如電視節目類型，就分為新聞、戲劇、綜藝、文教、體育、電影；或是「您最常收看哪一家電視臺的晚間新聞節目？」

封閉式問卷簡單說，就是「選擇題」，有明確選項供受訪者選擇，其設計有多種方式：

(1)兩分法

兩分法（dichotomous response）屬名類標尺（nominal scale），是最簡單的封閉式問題答案編製方法，此種方法讓受訪者從「同意」或「不同意」、「對」或「錯」、「贊成」或「不贊成」等兩個相對答案中予以選擇。此外，為避免拒答或無意見，兩分法也會加入第三選項「無意見」。

例：

請問您贊成或不贊成NCC推動的「有線電視分組付費政策」？
□1.贊成　　□2.不贊成　　□3.無意見

(2)多項選擇

多項選擇（multiple choice）是提供二個以上的選項供受訪者選擇，兩分法適合態度（attitude）測量，但事實（fact）測量的選項就不會只有兩種，如「昨日使用時間最長的媒體」，選項就應包含電視、報紙、網路、雜誌、廣播。

當然態度選擇也可以是多項選擇，如前述「喜歡的電視節目類型」，就應分為新聞、戲劇、綜藝、文教、體育、電影供受訪者選擇。使用多項選擇必須注意選項，應符合周延與互斥原則。

(3)等級量表

若認為態度的測量兩分法過於簡單，無法顯示受訪者對問題反應的強弱，可使用等級量表（rating scale），將態度的測量分為5等分或7等分量表（5-point or

7-point scale）。等級量表屬次序標尺（ordinal scale），讓受訪者在具等級或秩序關係中，選擇適當的答案，以顯示對問題反應的強弱程度。

例：

請問您認為政府宣導募兵制，需不需要有「代言人」？
☐1.很需要　☐2.需要　　　☐3.無意見
☐4.不需要　☐5.很不需要

例：

請問您是否贊成再開放設置電視新聞頻道？
☐1.非常贊成　☐2.很贊成　　☐3.贊成　　　☐4.無意見
☐5.不贊成　　☐6.很不贊成　☐7.非常不贊成

(4)矩陣問題

當問卷題目的選項採等隔標尺（interval scale），且有數題答案形式相同，可以將矩陣（matrix questions）型式集中處理，德菲法問卷就非常適合以矩陣型式排列。下例為游智雯（2010）《多層次傳銷企業內部刊物公關功能指標建構》（文化大學新聞研究所碩士論文）之部分問卷：

題目	非常同意	很同意	同意	無意見	不同意	很不同意	非常不同意
1. 提供直銷商與企業對話，強化直銷商參與感							
2. 藉由企業內部刊物讓直銷商瞭解企業的市場定位							
3. 讓直銷商瞭解企業的經營活動、存在的問題與追求的目標							
4. 以企業內部刊物回覆直銷商問題							
5. 建立企業良好信譽，使直銷商以身為企業一員為榮							

(5)排列法

排列法（ranking）係由受訪者就選項，依其所認知之重要性排列。使用排列法時，選項不宜太多，否則受訪者無從排列。此外，如使用電話調查，排列順序必須輪替，不然會出現「首位效應」──第一個選項被挑選機率最高。

例：

請問您認為哪類的媒體新聞最值得信賴？（請按1、2、3、……加以排列）

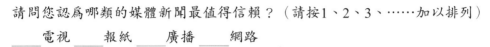

(6)評分法

評分法即讓受訪者對選項評分，評分標準可從0分至100分，0分代表最差，100分代表最好；或簡化為0分至10分，或1分至10分；但0分至100分區分太細，受訪者無法區分，恐無意義。承上，媒體新聞的可信度之例：

例：

請問您對下列媒體新聞的信賴度打幾分？（請從1分至10分依序排列）
_____電視
_____報紙
_____廣播
_____網路

(7)語義區分

語義區分標尺（semantic differential）是C. Osgood所發展的量表型式，亦屬等隔標尺，係用於測量受訪者對概念、事物或物體的內涵意義之反應。

建構語義區分標尺要針對研究概念，或研究對象的事（如新聞事件）與物（如廣告作品），設計成一組多項兩極化、對立的形容詞，如「好、壞」、「美、醜」、「善、惡」、「民主、獨裁」等，中間放置7等分的選項形成量表，受訪者則就個人的評量，找出量表的對應位置，填答之。

鄭自隆（1974）早年碩士論文《報紙廣告說服力公式研擬》（政治大學新聞研究所）之語義區分量表，以測量受訪者對女性時尚產品廣告之評價。（請見

本章，表3.4.1：報紙廣告說服力量表）

2. 開放式問卷

開放式問題（open-ended question）適合答案不確定或探索性研究，其型式就是「問答題」。所謂適合答案不確定，指範圍廣泛，無法預先列入選項，如「○○飲料電視廣告片要挑選廣告代言人，您會建議哪位？」這個題目的答案範圍無限，從影視明星到政治人物、專家、醫生、藥師都有可能，根本無法預先列入選項，只能使用「問答題」。

探索性研究，由於無相關文獻可供參酌，也無法以列舉方式列入選項，只能使用開放式問卷，如候選人競選總部選擇因素之研究，並無相關研究可供歸納，形成選項，因此使用開放式問卷以博採眾議，倒不失是一個好方法。此外，想要挖掘Big idea，尋找出乎意料的答案，也可使用開放式問卷，如「您理想中的電視新聞主播要有什麼條件？」觀眾想法天馬行空，不需要以條列的選項，拘束了他們的想像。

開放式問卷符碼化（coding）困難，所以能避免就避免，如「您喜歡哪一種類型電視節目？」就應使用封閉式問卷，而不要採用開放式問卷，以免自找麻煩。開放式問卷符碼化方法有兩種：

・簡化

只簡單的整理有反應和沒反應的數量、百分比，如節能宣導研究「請問您對家庭節約能源做法，有沒有新的建議？」，coding結果可列表如下：

選項	樣本數	百分比%
有建議	495	27.48
沒有建議	1,202	66.75
不知道／拒答	104	5.77
小計	1,801	100.00

*表中數字為假設數據

「不知道」的答案如何處理？

受訪者回答「不知道」，可能有幾種原因：

　・受訪者確實不知道答案

　・受訪者不願意回答

　・受訪者認為問題不太重要

　如果回答「不知道」的樣本很多，表示問卷設計有問題，不具備信度（reliability，測量工具可以測出所欲測量的特質），恐怕要重新修改問卷；如果回答「不知道」的答案不多，並不會造成問卷信度問題，處理方式如下：

　(1)「不知道」比例很低時，可以不予理會，統計時直接設為missing值，不列入統計。

　(2)單獨列項，納入統計處理。

・列舉

　將受訪者的回答，列項記錄並整理之，承上例「請問您對家庭節約能源做法，有沒有新的建議？」，coding結果可列表如下：

選項	以「正」註記	樣本數	百分比%
廁所、樓梯用感應式照明	正正一	11	2.22
頂樓樓板灑水降溫	正	5	1.01
夏天曝曬水缸用來洗澡	正一	6	1.21
客廳群組燈泡拔掉幾個	正正正正	20	4.04
…… …… ……			
小計		495	100.00

*表中數字為假設數據

3. 問卷設計注意事項

(1)題意明確

例1：您的家庭好不好？

　題意愈清楚、明確愈好，例1「家庭好不好？」，問的是經濟現況？親子關係？居住環境？婆媳互動？受訪者每個人認知不同，是題意不明確的題目。

(2)不可一題二問

例2：您滿意目前工作的待遇與環境嗎？

不可以一個題目問二個問題，例2包含「待遇」與「環境」二個問題，受訪者可能滿意待遇但不滿意環境，如卡車司機；也可能不滿意待遇但滿意環境，如辦公室小助理。因此，要拆開兩題來問。

(3)不使用雙重否定問法

例3：NCC不開放有線電視單點付費，您是否不同意？

雙重否定問法拗口難懂，不可使用，本題應改為：「您贊不贊成有線電視訂戶可訂多少頻道付多少錢？」

(4)不可有引導性題目

例4：為促進經濟繁榮，您贊成「服貿協議」嗎？

例5：在符合食品衛生管理法而且政府嚴格把關前提下，您是否贊成開放其他國家牛肉進口？

例6：法律已經明訂牛肉風險物質不可以進口，您覺得有沒有必要進行公投來禁止美國帶骨牛肉進口嗎？

例4至例6都是以暗示性的引導性問題，來誘導受訪者往委託單位的期待回答，是誘導式的民調。如例4，即先假設「服貿協議」會帶來「經濟繁榮」，受訪者很容易被「催眠」，而回答「贊成」，成了委託單位期待的回答，以假設性引句形成誘導是「假民調」，極不可取。

(5)對一般民眾不應有專業問題

例7：您是否贊成「倒閣」？

例8：您是否贊成有線電視「分組付費」？

「倒閣」是專業且艱澀的政治學術語，每個國家有不同設計；NCC規劃的有線電視「分組付費」也很複雜，不容易在電話中解釋清楚，例7與例8都是不適合對一般民眾詢問的題目。

(6)題目出現順序，應先易後難，不要將艱澀題目擺在前面。

參、統計

一、目的

測量的結果必須經過統計的處理，方能產出完整的報告，統計的功能主要是對測量項目的描述與推論。

1. 描述

描述（description）是對測量項目態樣的說明，包含平均數、最大值、最小值、中位數（median）、眾數（mode）、標準差（standard deviation, SD）、則數（count）；如10個樣本某變項測量質為12、9、9、9、8、6、6、5、4、2。則：

平均數：指算術平均數，此例為「7」

最大值：12

最小值：2

中位數：偶數序列中位數為相鄰中間數之平均數，即8 + 6 / 2之「7」

眾數：出現最多的數字，此例為「9」

標準差：呈現數據的離散程度，標準差愈小、離散程度愈低，此例為「2.79」

則數：樣本數 n=10

低階標尺（名類、次序）選項的數字無大小關係，因此平均數與標準差並無意義。平均數與標準差，只適用於高階標尺。

描述統計	低階標尺（名類、次序）	高階標尺（等隔、等比）
平均數		V
最大值	V	V
最小值	V	V
中位數	V	V
眾數	V	V
標準差		V
則數	V	V

2. 推論

經由變項的分類，或自變項與應變項的差異、關聯的分析，可以根據樣本的數據分析結果，做成對母體的決策（decision）、估計（estimation）、預測（prediction）或概化（generalization）。

差異：自變項中不同選項是否導致應變項的變化，如「居住地區與政黨支持傾向」——不同居住地區是否導致所支持政黨的差異；「性別與看電視時間」——男女性別不同是否導致看電視時間長短的差異。常用統計方法如下：

Chi-square（卡方檢定）

T-test（T檢定）

ANOVA（變異數分析）

關聯：自變項的值（value）是否導致應變項的值之變化，如「汽車產業廣告量與銷售量的關聯」——整理汽車業者的廣告量與銷售量，統計其相關性；「候選人投注廣告量與得票數之關係」——蒐集該次選舉同選區所有候選人投注的廣告量與得票數，統計其相關性。統計方法：

Correlation（相關分析）

Regression（迴歸分析）

分類：變項的彙整分類，如參酌文獻，發展「傳播與現代化」指標有三十項，可以使用統計分類，成為若干大類目。統計方法：

Factor Analysis（因素分析）

二、統計方法

本單元統計方法，僅說明其應用與統計結果的詮釋文字撰寫，詳細操作方法應參閱SPSS相關手冊或書籍。

1. 卡方檢定

意義：卡方檢定（Chi-square）係探討自變項中不同選項之值（如「性別」變項含男、女等二個不同的測量值），是否導致應變項中不同選項之值的差異（如「媒體類型」變項，含電視、報紙、網路、廣播、雜誌、書籍等六個不同的

測量值），亦即分析「性別是否影響休閒時間使用媒體類型之差異」，就使用卡方檢定。

條件：自變項與應變項均為名類（nominal）或次序（ordinal）標尺。

例：

性別	電視	報紙	網路	廣播	雜誌	書籍
男						
女						

或使用recode工具指令，將電視、網路、廣播，整合為「電子媒體」，報紙、雜誌、書籍整合為「平面媒體」：

性別	電子媒體	平面媒體
男		
女		

統計結果文字撰寫：

若卡方檢定結果「不顯著」（no significant，$p > .05$），則寫「經卡方檢定結果呈現『不顯著』，亦即性別不同不影響休閒時間使用媒體類型之差異。」不需要再說明男、女使用各項媒體類型百分比──既無顯著差異，表示各項百分比並無解釋意義。

若檢定結果「顯著」（$p < .05$），則寫「經卡方檢定結果呈現顯著差異，亦即不同性別，其休閒時間使用媒體類型亦有差異」，接著就要根據各項百分比說明比較其差異點，如「男性較常使用報紙、網路，女性較常使用電視、書籍，各有若干百分比」。

2. T檢定

意義：T檢定（T-test）係探討自變項中不同選項之值（如「性別」變項含男、女等兩個不同的測量值），是否導致應變項中不同選項之值的差異（如「電視使用時間」，變項測量值為等比標尺），亦即分析「性別不同、其每週觀看電視時數是否不同」，就使用T檢定。

條件：

(1)自變項為低階標尺（名類或次序），並有兩個選項（值、value）。

(2)應變項為高階標尺（等隔或等比）

性別	看電視時數平均數	標準差SD	T值 t-value	顯著度 p value
男				
女				

統計結果文字撰寫：

若T檢定結果「不顯著」（$p > .05$），則寫「經T檢定結果呈現『不顯著』，亦即性別不同，其看電視時數並無差異」即可。不需要再說明男、女平均看電視時數若干——既無顯著差異，表示各項平均數並無解釋意義。

若檢定結果「顯著」（$p < .05$），則寫「經T檢定結果呈現顯著差異，亦即不同性別，其看電視時間亦有差異」，接著就要根據男、女看電視平均時數說明並比較其差異，如「男性平均每週看電視時間xx.x小時，女性為yy.y小時」。

3. 變異數分析

意義：變異數分析（ANOVA: Analysis of Variance）係探討自變項中不同選項之值（如「教育程度」變項含高中、大學、研究所等三個不同的測量值），是否導致應變項中不同選項之值的差異（如「電視使用時間」，變項測量值為等比標尺），亦即分析「教育程度不同，其觀看電視時數是否不同」，就使用ANOVA分析。

條件：

(1)自變項為低階標尺（名類或次序）

(2)應變項為高階標尺（等隔或等比）

教育程度	看電視時數 平均數	標準差 SD	T值 t-value	顯著度 *p* value
高中				
大學				
研究所				

統計結果文字撰寫：

若ANOVA檢定結果「不顯著」（$p > .05$），則寫「經ANOVA檢定結果呈現『不顯著』，亦即教育程度不同，其看電視時數並無差異」即可。不需要再說明不同教育程度樣本平均看電視時數若干——既無顯著差異，表示各項平均數並無解釋意義。

若檢定結果「顯著」（$p < .05$），則寫「經ANOVA檢定結果呈現顯著差異，亦即教育程度不同，其看電視時間亦有差異」，接著就要根據男、女看電視平均時數說明並比較其差異，如「高中教育程度樣本平均每週看電視時間xx.x小時，大學為yy.y小時，研究所為zz.z小時。」

4. 相關與迴歸

意義：相關與迴歸（Correlation and Regression）係探討自變項之值（如「廣告量」，變項測量值為等比標尺），是否導致應變項之值的變化（如「銷售量」，變項測量值為等比標尺），亦即分析「廣告量與銷售量的關聯性」，就使用相關與迴歸分析，通常會以歷史資料或產業資料進行分析，其分析結果亦可建構迴歸方程式，具預測功能。

條件：
(1)自變項為高階標尺（等隔或等比）
(2)應變項為高階標尺（等隔或等比）

統計結果文字撰寫：

若相關分析結果「不顯著」（$p > .05$），則寫「經相關分析結果呈現『不顯著』，亦即廣告量與銷售量沒有關聯性」即可。

若檢定結果「顯著」（$p < .05$），數據假設如下：

Correlation: .3775（相關係數）

R square: .14270（決斷係數）

Intercept:10.24339（斜距）

Slope: .27427（斜率）

Significance: .0000（顯著度）

則寫「經相關分析結果呈現顯著差異，亦即廣告量與銷售量呈現正相關，即廣告量投入愈高，其產出之銷售量亦愈高。」此外可說明，亦可建構迴歸方程式，供後續「以廣告量預測銷售量」之用，此迴歸方程式預測能力為14.27%：

$$Y = 10.24339 + .27427 \ X$$

Y = 銷售量

X = 廣告量

5. 因素分析

意義：因素分析（Factor Analysis）用於很多題類型相近變項之彙整，以建構量表或分類。

條件：所有進入因素分析之變項，均需為高階標尺（等隔或等比）。

例：

傅秀玉（2014）碩士論文《財經談話性節目關鍵要素之研究》（政治大學傳播學院碩士在職專班），以財經談話性節目為主要的研究對象，以瞭解財經談話性節目之關鍵要素。

該研究從文獻中，歸納出製作財經談話性節目之關鍵要素三十一項，以7-point量表的德菲法進行專家問卷訪問，經三輪的討論，受訪專家添加與刪減項目，最後計有三十三項「財經談話性節目要素」形成具重要性的共識，不過三十三項指標在實務運用略嫌繁瑣，因此以因素分析彙整。

經因素分析萃取為九個因素，再篩選解釋變異量9.0%以上的因素，有五大項因素，其累積變異量合計69.801%，此五大項因素即為關鍵要素。此外，並依其變項特質重新命名：

因素1：來賓專長區隔
因素2：題材緊扣社會脈動
因素3：主持人具場控能力
因素4：時段安排適切
因素5：主持風格明確

三、對統計的思考：大數據理論

傳統社會科學研究，會先參酌文獻，假設變項之間具有「因果相關」，然後以適當統計方法證明或否證之；若經統計檢定呈現顯著的差異或關聯後，接著就要進一步思考此個案的觀察，到底只是「統計相關」，抑或真的有「因果相關」？其佐證模式如下：

因果相關（假設）→ 統計相關（分析）→ 因果相關（結論）

但大數據理論（Big Data）修正這種思維，大數據可不管第一階段的由文獻所建構的因果相關假設，而是從浩瀚的數據中，先找出兩變項的統計相關，然後再找出理由，詮釋其因果關係：

統計相關（沙裡掏金）→ 因果相關（臆測推論）

以下為2008年10月26日《紐約時報》新聞之譯文，雖是遊戲之作，但也是典型的大數據理論應用。作者先從大數據找出「金融危機傷害程度」與「城市星巴克分店數量」的統計相關，然後建構因果關係的理由「星巴克的咖啡因，每日提供華爾街或倫敦金融城金童們大玩金錢遊戲的刺激動能」，最後做成結論「金融危機最新指標：星巴克店愈多，國家傷愈重」。

金融危機　最新指標　星巴克店愈多　國家傷愈重

　　1986年，英國《經濟學人》自創「大麥克指數」理論，以麥當勞大麥克漢堡在各國價格，來說明購買力平價理論及評析匯率問題。最近美國《商業周刊》專欄作家丹尼爾‧葛洛斯（Daniel Gross）也提出「星巴克分店指數」理論：一個國家星巴克連鎖分店愈多，受金融危機傷害的程度愈高。

　　葛洛斯指出，過去幾年，星巴克伴隨美國房市榮景而大肆擴張版圖，星巴克在美國大城市，尤其是金融中心紐約的分店密集度，多得令人咋舌，光是紐約曼哈頓一地，星巴克便開了二百家分店。此外，全美各地城市郊區甚或偏遠城鄉，也不難看到星巴克的身影。然而，如同美國房市，星巴克的分店數在2006年春天創下新高後，也隨之反轉崩跌。

分店數創新高　房市即崩跌

　　此番房市、次貸泡沫，不免令人聯想到星巴克拿鐵咖啡上的鮮奶泡。星巴克的咖啡因，每日提供華爾街或倫敦金融城金童們大玩金錢遊戲的刺激動能，美國各大投資銀行總部的一樓，毫無例外皆有星巴克進駐。不過，隨著投資銀行貝爾斯登倒閉，其大樓內的星巴克分店也關門大吉。美國次貸和信用危機爆發，百年一見的金融海嘯侵襲全世界，其中又以與美國金融體系連動性高的國家，受創最為嚴重。

　　全球金融危機與星巴克有何關係？葛洛斯分析，一個國家、尤其是其金融中心的星巴克分店數愈多，受傷情況最烈。譬如，英國全國有689家分店，光是倫敦便有256家；亞洲的南韓有253家、西班牙首都馬德里有48家、中東阿聯大公國的杜拜有48家、法國首都巴黎也有35家。

非洲、中南美　相較災情輕

　　相較之下，非洲此次受傷輕微，因為全非洲僅埃及有3家星巴克。同樣的，中南美洲的災情也還好，例如：巴西全國僅有14家。此外，至今未傳出銀行紓困或倒閉的義大利，星巴克連一家都沒有。而同樣沒有星巴克的北歐國家瑞典、芬蘭和挪威，目前看來似乎也可逃過一劫。

> 　　葛洛斯又稱，「星巴克分店指數」理論當然也有例外，像是南美洲智利首都聖地牙哥有27家星巴克，但此次受牽連程度甚輕，反觀全國僅有6家星巴克的俄羅斯，卻受傷慘重。不過，葛洛斯還是寧願相信自己這套理論，他笑說，上週他去土耳其首都伊斯坦堡，驚訝地發現當地的星巴克分店多達67家，他可絕不想把錢存在那裡。
>
> 資料來源：中時電子報2008/10/27 04:33 黃文正／紐約時報26日報導

傳統社會科學研究的推論，應是：
因：城市經濟繁榮
果：金融危機受傷重

　　因為「經濟繁榮」（因），所以「金融危機受傷重」（果），「金融危機受傷重」與「星巴克分店多」是二個不相干的變項，不可因為有統計相關，就硬說有因果相關，更不能倒果為因、倒因為果，說「星巴克分店多，所以帶來城市經濟繁榮」，甚至推論「星巴克分店多，所以城市金融危機受傷重」。

　　錯誤推論：連鎖命題，形成自變項、中介變項、應變項的關係。

　　正確推論：分別二項命題，自變項與應變項關係，沒有中介變項，形成連鎖命題。

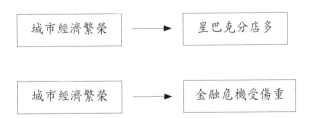

「大數據」理論是網路出現才產生的思維，網路數據以億計、以兆計，網海茫茫，從浩瀚數據中沙裡掏金，當然可能掏到金，但也可能找到的是不值錢的愚人金，是真金還是愚人金？端視研究人員的功力而定。

肆、信度與效度

一、意義

信度（reliability），又稱可靠性（trustworthiness），指測量結果的一致性（consistency）或穩定性（stability），亦即重複測量結果是否一致性，但並不涉及測量結果正確性問題。

效度（validity），則指正確性，亦即測量方法或測量工具是否能正確測出所欲測量的特質，如題目能否問出真正的「政黨支持度」、「政治人物評價」。若可，即效度高；反之，效度低。

例1：
某甲實際體重65公斤，但他的磅秤每次都秤出62公斤左右，表示：
信度？OK。
效度？不OK，是個「安慰秤」。

若某甲換了一個磅秤，第一次秤66公斤、第二次秤62公斤、第三次秤67公斤、第四次秤66公斤……，則表示此磅秤：
信度？不OK。
效度？也不OK。

例2：
受訪者性別：(1) 男　(2) 女
信度？OK，今年測、明年測，都可以得到相同的答案。
效度？OK，永遠不會搞錯。

二、信度

信度可分爲「測量工具」信度與「人」的信度：

1. 「測量工具」信度

日常生活中的溫度計、磅秤、捲尺都是測量工具，捲尺是鋼製，穩定度高，信度沒有問題，但溫度計、磅秤是機械式或電子式，而且每隔固定時間就必須校正，會有信度或效度的考量。

廣告、公關、傳播研究所使用的量表、問卷與內容編碼表，也是測量工具，因此就必須考量信度，有一些檢驗的方法：

・再測信度（test-retest reliability）：針對同一群受測者，使用相同量表、問卷，再根據二次的施測結果，統計其相關係數；若呈現顯著相關，表示該問卷具信度。上述的例子，針對同一磅秤，反覆測量體重，就是再測信度。

・複本信度（alternate-form reliability）：發展二套鑑別度一致的問卷，對同一組受測者施測，再統計其相關；複本信度適用於教學評量，傳播研究要發展出二套鑑別度相同的問卷比較難。

・評分者信度（inter-coder reliability）：即針對同一問卷，由不同coder評量，以檢驗其測量的一致性，這是傳播內容分析法最常使用的方法，建構好的類目（categories）分析表，交由A、B、C等三位coder，針對一組傳播素材分析，再檢驗A與B、B與C、C與A的相關係數。

2. 「人」的信度

「人」的信度包含研究者信度與受訪者信度，研究者信度指的是研究倫理問題，研究者是否遵循研究方法步驟，不竄改資料以迎合預期結論；研究者信度可以用研究的可複製性（reproductivity）檢驗之，即依相同研究流程，再走一遍，觀察是否會產出相同結果。

受訪者信度，指的是以相同問卷訪問同一人，是否有相同結果；受訪者可能因情緒、環境的干擾、題目敏感、厭煩訪問、訪員技巧……因素，而產生誤答或

亂答現象，檢驗受訪者信度可採用複訪（replication）方式，以部分題目再詢問之。Nielsen收視率調查，規定看電視與不看電視，都必須操作People meter搖控器，久而久之很可能有因「工具成熟度」而產生受訪者信度問題。

三、效度

信度是效度的必要條件，而非充分條件，亦即沒有信度就談不上效度——沒有信度的問卷，或研究者信度、受訪者信度受質疑時，這個研究就不被期待，不能正確測出所欲測量的特質；但具備信度，也不保證效度一定高。

如果要測量受訪者家庭經濟狀況，而設計以下三款指標：

例1：請問您全家上個月收入多少錢？＿＿＿＿＿＿＿元

例2：請問您全家上個月收入多少錢？

(1)50,000元以下　　　(2)50,001-80,000元　(3)80,001-100,000元

(4)100,001-150,000元　(5) 150,001元以上

例3：您認為家裡的經濟狀況如何？

(1)極佳　(2)佳　(3)尚可　(4)不好

例1以開放式問卷呈現，似乎可以得到比較精準的答案，但事實上，很多人並不記得自己上個月薪資的正確金額，因為薪資會受到其他因素的影響（如加班、獎金、請假扣薪）而起起伏伏，更遑論家裡其他的人，因此信度受到質疑，也就影響效度。

例2以次序標尺呈現，雖然效度較為不足，無法精準測量受訪者全家詳細收入，但信度OK。

例3由受訪者直接評量其家庭經濟狀況，如果問卷目的只是測量受訪者自我認知，而不考慮做受訪者家庭收入金額的統計或分類，則是具信度與效度的題目設計。

效度檢驗方法略顯複雜，茲舉二種方法說明：

‧建構效度（construct validity）：即根據理論，形成問卷構面，再發展題項。如廣告訴求方法，根據理論歸納為恐懼訴求、經濟訴求、安全訴求、愛的訴求，則以此形成構面再發展題項，或直接發展題項均可。

例4：直接發展題項

　　○○廣告訴求方式為何？

　　(1)恐懼訴求　(2)經濟訴求　(3)安全訴求　(4)愛的訴求　(5)其他

例5：形成構面再發展題項

　　○○廣告若為經濟訴求，其方式為何？

　　(1)省錢　(2)省時　(3)省力

　　‧效標效度（criterion validity）：即以某一學術社群認可的問卷作為效標，與本研究發展的問卷，針對同一群受訪者施測，再檢驗其相關係數，方法類似於信度檢定的「複本信度」。

　　效標效度在教育領域使用很多，如對新設計的考題，擔心其是否具分辨學生學習效果的鑑別度，可先以一班學生施測，考試後成績再與學期平常成績做相關分析，「學期平常成績」就是檢驗新試題的「效標」。傳播研究使用效標效度通常用在建構量表，如建構「政黨形象量表」，則以學術社群認可的指標作為效標。

　　效度還被分為內在效度（internal validity）與外在效度（external validity），外在效度指推論能力（generalization），以樣本的研究結果推論至母體的能力；內在效度則指前述之測量方法或測量工具，能正確測出所欲測量的特質，當然必須具備內在效度，方能談到外在效度。通常會有一些非研究者或研究本身的因素，會影響內在效度：

　　(1)特殊事件（history）：指外在的突發事件，如進行政黨形象研究，剛好發生某政黨醜聞，這當然會影響研究效度。不過，若是針對政黨醜聞而做的「醜聞對政黨形象影響」的調查，則又另當別論。

(2)工具效應（instrumentation）：如固定樣本調查（panel study），每個月都以相同問卷施測，導致受訪者因瞭解問卷而慣性回答，失去了鑑別意義。Nielsen收視率調查，所操作的People meter搖控器，也會有工具成熟度問題，因為太熟悉了，所以可能不按或亂按。

(3)成熟度效應（maturation）：施測時間太長，受訪者「皮」掉了；如前述Nielsen收視率調查，每次看電視要按、廣告時間尿尿離開也要按，剛裝時或許還會，但久而久之才不會這麼乖。

(4)受訪者流失（mortality）：在固定樣本調查常發生這種狀況，第一次調查符合具解釋力的1,068樣本，結果愈問人愈少，到第四個月剩下不到400人，喪失樣本的推論能力。

(5)霍桑效應（Hawthorne effect）：所謂霍桑效應，指受測者因處於實驗情境而產生行為的強制改變。如參與工廠照明度與產能關係的實驗，因處於實驗比賽情境，因此更加努力生產，形成「生產效能」與「照明」無關；People meter樣本戶自知處於被觀察情境，收視行為（頻道與節目選擇、收視時段與時間）或許也會強制改變。

第四節　個案討論「報紙廣告說服力公式研擬」

壹、導讀

　　本篇是四十餘年前的政治大學新聞研究所碩士論文，透過逐級迴歸，建構可測量報紙廣告說服力之公式。

　　論文結構是社會科學研究標準的五章式，變項關係如下，自變項與應變項之測量，均為等隔或等比標尺，因此統計方法採用相關與逐級迴歸。

自變項	應變項	統計方法
報紙廣告內容： 1. 廣告版面大小 2. 色彩種類 3. 標題在廣告版面所占之比率 4. 空白在廣告版面所占之比率 5. 商品及廠商名稱在廣告版面所占之比率 6. 色彩在廣告版面所占之比率 7. 標題字數 8. 標題內容結構因素 9. 文案內容結構因素 10.插圖內容結構因素 11.典型廣告組件 12.廣告訴求因素	廣告說服力	相關correlation 逐級迴歸 step-wise regression
測量方法： 內容分析	測量方法： 以量表，採面訪方式進行，由受訪者評量。	

貳、個案

報紙廣告說服力公式研擬[4]

研究生：鄭自隆
畢業學校：國立政治大學新聞研究所
學位：碩士
畢業年度：1974
指導教授：徐佳士　教授

壹、研究旨趣

　　廣告是一種說服性傳播，當一幅廣告在報紙、雜誌刊出，或利用廣播、電視播出，對閱聽者會不會產生影響，以及產生何種影響？這是支付費用的廣告主，以及製作這廣告的代理商所關心的問題。而廣告對閱聽者所產生的影響，即所謂的「廣告效果」（advertising effectiveness）。換句話說，廣告效果就是，廣告根據廣告主的意志，使閱聽者受廣告的產品、服務或觀念的影響，而改變其內在或外在行為的程度。[5]

　　本論文為測量廣告效果的研究，係針對報紙的單一廣告，研究其說服力（persuasive power）程度，發展出一套報紙廣告說服力量表，並擬定公式，以測量單一報紙廣告說服力之分數，此公式可作為廣告音訊與內容決策的參考，並可作為報紙單一廣告在刊登前或刊登後，測量其對閱聽者說服的程度。

　　然而要擬定一條公式涵蓋「所有的廣告」，測量其對「所有的閱聽者」的說服力，這是不可能的。因為每種產品或服務，均有其特定消費者與潛在消費者，因此本論文選擇女性時尚產品廣告作為研究的對象；女性時尚產品的消費者為婦女，但由於研究規模的限制，本論文不擬以所有的婦女廣告閱聽者為研究母體（population），而僅以職業婦女為本論文的受測者（respondents）。

---

[4]　原刊登於：鄭自隆（1975），報紙廣告說服力公式研擬：以女性時尚產品廣告為例，《新聞學研究》，第15集，頁89-148。內容有刪。本文亦刊登於《新聞研究半世紀1967-2015》，頁69-89，臺北：國立政治大學新聞學系（2015）。

[5]　Homer M. Dallbey, Irwin Gross and Yoram Wind (1968), *Advertising Measurement and Decision Making*, Allyn & Bacon, Inc., Boston, p. 6.

　　本論文為一創始性的研究（a pioneering study），即以訪問調查法，利用所發展出之報紙廣告說服力量表，探討受測者對一系列抽樣之女性時尚產品廣告的反應，並以內容分析法（content analysis）對這些抽樣廣告的分析，最後求出兩者之間的相關（correlation）與迴歸方程式（regression equation），此即報紙廣告說服力公式，以測量報紙之女性時尚產品廣告的說服力程度。

　　亦即本論文之研究旨趣有三：

　　1. 擬定「報紙廣告說服力量表」，以測定閱聽者對報紙廣告說服力的反應程度。

　　2. 探討並分析何種變數，影響報紙之女性時尚產品廣告的說服力。

　　3. 發展出公式，作為測量報紙之女性時尚產品廣告的說服力之用。

貳、基本理論

　　本章所討論之基本理論，分為二方面，一為應變數（dependent variable）之理論，即報紙廣告說服力之理論。另一為自變數（independent variable）之理論，亦即影響報紙廣告說服力因素之理論。

一、應變數（報紙廣告說服力）之理論

　　要討論廣告說服力，必須先瞭解廣告閱聽者的購買動機（motivation），廣告若不能滿足閱聽者的購買動機，即毫無說服力可言。

　　動機、理解（perception）與學習（learning）是人類行為的三個基本要素[6]。這三個因素是相互關聯的，理解依靠學習、而動機卻幫助學習。此外，如態度（attitude）、意見（opinion）、信念（beliefs）與偏見（prejudices）等均是一種學習的過程，而對環境、個人或事物作正的（良好）或負的（不良）反應。當刺激發生時，即透過這些機制作價值判斷，以決定接受或排斥所發生的刺激。就購買行為而言，動機決定是否購買，而這些機構則決定購買什麼廠牌的產品。

　　動機可分為基本的動機（primary motivation）和次級的動機（secondary

---

[6]　John S. Wright, Daniel S. Warner and Williams L. Winter (1972), *Advertising*, McGraw-Hill Book Co. p. 80.

motivation）。基本的動機又稱爲生理的動機（physiological motivation），如飢渴、吸引異性、避免困苦等。次級的動機又稱心理的動機（phychogenic motivation），也稱爲學習來的動機、社會的動機。要使廣告對閱聽者產生說服力，使其滿足次級動機是很重要的。貝克（Richard M. Bake Jr.）和飛福（Gregg Phief）在*Salesmanship, Communication, Persuasion, Perception*書中所列舉的十五項次級動機，可作爲擬定訴求（appeal）與撰寫文案（copy）的參考，以增進廣告的說服力[7]。

二、自變數（影響報紙廣告說服力之因素）之理論

1.廣告版面大小

　　廣告版面大小影響該廣告被注意的程度，也就間接的影響廣告說服力。廣告版面愈大，廣告被注意的機會也愈多。斯大區（Daniel Starch）在分析廣告版面大小與被注意的程度之間的關係，發現：廣告版面大小與被注意的程度並不是成比例的增加。若是半頁的廣告，被注意的程度是20%，則全頁廣告，被注意的程度爲36%[8]。

　　此外，拖塔爾（Verling C. Troldahl）和鍾士（Robert L. Jones）在分析報紙廣告中之創意因素、廣告產品性質、廣告版面大小，此三個因素對廣告被閱讀率的影響之研究報告發現，廣告版面大小可決定40%的被閱讀率[9]。

2.色彩種類

　　在廣告表現上，色彩有兩個目的，一個是提高醒目度（visibility），另一是表現產品特質，尤其是化妝品、食品及貴重物品，更須以色彩來表現眞實感或華貴的品質。由於美國報紙很少刊登彩色廣告，所以學者對彩色廣告的研究亦集中在雜誌廣告上。斯大區（Daniel Starch）在十二種雜誌中，分析十五種產品，共25,081幅廣告，發現彩色廣告效果頗高，若以黑白廣告的被閱讀率100爲基準。

---

[7]　Richard M. Baker, Jr., and Gregg Philer, *Salesmanship, Communication, Persuasion, Perception*, Allyn and Bacon, Inc., Boston, 1966, p. 336.

[8]　Daniel Starch, "An Analysis of 12 Million Inquiries," (Chicago, Ill.: *Media/Scope*), n.d., p. 5.

[9]　Verling C. Troldahl and Robert L. Jones, Predictors of Newspaper Advertising Readership, *Journal of Advertising Research*, Volume 5 (March, 1965), pp. 23-27.

在半頁廣告中,則二套色被閱讀率爲102,彩色爲187。全頁廣告中,二套色被閱讀率爲92,彩色爲152。跨頁廣告中,則彩色被閱讀率爲149[10]。

3.標題在廣告版面所占之比率

廣告標題又稱爲「Catch Phrase」,人們所記得的廣告,時常是記住其標題,而很少記得其插圖或文案。如三洋媽媽樂洗衣機的廣告,若以回憶法(re-call method)來詢問閱聽者記住些什麼時,將會提到標題「洗衣服是媽媽樂的事」,至於插圖與文案被回憶率就不大。

就格式達派心理學(Gestalt)的觀點而言,所謂知覺(preception),不但是選擇性的接受刺激(stimuli),而且是對刺激加以組織(organize),組織的特性之一是將刺激分爲形象(figure)與背景(ground)。若將整幅廣告視爲一個刺激,則標題大小可視爲形象,而廣告其餘部分則視爲背景。就幅度與對比(contrast)等外在或結構的因素(external or structural factors)考慮,當然形象愈大,愈能引起注意。也就是標題大小在廣告版面所占之比率愈大,引起注意的程度愈高,間接的,廣告的說服力也愈強。

以下所要討論的自變數,空白在廣告版面所占之比率、商品及廠商名稱在廣告版面所占之比率、色彩在廣告版面所占之比率,均可以用形象與背景來解釋。在整個廣告版面上,閱聽人對訊息之解讀有「群化」(grouping)傾向,依照「相近」(proximity)與「相似」(similarity)的原則,會同時看見一個以上的形象(標題、空白、商品及廠商名稱、色彩等),有的十分明顯、有的不十分明顯,這些形象並存不悖,並合成爲複合的形象。

4.空白在廣告版面所占之比率

空白在廣告版面所占的比率,亦可用前述的「形象與背景」的理論來解釋。就整個廣告版面而言,空白的作用是提供一個「呼吸的空間」,使廣告保持隔離(isolation),以免版面顯得擁擠與單調,並保持刺激的視覺節奏(stimulating optical rhythm)[11]。

---

[10] Daniel Starch (1969), *Measuring Advertising Readership and Results*, NY: McGraw-Hill, p. 59.

[11] Charles J. Felten (1970), *Layout* 4. Published by author, p. 234.

5.商品及廠商名稱在廣告版面所占之比率

　　商品及廠商名稱即為Logo，通常均以「特別字體」（logotype）書寫，並附上商標、標語（slogan）、或象徵標誌（symbol character）等。商品及廠商名稱在廣告版面所占之比率，亦可用前述的格式派「形象與背景」的理論來解釋。

　　商品及廠商名稱的作用在提高「指名度」，使廣告閱聽者在發生購買行為時，能將商品與廠商之間產生聯想（association）。尤其在競爭階段，商品及廠商名稱更可使廣告閱聽者區別本產品與其他同類型的產品。從研究發現，商品及廠商名稱在廣告版面所占的比率愈大，則愈能增加廣告的說服力[12]。

6.色彩在廣告版面所占之比率

　　就廣告而言，色彩有如下的功能：

　　(1)引起注意：此為色彩的最主要功能，有色彩的廣告更能引起閱聽者的注意。

　　(2)創造心理效果（psychological effects）：烘托廣告氣氛（mood）。

　　(3)產生聯想：如紅色聯想到櫻桃、粉紅色聯想到化妝用粉餅等。

　　(4)保留回憶：色彩能幫助人們回憶他所看到的物品，這是廣告為什麼要使用「標準色」的原因。

　　(5)創造美感：色彩不應誤用，固然色彩能引起閱聽者初步的注意，但若毫無美感可言，將無法達到預期的效果[13]。

　　色彩在廣告版面所占之比率，亦可用「形象與背景」的理論予以解釋。也就是說，色彩在廣告版面所占之比率愈大，其說服力愈強。

7.標題字數

　　標題字數愈少，廣告被注意的程度愈高。斯大區曾以字數作一項實驗。他準備了三群卡片，第一群在卡片上分別寫上5個彼此沒有關聯的字，另些卡片寫上10個字，還有寫上25個字的。經過受試者短暫的曝露後，讓他們寫下所能記得

[12] S. Watson Dunn (1969), *Advertising: Its Role in Modern Marketing*, Holt, Rinehart & Winston, Inc., p. 360.

[13] Arthur T. Turnbull and Russell N. Baird (1967), *The Graphics of Communication*, Holt, Rinehart & Winstor, Inc., pp. 233-235.

的字。5個字的,受試者能夠回憶5個字;10個字的,平均只能回憶4.9個字。而25個字的,平均僅能回憶4.8個字[14]。

此外,斯大區亦有一項關於標題長度的調查。研究結果發現,全頁廣告,標題字數少於6個字的,被回憶率為34%;多於6個字的,被回憶率為13%。半頁廣告,標題字數少於6個字的,被回憶率為5%;多於6個字的,被回憶率為2%。換句話說,短的標題,其被回憶率2倍於長的標題[15]。也就是說標題愈短,說服力愈高。

8.標題內容結構因素

根據理論,一個完整的標題,其內容結構應包含如下的因素:

(1)強調一個訴求(appeal)

(2)寫出商品或廠商名稱

(3)指出特定對象(particular audience)

(4)指出產品歧異性(differential)[16]

(5)指出具體行動或暗示行動

(6)使用成語、比喻、或其他有時宜性(timeliness)之字句

9.文案內容結構因素

根據理論,一個完整的文案,其內容結構應包含如下的因素:

(1)使用單面說明(one-side persuasion)[17]

(2)使用有關該產品之術語(technical term)[18]

(3)指出該產品之細節(details)

(4)對產品名稱強調二次以上[19]

---

[14] Burtt, *op. cit.*, p.192.

[15] *Ibid.*, pp.192-193.

[16] Kleppner, *op. cit.*, pp.31-39.

[17] Carl I. Hovland, Arthur A. Lunsdaine, and Fred D. Sheffield (1954), "The Effect of Presenting "One Side" versus "Both Sides" in Changing Opinions on Controversial Subject", in Wilbur Schramm, ed., *The Process and Effects of Mass Communication*, 1st edition, pp. 261-274.

[18] Ann Christine Heintz, *Persuasiom*, Loyala University Press, p.126.

[19] *Ibid.*, p. 23.

(5)使用成語、比喻、或其他有時宜性之字句

(6)不用被動語句

(7)指出特定對象

(8)指出產品歧異性

(9)指出具體行動

10.插圖內容結構因素

所謂插圖（illustration），指廣告的圖片部分。根據理論，插圖內容結構應包含如下的因素：

插圖應含有以下的五項因素：

(1)插圖所占的比例應超過版面二分之一[20]

(2)使用該產品或廠商之特別字體（logotype）[21]

(3)表現出動態感（action）[22]

(4)標題密接文案[23]

(5)插圖表現出產品歧異性

11.典型廣告組件

根據理論，一幅完整的廣告含有下列十四項組件（components）：大標題、副標題（sub-headline）、文案、插圖、產品名稱、產品圖樣、產品特性（feature or differential）、特別字體（logotype）、廠牌名稱（brand）、商標、廣告主名稱、經銷商名稱、標語（slogan）、外框（輪廓）。

12.廣告訴求因素

訴求（appeal）是廣告音訊與閱聽者動機間的橋梁。根據理論，良好的廣告訴求應包含以下的四項因素：

1. 滿足下列的一項動機：本論文係以女性時尚產品廣告對女性消費者的影

---

[20] *op. cit.*, p. 359.

[21] Darrell B. Lucas and Steuart H. Britt (1950)., *Advertising Psychology and Research*, McGraw-Hill, Inc., New York, 1950, p. 290.

[22] Kleppner, *op. cit.*, pp. 115-116.

[23] Lucas and Britt, *op. cit.*, pp. 255-257.

響作為研究主題，所以認為以下的七項動機的滿足是重要的：(1)比他人卓越的需求；(2)被團體接納的需求；(3)向上爬的需求；(4)休閒、娛樂、遊戲的需求；(5)愛的需求；(6)健康的需求；(7)方便、舒適的需求。

　　2. 訴求利用心理矛盾表現之：即善用「認知不和諧」理論[24]。

　　3. 訴求利用閱聽者的不安表現之。

　　4. 訴求以具體的型式表現之。

參、研究方法

一、方法概述

　　本論文採內容分析法（content analysis）和調查法（survey research）並用，而統計分析則採相關與迴歸分析（correlation and regression）以及逐級迴歸分析（stepwise regression）。

　　本論文先以調查法，係利用所發展出之報紙廣告說服力量表，來探討受測者對一系列抽樣廣告（三十幅）的反應。再以等隔標尺（interval scale）作為測量標尺，且將抽樣廣告作內容分析；再將受測者對抽樣廣告反應與內容分析所得資料作相關分析；最後以逐級迴歸分析，求出迴歸方程式，即為報紙廣告說服力公式。

二、抽樣

1.受測報紙廣告抽樣

　　受測報紙廣告抽樣，係1973年9月15日至1974年3月30日之間，在中央日報、中國時報、聯合報、中華日報，依特性抽樣（characteristic sampling）抽取三十幅廣告。

2.受測者抽樣

　　抽樣之工廠為一家美商電子公司，位於中壢近郊，生產電視機映像管，員工810人，其中女性員工617人，占全體員工人數76.3%。本論文之受測者人數為30人，採用間隔抽樣（interval sampling），平均每間隔20名女性員工抽取一人作為受測者。第1位受測者，根據隨機之方式，在第1位至第14位女性員工中抽取

---

[24] Leon Festinger, *A Theory of Cognitive Dissonance*, Stanford University Press, 1963.

一位，而第二位受測者則在第一位受測者後間隔19名員工，選出第20名員工為受測者，以此類推。為避免拒訪、缺席、請假等情況，以每位受測者後連續兩名員工為後補受測者，而形成一樣本組（sample cluster）。

三、擬定報紙廣告說服力量表

本論文之應變數測度，係用本論文所發展出之「報紙廣告說服力量表」。本量表係根據奧斯古（Charles E. Osgood）之語意區分標尺（semantic differential scale）所研擬出來的。這個報紙廣告說服力量表，用來比喻測度報紙廣告說服力的強弱。共有十組相對價值語詞（value-laden term），每組語詞含有兩個意義相反的語句，如活潑與呆板，每組語詞之間有七個區段，代表一個極端至另一個極端，7為最好，1為最壞，4為中性，6為很好，5為稍好，3為稍壞，2為很壞。

表1　報紙廣告說服力量表

1.引人注意的	7	6	5	4	3	2	1	不引人注意的
2.資料豐富的	7	6	5	4	3	2	1	資料貧乏的
3.意義清晰的	7	6	5	4	3	2	1	含糊不清的
4.美麗的	7	6	5	4	3	2	1	醜陋的
5.活潑的	7	6	5	4	3	2	1	呆板的
6.精緻的	7	6	5	4	3	2	1	粗糙的
7.親切的	7	6	5	4	3	2	1	冷淡的
8.誠懇的	7	6	5	4	3	2	1	不誠懇的
9.可相信的	7	6	5	4	3	2	1	不可相信的
10.令人心動的	7	6	5	4	3	2	1	令人無動於衷的

報紙廣告說服力量表所列舉的十組相對價值語詞，均包含了一個標準文案或設計（layout）所具備的條件。如，引人注意的—不引人注意的，即評價廣告醒目（catch attention）的程度。資料豐富的—資料貧乏的、意義清晰的—含糊不清的，即評價廣告告知功能（informative function）。美麗的—醜陋的、活潑的—呆板的、精緻的—粗糙的，即評價廣告創造好感（preference）的程度。而令人心動的—令人無動於衷的，則評價廣告是否能讓人產生購買信念（conviction）或產生購買行為（action）。

四、施測

訪員由被抽樣的公司之一位女性職員擔任，訪問完畢後，即將問卷予以統計。受測者根據量表中之十對語詞評價每幅廣告，若勾在1則給1分，勾在6則給6分，以此類推，將十對語詞所得分數總計，即為該幅廣告所得之分數，依此將每位受測者對三十幅廣告之評價，逐題總計其分數。而後將每幅廣告所得之分數予以總計並平均，其平均數即為應變數（報紙廣告說服力）之分數。

五、量表之效度檢驗

報紙廣告說服力量表共含有十組相對價值語詞。而每組價值語詞是否能代表報紙廣告說服力，這便是所謂的效度（validity）的問題；也就是說，效度表示一個測驗能否（或在何種程度內）測出其所欲測量的屬性。本效度測驗係採用個體與總體之單相關分析（individual-total correlation），亦即以隨機之方式在受測廣告中抽取三幅作為樣本，然後視其在報紙廣告說服力量表中所得評價，分別求取每組價值語詞與量表總分之單相關係數，所得的結果即為該組價值語詞之效度。廣告說服力量表之效度測驗結果，均達「極顯著」（$p < .001$）之相關。

六、自變數測量標尺

根據自變數（影響報紙廣告說服力之因素）之理論，本論文發展出如下的測量標尺。

表2　自變數之類目與測量標尺

類目（categories）	測量標尺（measurement scale）
1. 廣告版面大小	(1)半十批以下　(2)半十批　(3)全十批　(4)全十批以上，整版以下(5)整版
2. 色彩種類	(1)黑白　(2)黑白套紅　(3)除套紅外加一色　(4)彩色
3. 標題在廣告版面所占之比率	(1)占版面十分之一或以下者　(2)十分之二者　(3)十分之四者 (4)十分之六者 若無標題、空白、商品及廠商名稱與色彩者，以(1)計算。
4. 空白在廣告版面所占之比率	
5. 商品與廠商名稱在廣告版面所占之比率	
6. 色彩之面積在廣告版面所占之比率	

7. 標題字數	按廣告標題字數多少,而給予一基數;如標題有10個字,則給予10。標題有3個字,則給予3。
8. 標題內容結構因素	以下列6個基準(unit)測定之,含有1個基準者,給予1,含有2個基準者,給予2,以此類推。 (1)強調一個訴求者 (2)寫出商品或廠商名稱者 (3)指出特定對象者 (4)指出商品歧異性者 (5)指出具體行動或暗示行動者 (6)使用成語、比喻、或其他有時宜性之字句者
9. 文案內容結構因素	以下列9個基準測定之,含有1個基準者,給予1,含有2個基準者,給予2,以此類推。 (1)使用單面說明者 (2)使用有關該商品之術語者 (3)指出該商品之細節者 (4)對產品名稱強調二次以上者 (5)使用成語、比喻,或其他有時宜性之字句者 (6)不用被動語氣者 (7)指出特定對象者 (8)指出商品歧異性者 (9)指出具體行動或暗示行動者
10.插圖內容結構因素	以下列5個基準測定之,含有1個基準者,給予1,含有2個基準者,給予2,以此類推。 (1)插圖所占的比例超過版面二分之一者 (2)使用該商品或廠商之標準字體者 (3)表現出動態感者 (4)標題密接文案及圖樣者 (5)表現出商品歧異性或特性者
11.典型廣告組件	以下列14項基準測定之,含有1個基準者,給予1,含有2個基準者,給予2,以此類推。 (1)大標題 (2)副標題 (3)文案 (4)圖樣 (5)商品名稱 (6)商品圖樣 (7)商品特性 (8)標準字體 (9)廠牌名稱

	(10)商標 (11)廣告主名稱 (12)經銷商名稱 (13)標語 (14)外框（輪廓）
12.廣告訴求因素	以下列4個基準測定之，含有1個基準者，給予1，含有2個基準者，給予2，以此類推。 (1)滿足下列之一項動機者 　A.比他人卓越的需求；B.被團體接納的需求；C.向上爬的需求；D.休閒、娛樂、遊戲的需求；E.愛的需求；F.健康的需求；G.方便、舒適的需求 (2)訴求以心理矛盾表現之 (3)訴求以閱聽者的不安表現之 (4)訴求以具體的型式表現之

七、自變數測度標尺之信度測驗

　　所謂信度是指對不同對象，作相同測驗的差異度和相關性。差異度愈小或相關性愈大，則表示信度愈高。本論文對自變數測度標尺之信度，係採用再信度（test-retest reliability）方式，即邀請甲、乙、丙三位曾選修廣告學的人士作為評判者（judger），每位分別依據自變數測度標尺各類目，評斷（judge）三十幅受測廣告。亦即三十幅廣告根據自變數測度標尺，甲、乙、丙三人評斷成甲、乙、丙三組觀測值，而後以皮爾遜之積差相關係數（Pearson Product-moment Correlation Coefficient）來界定其信度。甲乙、乙丙、丙甲三組經皮氏相關係數分析發現，所有的相關係數均達到「極顯著」（$p < .001$）之相關。

肆、研究結果發現

一、報紙廣告說服力量表

　　以單相關（simple correlation）分析應變數與自變數之間的相關性發現，十二個自變數中有九個自變數和應變數之相關係數，達到$p < .001$以上的顯著程度。而且，文案內容結構因素、插圖內容結構因素與廣告訴求因素等三個自變數與應變數之相關係數均達到.80以上，可證明其間有相當高的相關性。

二、影響報紙廣告說服力之因素

　　從單相關迴歸分析，與顯著度測驗的結果，可以發現各自變數與應變數之間

表3　影響報紙廣告說服力之因素

變項	相關係數	決斷係數	迴歸方程式	F值	顯著度
文案內容結構因素	.850880	.723997	$Y = 40.85236 + 1.98340X_9$	73.447	p < .001
插圖內容結構因素	.835853	.698650	$Y = 38.11128 + 4.35131X_{10}$	64.916	p < .001
廣告訴求因素	.823713	.678503	$Y = 44.31242 + 2.99780X_{12}$	59.093	p < .001
典型廣告組件	.790832	.625413	$Y = 23.93735 + 2.43776X_{11}$	46.749	p < .001
色彩在廣告版面所占之比率	.789125	.622718	$Y = 43.01389 + 3.3311X_6$	46.215	p < .001
廣告版面大小	.743664	.743664	$Y = 42.8475 + 4.37649X_1$	37.380	p < .001
標題內容結構因素	.672408	.452133	$Y = 45.18724 + 3.04685X_8$	23.107	p < .001
色彩種類	.645420	.416567	$Y = 43.05104 + 2.98243X_2$	19.992	p < .001
標題在廣告版面所占之比率	.617863	.351755	$Y = 43.37288 + 6.28429X_3$	17.290	p < .001
空白在廣告版面所占之比率	.417725	.174494	$Y = 46.29559 + 2.15191X_4$	5.919	p < .01
標題字數	. -172537				不顯著
商品及廠商名稱在廣告版面所占之比率	.068656				不顯著

均有不同程度的相關性。分析結果，本論文所列的自變數均有很強的「決斷」能力，十二個自變數中，僅有二個自變數不顯著，而有九個自變數達到.001的顯著程度，一個自變數達到.01的顯著程度。

三、報紙廣告說服力公式

　　經由電腦將十二個自變數均讀入逐級迴歸分析中，所得的迴歸方程式即為「女性時尚產品報紙廣告說服力公式」：

　　複相關係數（multiple correlation coefficient）：0.957

　　F值：15.300

　　顯著程度：p <.001極顯著

決斷係數（coefficient of determination）：0.915

$Y = 35.43323 + 0.45354X_1 - 1.11518X_2 - 0.03341X_3 + 0.74022X_4 - 0.02365X_5 + 2.32321X_6 - 0.07796X_7 + 0.92772X_8 + 0.25462X_9 + 1.74634X_{10} + 0.25477X_{11} - 0.30064X_{12}$（公式一）

Y：報紙廣告說服力分數

35.43323：常數

X_1：廣告版面大小

X_2：色彩種類

X_3：標題在廣告版面所占之比率

X_4：空白在廣告版面所占之比率

X_5：LOGO在廣告版面所占之比率

X_6：色彩在廣告版面所占之比率

X_7：標題字數

X_8：標題內容結構因素

X_9：文案內容結構因素

X_{10}：插圖內容結構因素

X_{11}：典型廣告組件

X_{12}：廣告訴求因素

本公式之決斷係數高達.915，亦即以此十二個自變數所組成的公式，以之來推斷女性時尚產品之報紙廣告有91.5%的正確度。

此外，為了實際應用上的方便，再以.05的顯著度為基準，作了一次逐級迴歸分析，納入了「X6：色彩在廣告版面所占之比率」、「X9：文案內容結構因素」、「X10：插圖內容結構因素」三項變數。

複相關係數：0.939

F值：64.200

顯著程度：$p < .001$極顯著

決斷係數：0.881

$Y = 37.22179 + 1.33360X_6 + 0.89472X_9 + 1.90059X_{10}$

四、報紙廣告說服力公式之應用

為使本公式在實際使用上，可以將說服力分數來推斷說服力程度，茲以常態分配（normal distribution）的原則，將說服力分數界定成五個說服力程度：極高說服力、高說服力、中度說服力、低說服力、極低說服力。也就是說，每個說服力程度各占常態曲線（normal curve）下面積的20%。

應變數的平均數（$\overline{X}$）為52.29657，標準差（standard-deviation, S）為5.33806。而所謂Z分數（Z-score），即表示在常態曲線之下，介於平均數和以標準差所示的任一分數間所占面積（area）的分數。中度說服力程度即在平均數左右各占10%的面積，而高說服力程度（Z_2），即在中度說服力程度向右占20%的面積，而極高說服力程度（Z_1）即占所剩的20%的面積。反之，向左即可推出低說服力程度（Z_3）與極低說服力程度（Z_4）所占的面積。

從「常態曲線下面積表」（areas under the normal curve）可以求得：

$Z_1 = .84$

$Z_2 = .25$

$Z_3 = -.25$

$Z_4 = -.84$

而Z分數之公式為 $Z = \dfrac{X - \overline{X}}{S}$，亦即X = ZS + X，根據演算所得，即可擬定報紙廣告說服力程度與報紙廣告說服力分數對照表。

表4　報紙廣告說服力程度與報紙廣告說服力分數對照表

說服力程度	說服力分數
極高	56.78054以上
高	53.63107-56.78053
中度	50.96205-53.63108
低	47.81267-50.96204
極低	47.81266以下

伍、研究結論、檢討與建議

一、結論

　　1. 本論文發展之測量報紙之女性時尚產品廣告說服力的公式，經過以上各章有系統的驗證，可以有效的測出報紙廣告對讀者的說服力強度。

　　2. 影響報紙之女性時尚產品廣告說服力的變數，依其影響力的大小為文案內容結構因素（X_9）、插圖內容結構因素（X_{10}）、廣告訴求因素（X_{12}）、典型廣告組件（X_{11}）、色彩在廣告版面所占之比率（X_6）、廣告版面大小（X_1）、標題內容結構因素（X_8）、色彩種類（X_2）、標題在廣告版面所占之比率（X_3）、空白在廣告版面所占之比率（X_4）。

　　3. 發展之報紙廣告說服力公式：

$$Y = 37.22179 + 1.33360X_6 + 0.89472X_9 + 1.90059X_{10}$$

　　本公式之相關係數為.939，決斷係數為.881，亦即以此公式所得的結果，來推斷女性時尚產品報紙廣告的說服力有88.1%之正確度。

二、本研究之檢討

　　1. 本論文所發展出之報紙廣告說服力量表以及自變數測度標尺，每個測度單位（unit）均給予同值的基數，如「令人心動的」與「誠懇的」兩者在廣告閱聽者心目中所產生被說服的程度是否相同，不無疑問。但由於本論文為第一次研究（first study），限於時間與規模，無法對每一測度單位研究其強度，而在統計過程中予以加權（weight）處理，頗感遺憾。

　　2. 部分自變數測度標尺的測度單位分類可能不很完善，自變數之間的相關係數的數值頗高，這表示這些自變數對應變數而言是解釋相同的因素。尤其在以.05的顯著程度作逐級迴歸分析時，僅讀進了三個自變數，而不是在單相關分析中，十一個其顯著度.05以上的變數均納進去，這表示部分自變數之間解釋力重複的程度頗高。

　　3. 本公式僅能測驗單一廣告，而不能測驗連續性廣告。

三、未來研究之建議

　　1. 廣告說服力量表與自變數測度標尺應作更進一步的研究，研究各測量單元其測量能力的強弱，分別予以加權處理。

　　2. 擬定廣告說服力公式的研究方法是否僅限於逐級迴歸分析法，或可另從別的方法著手？其效果又如何？傅萊區（Rudolf Flesch）之有名的英文可讀性公式，以及我國學者楊孝濚[25]、陳世敏[26]所發展出之中文字可讀性公式，均是以逐級迴歸分析作為統計方法。是否能另闢新的統計方法，這是以後進行此類研究所應考慮的。

　　3. 本論文所發展出之公式，係用以測定報紙之女性時尚產品廣告的說服力程度。希望以後能發展更多的公式，以測定電器產品、房地產、家具、汽車，乃至銀行、航空公司、旅行社等服務業之廣告。公式所適用的媒體，亦應擴大至電視、廣播、雜誌等。

---

[25] 楊孝濚（1971）中文可讀性公式。《新聞學研究第八集》，國立政治大學新聞研究所，頁77-101。

[26] 陳世敏（1971）中文可讀性公式試擬。國立政治大學新聞研究所碩士論文。

傳播效果評估

第一節　傳播效果

壹、傳播研究與效果評估

　　傳播研究與傳播效果評估的差異，常引起業界和研究生的困擾，兩者的操作過程一樣要求要嚴謹，但兩者有什麼不同？

　　・目的

　　傳播研究的目的，會有檢討理論或建構理論的企圖，不會只是單純觀察某一特定傳播現象；換言之，是「理論導向」，以理論詮釋所觀察的傳播現象，探討其發生原因「Why」。

　　但傳播效果評估，則是發現傳播現象之某一事實，如分析廣告用什麼類型的恐懼訴求（fear appeal）更可提升觀眾對廣告的注意程度，探討的是「什麼What」，而不特別關注「為什麼Why」，是「功能導向」或「實務導向」。

　　・功能

　　傳播研究是以「理論」觀察傳播現象之因果關係，變項間互動關係應從理論的角度分析之；但傳播效果評估，則是單純評量投入與產出（input-output）之CP值（cost / performance），如單純檢討歷年來廣告投入量與市場占有率、銷售量的關係。

・方法

　　無論傳播研究或傳播效果評估，都必須遵循嚴謹的社會科學程序，否則成為「垃圾進去、垃圾出來」（GIGO: garbage in, garbage out），徒勞而無功也就算了，若造成決策錯誤，可會形成重大財務或形象損失。

・統計之詮釋

　　無論傳播研究或傳播效果評估，都必須使用統計檢定，不過變項間因果關係的詮釋，傳播研究就期待從理論切入，用理論檢討自變項與應變項的影響關係；而傳播效果評估就沒這麼嚴謹，研究者會以「經驗」或歷史資料來詮釋統計為何形成相關／不相關或差異／不差異。

・報告產出

　　傳播研究的報告是標準的五章：1.研究目的、2.文獻討論、3.研究方法、4.研究結果與發現、5.結論與建議，這五章缺一不可，而且環環相扣，不得前後顛倒；而傳播效果評估由於不著重理論的詮釋，所以四章即可，不需要有專章來討論文獻或理論關係。

・結論撰寫

　　傳播研究與傳播效果評估，結論撰寫的著重點不同。傳播研究以檢討理論、建構理論為目的，因此結論應回歸理論討論，以充實理論或修正理論，同時結論應抽象化，不是第四章數字、報表的summary，而且有概化能力（generalization），具備將樣本的研究結果推論至母體的能力。

　　但傳播效果評估的結論撰寫，不會這樣「偉大」，而是從應用面切入，做成有益實務作業改善的建議，以提高後續投入與產出之CP值。且由於是個案觀察，因此傳播效果評估的應用範圍頗廣，傳播領域的實務面操作效果，都可以應用：

　　新聞：各報新聞評比、新聞寫作風格、新聞照片取材、報紙版面規劃、表格處理、可讀性分析……

表4.1.1　傳播研究與效果評估之比較

比較構面	傳播研究	效果評估
目的	·檢討理論、建構理論 ·理論導向 ·關注「Why」	·發現傳播現象之事實（fact-finding survey） ·功能導向 ·關注「What」
功能	·以「理論」觀察傳播現象 ·有概化能力	·評量投入與產出之CP值 ·單一現象（個案）的觀察
方法	都需要嚴謹的社會科學程序	
統計之詮釋	以「理論」詮釋統計相關或差異	以「經驗」詮釋統計相關或差異
報告產出	五章 1.研究目的 2.文獻討論 3.研究方法 4.研究結果與發現 5.結論與建議	四章（或單元） 1.研究目的 2.研究方法 3.研究結果與發現 4.結論與建議
結論撰寫	·回歸理論討論 ·結論應抽像化 ·具概化能力	·從應用面切入，做成有益實務作業改善之建議。

廣告：廣告評比、腳本測試、訴求角度、文案長度、影片卡司選擇、影片風格評比、媒體選擇、媒體排期、廣告量決定……

公關：公關活動設計、危機處理、議題分析、新聞稿寫作、記者會風格、媒體參訪（press tour）效益評估、EAV值[1]評比、業主形象測量……

電視：新聞、戲劇、綜藝節目評量[2]……

電影：腳本測試、觀眾滿意度、鏡頭測量[3]、廣告投入與票房CP值比……

---

[1] EAV值（equivalent advertising value），即媒體露出（平面媒體的報導版面面積、電腦媒體報導秒數）換算廣告價值，是目前臺灣公關公司最常用的效果指標。

[2] 可使用節目分析儀（program analyzer），請參閱本書相關章節。

[3] 同前註，可使用節目分析儀。

由上述的說明，可以瞭解──

傳播研究與效果評估的差異在於「理論」投入的厚度，同一題目，理論的討論涉入多，以理論詮釋資料產出的結果，其結論可以建構或修正理論，具概化能力，就可以被稱為學術論文（包含學位論文）；若只是單一現象的觀察，以評量其投入與產出之CP值，資料產出的結果以研究者自己的「經驗」或有限的歷史資料來詮釋，則是個案的效果評估，或稱為「業務報告」。

貳、效果

很多人談到傳播效果（effect）或廣告、公關效果，就直接想到產出或行為效果，如討論廣告效果，會直覺的想到銷售量，認為廣告刊播之後，銷售量有明顯提升，表示廣告效果很好；反之，銷售量沒有提升，則代表廣告做得不好，廣告效果不佳。事實上，傳播效果的影響變項是傳播者端的3M因素（Message、Media、Money），被影響變項是閱聽人端的產出因素──認知、態度、行為，以傳播的觀點來看，「效果」包含三個項目：

1. 認知效果（cognition），即告知人、事、物、議題，即知名度效果。
2. 情感效果（affection），亦即有好的、正向的態度，即情感效果。
3. 行為效果（behavior），也就是行為上的支持，如購買、推薦、參與志工、投票、捐款，即指名度效果。

效果的理論定義（theoretical definition）廣泛，而認知、態度、行為也就是傳播效果的操作定義（operational definition）。以廣告、公關為例，廣告、公關所欲建構的認知、情感、行為對象可以是品牌、商品或組織（廣告主）形象，甚或是所策劃之活動或議題，因此可以形成如下的廣告效果矩陣──

・議題：如政府2007年之加入聯合國宣導、2010年之ECFA宣導，企業響應「節能」、「環保」亦是議題的推廣；

・品牌：如商業廣告對品牌的宣導，政府機構如經濟部推廣國產品之「MIT」、農委會推廣之「CAS」標章；

・商品或服務：銷售泡麵、飲料、汽車、房仲、電信門號……，或如政府推廣921震災與88水災災區商品、經濟部推廣之一鄉一特產「OTOP」計畫；

‧組織形象：即企業形象廣告，如郵局以四季紅歌曲為襯底之廣告影片，強化組織形象即是；

‧觀念：如節能減碳、H1N1防治；

‧活動參與：如參與節能園遊會、捐款救災、投考軍校。

表3.1.2　廣告、公關效果矩陣

效果階層	品牌	商品	組織形象	活動或議題
Cognition				
Affection				
Behavior				

參、影響效果之3M因素

影響傳播效果之因素當然很多，大至社會因素，包含政治氛圍、經濟變遷、文化規範、流行時尚等因素，都會影響傳播效果，小至M. L. DeFleur的刺激、反應說（stimulus-response model）的三個因素，會影響閱聽人對訊息的詮釋：

‧個別差異說（Individual Differences）：來自人格（personality）的差異，以及因需求或認知不同所產生的選擇性過程（selective process）；

‧社會範疇說（Social Categories）：不同的人口學特徵，如不同性別、教育程度、社經地位對訊息的詮釋也不一樣；

‧社會關係說（Social Relations）：不同社會網絡（social network）所塑造的無形社會規範（social norm），與意見領袖會影響個人對訊息的認知或理解。

但上述的社會與閱聽人因素，都不是訊息傳播者（政府、廣告主、廣告代理商、公關公司）所能掌控的，傳播者所能控制的只是3M因素。3M因素指的是傳播者端之三個元素——Message、Media、Money，這三項元素都可以影響閱聽人對品牌、商品、組織形象、活動與議題的認知、情感與行為。

Message因素：以廣告爲例，即廣告訊息對閱聽人所產生的影響，訊息包含結構（如one-sided vs. two-sided說服、primacy vs. recency次序效應）、訴求、代言人等所產生的影響。

其效果指標可以是：

獨特性（Unique）：廣告有無呈現商品的獨特銷售主張（USP: Unique Selling Proposition）？

衝擊性（Impact）：廣告能否帶來瞬間感動，而令人印象深刻？

相關性（Relevant）：廣告表現與商品特性、使用情境是否有關？其創意是否爲本廣告「專屬」，而不能套用其他商品？

原創性（Original）：廣告表現是否爲原創，而非來自模仿與人雷同？

可運動性（Campaignable）：廣告是否爲系列性？各類型廣告是否仍維持固定調性？[4]

Message因素的測量爲「質性」研究，因此可以專家評量進行之，如深度訪談（in-depth interview）、焦點團體座談（FGD: focus group discussion），或德菲法調查（Delphi method）。

Media因素：指的是透過媒體選擇（media selection）與媒體排期（media scheduling）所產生的媒體效果。如：

平面媒體：發行量、閱讀率、迴讀率；

電視媒體：收視率、到達率（Reach）、收視次數Frequency、頭尾支比PIB（Position in Break）、主時段占比PT（Prime Time）；

廣播媒體：廣播收聽率（Listenership）；

網路媒體：網路點閱率（Click Rate）；

媒體置入：報導量。

---

[4] DDB廣告公司的ROI創意哲學，一個有效的廣告必須具備「有關聯的」（relevant）、「原創的」（original）、「具有衝擊力的」（impact）等三個要件。

Media因素的測量，主要來自媒體調查機構（如中華民國發行公信會、AGB Nielsen）次級資料的蒐集，或自行統計彙整。

Money因素：指的是投入廣告費用所產出之媒體效益，也就是「聲量」（SOV: share of voice）。這是很多文獻提及的因素，Money因素含：

廣告量：廣告金額（advertising expenditure）、廣告聲量；

媒體效益：總收視率（GRP）、每一收視率成本（CPRP: cost per rating point）、每千人露出成本（CPM: cost per mille）。

Money因素的測量，主要來自廣告主或廣告代理商次級資料的蒐集，或自行統計彙整。

廣告效果的3M因素，其角色如同Jerome McCarthy 所建構的行銷4P——Product、Price、Place、Promotion，行銷4P係指「廠商可以『掌控』之影響行銷效果之因素」，而3M因素指的是「廠商可以『掌控』之影響廣告效果之因素」。

上述係以廣告為例，事實上所有傳播活動，包含新聞、公關、電視、電影都應同時由「傳播者端」與「閱聽人端」去思考，亦即所謂「傳播效果」，不應只觀察閱聽人端因曝露傳播訊息所帶來認知、態度、行為的建立或改變，更應該測量傳播者端的3M——訊息、媒體、聲量的因素。

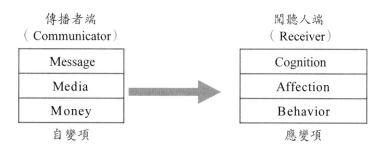

圖4.1.1　廣告效果之影響變項與被影響變項

第二節　效果評估方法

壹、導論

傳播研究會以量化研究（quantitative research）與質化研究（qualitative re-search）作為區分，量化研究是以大量資料的觀察，來證明或否證命題，其概化能力（generalization）強，概化能力是以抽樣個案觀察，推演至全體母體的能力；質化研究是個案式研究，對個案深入觀察，可以發現原先意料之外的現象，但缺乏概化能力。

但對傳播領域的效果評估，以「廣告」歷史最為悠久，美國廣告業有句名言：「我知道廣告費有一半是丟到水裡，問題是，我不知道是哪一半？」，有關金錢，茲事體大，因此從二十世紀以來，美國廣告學界與業界都積極熱衷發展各式各樣的效果評估方法，因此討論傳播效果評估，可以廣告為師，依3M的觀念，區分為訊息（message）、媒體（media），與經費（money）投入所帶動的整體傳播運動（campaign）作為分類。

訊息評估：可分為接觸率（接觸廣告訊息測量）與對廣告作品的直接或間接態度及意見評量，這些在美國都屬「古典」研究，從60年代迄今都有學者與廣告業者投入；其中調查法為社會科學常用方法，實驗法為心理學常用方法，視覺移動則為醫科儀器的運用。

媒體評估：分為平面媒體的發行量、閱讀率調查，以及電視媒體的收視率調查，這些都屬專業機構的調查，不是廣告主或廣告代理商自己會投入的，必須透過購買的方式取得，其使用也被歸為次級資料的運用；此外，網路媒體的點閱率，則由媒體網站彙整提供。

整體廣告運動評估：於廣告運動執行完竣後使用，針對消費者的認知與態度，可使用調查法與焦點團體討論法，針對長期的廣告訊息研究，可使用內容分析法。

　　廣告的訊息評估、媒體評估、整體運動評估的方法，亦可應用於傳播領域的新聞、公關、電視、電影……。

表4.2.1　傳播效果評估方法

研究對象	類別	研究方法	適用對象	備註
Message	接觸率	輔助回憶法	廣告、新聞、公關事件	以大量資料為基礎
		非輔助回憶法	廣告、新聞、公關事件	以大量資料為基礎
		確認法	平面廣告	以大量資料為基礎
		瞬間顯像測量	平面廣告、新聞照片	
		視覺移動觀察法	電視廣告、電視新聞	
	直接態度評量	調查法	廣告、新聞、公關、電影	以大量資料為基礎
		焦點團體討論法	廣告、新聞、公關、電影	
		兩兩比較法	廣告、新聞	
		排列法	廣告、新聞	
		節目評量分析	電視廣告、電視新聞、電影	以大量資料為基礎
	間接態度測量	圖片法	廣告、新聞、公關事件	
		對話法	廣告、新聞、公關事件	
		語句完成法	廣告、新聞、公關事件	
		詞句聯想法	廣告、新聞、公關事件	

Media	平面媒體	發行量	廣告、新聞、公關	以大量資料為基礎
		閱讀率	廣告、新聞、公關	以大量資料為基礎
	電視媒體	收視率	廣告、新聞、公關	以大量資料為基礎
	網路媒體	點閱率	廣告、新聞、公關	以大量資料為基礎
Campaign（Money）	消費者研究	調查法	廣告、新聞、公關、事件	以大量資料為基礎
		焦點團體討論法	廣告、新聞、公關、事件	
	訊息研究	內容分析	廣告、新聞、公關、事件	以大量資料為基礎

貳、接觸傳播訊息測量

廣告對消費者而言是低涉入感的訊息，看了就忘，是學習→記憶→遺忘→再學習→再記憶→再遺忘→……的過程，測量消費者接觸廣告訊息看到了什麼，有幾種方法：

一、輔助回憶法

輔助回憶法（aided-recall method）是針對平面廣告所發展的方法，於二次大戰期間，George Gallup與Claude Robinson所發展的，以小樣本的雜誌廣告（通常是週刊）為研究對象，逐一提示廣告名稱以詢問受訪者，在發行的第一天即進行測量。

方法很簡單：

1. 確定受測者是否有看過該期雜誌。
2. 研究者提示一整頁印有商品品稱或商標的問卷，再詢問受測者在這本雜誌中看過哪些廣告。
3. 當受測者指出後，再詢問廣告的特徵，如「哪幅廣告有何內容」。

二、非輔助回憶法

輔助回憶法有提示廣告名稱，非輔助回憶法（unaided recall method）又稱純粹回憶法（pure recall method），即不提示廣告名稱，直接詢問受試者「昨晚看電視記得哪些廣告？」、「在這本雜誌中記得哪些廣告？」除非廣告創意傑出，令消費者印象深刻，或消費者有重度需求，對商品涉入感高，使用非輔助回憶法，其效果數據會很「慘澹」。

當然新聞或公關事件，亦可透過非輔助回憶法測量其認知效果，不過同樣的，除非是重大事件或新聞，否則很可能不被受訪者提到；不過透過此方法，可瞭解新聞或公關事件在閱聽人心目中的分量。

美國早期發展的輔助回憶法、非輔助回憶法，係使用面訪方式，派出訪員做街角抽樣面對面訪問，現在當然可以用電話訪問進行，樣本以隨機方式取得，更接近母體，解釋力更高；當然除廣告外，新聞或公關事件，亦可透過輔助／非輔助回憶法測量其認知效果，如逐一提示新聞或公關事件以詢問受訪者，是否知曉。

三、確認法

確認法稱為recognition，即由研究者提示受測廣告，受測者確認後，再逐一回答看過廣告的哪些部分。確認法又稱為Starch廣告閱讀率測驗（Starch Advertisement Readership Rating），是美國廣告效果研究先驅Daniel Starch所發展的方法，為平面媒體廣告廣泛使用。其方法分為廣告分類、調查訪問、歸納資料三個步驟：

1. 廣告分類

根據受測廣告的特性，將廣告的組成要件事先予以分類，如分成圖片1、圖片2、主標題、副標題、主文案、副文案、商標等，以方便訪問時可以立刻將受測者的答案符碼化，以避免事後編碼時所可能產生的誤差。

2. 調查訪問

分為自由反應法與提示廣告內容法，二種訪問方法：

方法I：自由反應法（Free Response）

即不事先預設問題，完全讓受測者自行回答，如：

(1)你有沒有看過這幅廣告？如果答有，則再繼續問；

(2)你注意過廣告的哪些部分？

方法II：提示廣告內容法（Pointing at Component Part）

即提示廣告的某一組成要件，詢問受測者有沒有看，如：

(1)你有沒有看過這幅廣告？如果答有，則再繼續問；

(2)有沒有看過標題？

(3)有沒有看過圖片？

(4)有沒有看過文案？

3. 歸納資料

訪問後，彙整受訪者資料歸納為三個類目：

注意（Noted）：受測者指出其曾看過此廣告的百分率；

略讀（Seen / Association）：受測者曾經閱讀過此廣告，並能明確指出產品或廣告主名稱的百分率；

精讀（Read Most）：受測者不僅閱讀過此廣告，而且其閱讀過廣告文字部分一半以上者的百分率。

四、瞬間顯像測量

瞬間顯像測量（Tachistoscope test）：以圖形瞬間顯像呈現方式，以測量受測者短期記憶與印象，顯像速度可為0.25至5秒，其功能是針對曝露時間短的廣告物而設計，如消費者在賣場接觸商品，或是接觸戶外廣告情境。

在90年代之前，廣告公司執行瞬間顯像測量是個大工程，原先都是準備完全黑暗的房間，再控制光源露出的秒數，後來發現光線瞬間打亮／關閉，受測者瞳孔無法適應，後來改為製作一個大箱子，再控制箱門開關時間；現在當然不必如此麻煩，電腦的PowerPoint軟體就能精準控制每一張投影片露出時間。

瞬間顯像測量適用於以下的廣告研究：
・海報設計
・商標設計
・商品外型設計
・賣場陳列研究
・公車外廣告

除上述平面廣告的測量外，閱聽人對新聞照片的認知，亦可透過瞬間顯像測量，以瞭解閱聽人關注的元素。

五、視覺移動觀察法

視覺移動觀察法係透過眼球移動儀（又稱為Eye camera），記錄受測者觀看螢幕時，眼球焦點（focus）的移動，以瞭解受測者會受到螢幕何種畫面元素的影響。其功能係找出動態廣告影片中何種元素較為吸睛，對靜態的平面作品，則可瞭解受測者視覺的移動動線，以及何種元素較能吸引受測者目光停留。

除電視廣告外，電視新聞的研究亦可使用透過眼球移動儀，以瞭解觀眾焦點的視覺移動路線，探討分析主播播報與新聞影片的關係，或子母畫面的效果。電影亦可使用，不過長時間配掛觀察儀器，會導致眼球不舒服。

雖然使用儀器顯得「科學」，不過由於受訪者人數有限，因此不會如同調查法，個別差異的因素會因大量樣本而沖淡消弭，所以概化（generalization）推論必須謹慎，以免反而誤導；此外，使用視覺移動觀察，必須戴上特殊裝置，實驗性質強，並非自然情境（natural setting），是否因此產生霍桑效應（Hawthorne effect），影響信度、效度，也應該謹慎判斷。

參、直接態度與意見評量

一、調查法

調查法是古典的社會科學研究方法，所有傳播領域，包含廣告、新聞、公

關、電影都可運用。

有關調查法之操作，請參閱本書第三章與第五章。

二、焦點團體討論法

焦點團體討論法（FGD: focus group discussion或FGI: focus group inter-view），是透過小團體互動方式，針對傳播現象予以批評討論，可以產生滾雪球的效果（brain storming effect），一人發表意見可以引起其他人的興趣而跟著發表看法；所有傳播領域，包含廣告、新聞、公關、電影都可運用。

有關焦點團體討論法之操作，請參閱本書第七章。

三、兩兩比較法

兩兩比較法（paired comparisons）係針對廣告作品的研究方法，以瞭解受測者對廣告的評價；進行方法簡單，如廣告稿草圖有ABCDE五款設計，即請受測者一張對一張的比較，分別比較AB、AC、AD、AE、BC、BD、BE、CD、CE、DE，每次被挑中較優的，可計「1分」，全部比較後再統計分數，累計最多分者為最受受測者青睞之作品。

使用兩兩比較法時，不能太多，以七幅之內廣告為宜，每位受測者比較次數如以下公式，若有十幅廣告，每位受測者必須比較45次，似乎有些多。

比較次數 = (n×(n − 1)) / 2
n = 受測廣告數

四、排列法

排列法（ranking test）也是針對廣告作品的研究方法，以瞭解受測者對廣告的評價，與「兩兩比較法」類似，不過是一次給受測者看不同的五至六張受測廣告，請其就喜歡的程度排列之。

屬量化測量，依受測者評量廣告排名一的廣告給1分，排名二的給2分，依此類推，得分最少者，即為最受歡迎廣告。除廣告外，對同一事件、新聞處理之評比，亦可使用排列法。

除廣告外，對同一事件、新聞處理之評比，亦可使用兩兩比較法或排列法，不過數量不宜太多，以免產生混淆，影響效度。

五、節目評量分析

節目評量分析是使用節目分析儀（Program Analyzer）以評量電視節目或廣告，視評量器之多寡，可一次對多人進行測量。

鄭自隆（1995）曾使用節目分析儀，測量受測者對1994年臺北市長選舉候選人（陳水扁、黃大洲、趙少康）電視辯論之評價，受測者觀看螢幕時，同時操縱遊戲搖桿，往前推代表正向評價，往後拉代表負向評價。正向評價與負向評價又可分為二段，往前推到底為極端正向評價，推一半代表一般正向評價；反之，往後拉一半代表一般負向評價，拉到底代表極端負向評價；搖桿不動則為中性評價。

亦即，受測者使用之儀器量表為五等分之等隔量表（5-point interval scale），研究者再依受測者評價，以計算候選人論點受歡迎程度；該次研究有53名學生同時參與評量。[5]

除電視廣告外，所有動態傳播素材，如電視新聞、電影均使用節目評量分析，以瞭解觀眾對單一畫面或情節的評價。

---

[5] 鄭自隆（1995），〈候選人電視辯論訊息策略及其效果之研究〉，《廣告學研究》第五集，頁43-84，臺北：國立政治大學廣告系。另見鄭自隆（1995），《競選廣告——理論、策略、研究案例》，臺北：正中，頁211-256。

肆、間接態度與意見測量

一、圖片法

間接態度測量不直接詢問受測者意見，而是以心理學投射技術（project technique）為基礎所衍生的研究方法。圖片法（the picture probe）即是投射技術的運用之一。

圖片法是一種角色扮演，要求受測者參與圖畫中的對話，通常畫面上有2-3人，其中一人有講話，受測者則被要求假設為畫面上的另一人來回答，如畫面上（圖4.2.1）有2人——先生、太太。太太的旁白是「老公，考慮來個保險如何？」研究者問受測者假設他是圖畫上的先生，他要如何回答？

圖4.2.1　圖片法示意圖（政治大學廣告系王郁文同學繪）

受測者模擬假設狀況，研究者再由受測者的回答來推論他對保險的態度。透過受測者對圖片角色的模擬，可以瞭解受測者的心理狀況——對人生的價值觀、內心的焦慮、對保險的信賴程度、對太太的態度，以至對死亡的看法。

圖片法使用之圖片最好是手繪，而不要用照片，以避免人物太真（美醜或表情、衣著、場景）而干擾受測者的反應，手繪圖片也不要太卡通化，避免受訪者將自己情緒呈現在圖畫中。

使用圖片法，固然可以取得「深度」資料，不過研究者也需有一定功力。此外，研究費時費力，樣本數自然有限，概化能力也就有限，因此推論必須小心。

二、對話法

對話法（narrative probe）簡單的說就是問答題，研究者說出一個假設情境下的問題，再要求受測者提出自己的評論或看法。

使用對話法不需要有圖片，只需要口頭陳述即可，美國一家保險公司曾經做過對話法的研究，問題是：假設你的朋友是頭一次買車，他問你應該怎麼樣辦保險，你會如何告訴他？這種問題的答案因人而異，研究者要耐心蒐集，再歸類整理找出重點。

對話法的優缺點如同圖片法，資料具深度，但受限樣本數，概化能力有限，也需由具程度的研究者執行。

三、語句完成法

語句完成法（sentence-completion method），是受測者將自己的信念投射到未完成的句子上，研究者再依此分析受測者的態度，也是心理學投射技術的運用。

如探討消費者對洗髮精的認知，與對○○牌洗髮精的態度，問卷可以這樣設計：

大部分的洗髮精是 _____
使用洗髮精最大的困擾是 _____
理想的洗髮精是 _____
自己的洗髮精和家人的洗髮精應該 _____
當我購買洗髮精時，我會考慮 _____
○○牌洗髮精是 _____

假設A受測者的問卷回答如下，就可以分析他對目前的洗髮精並無滿意品牌，購買考量點是以個人使用為主，考慮髮質、價錢、品牌，對○○牌並不滿意，不滿意的原因是「昂貴」。

大部分的洗髮精是　不好用的

使用洗髮精最大的困擾是　不知道是不是適合髮質

理想的洗髮精是　適合髮質，而且不貴

自己的洗髮精和家人的洗髮精應該　分開

當我購買洗髮精時，我會考慮　髮質、價錢、品牌

○○牌洗髮精是　昂貴的、不實用

語句完成法的優點是可以集體完成，一次可同時測量一個集群（cluster，一個班或一個辦公室），也可取得有別於調查法固定的答案，有時會有意料之外的「驚喜」；不過進行時，必須考慮受測者的文字表達能力。

四、詞句聯想法

詞句聯想法（word-association test）是最早應用於廣告文案評估的投射法，可應用於商品命名、文案測試、激發創意。

商品命名，可以由創意人原先想好幾個名字，再由受測者就這些名字中來聯想相關的商品。例如：即飲咖啡商品命名，可就原先想好的名字，如米蘭、森巴、比薩、東方快車，由受測者個別聯想，「米蘭」會想到哪一些食品或飲料、「森巴」會想到哪一些食品或飲料……，然後再比較這四個商品名稱哪一個聯想度比較高。

激發創意，可以用商品性質和訴求方向來聯想，如要為「咖啡」找出訴求點，可要求受測者就「咖啡」和「生活」來聯想。聯想的結果可能是：旅行、浪漫、壓力、熬夜、挫折、考試、友誼、婚外情……。

間接態度與意見測量，固然是為了廣告效果評估而發展，不過在其他領域亦可應用，如公關，可用於測量企業形象、危機事件、社會議題；政治傳播，可用於測量政黨與政治人物形象、政治議題。

伍、媒體效果測量

一、平面媒體

1. 發行量：臺灣唯一的平面媒體發行量稽核組織是創立於1994年的「中華民國發行公信會」，報紙曾有蘋果日報、自由時報參與稽核，不過後來蘋果日報退出，只有自由時報持續參加。

2. 閱讀率：可參考尼爾森公司的平面媒體閱讀率調查數據。

二、電視媒體

臺灣電視收視率調查機構為尼爾森公司，其調查數據被電視臺、廣告公司做為CPRP制的計價基準。

從收視率調查可延伸計算到達率（reach）與收視次數（frequency）。此外，首／尾支比（PIB: Position in Break）與主時段（Prime Time）占比，亦常作為電視媒體效果參考指標。

三、網路媒體

各網路媒體均有點閱率可提供廣告客戶。

陸、整體傳播運動效果

整體傳播運動效果，事實上就在評估Money的影響──投入傳播運動的經費與產出效果的CP值。

整體傳播運動效果測量，若針對「人」（閱聽人）可使用調查法與焦點團體討論法；若針對「物」（廣告、新聞稿、社論、新聞、讀者投書、新聞照片……），可使用內容分析法（content analysis）。

不同於調查法與焦點團體座談法以「人」為對象，內容分析法是以「物」

（傳播訊息）為分析對象，亦係由訊息（message）的分析，用以推論或分析傳播者特徵與風格，或描述傳播內容發展趨勢，如要瞭解臺灣房車廣告，長期的呈現風格與訴求的改變，就應使用內容分析法。

內容分析法是傳播領域常用的研究方法，由於以大量資料推論，所以有抽樣（sampling）問題，不過若是分析企業廣告訊息的演變，由於資料量不大，所以可採普查的方式；樣本確認後，要建構類目與測量標尺，所謂類目（categories）是研究的變項（variable），而測量標尺（measurement scale）則是用以測量類目，將類目與測量標尺彙整成表，即為「編碼規則表」。研究是否合宜精準，端視類目與測量標尺是否建構完整。

公關「媒體」的效果測量，也可視為整體傳播運動效果，其測量主要計算媒體露出的則數、篇幅、秒數，並以此計算EAV值（equivalent advertising value），即媒體露出（平面媒體的報導版面面積、電腦媒體報導秒數）換算廣告價值，這也是目前臺灣公關公司最常用的效果指標。

除了EAV值外，有的公關公司或客戶還會以此計算ROI（return of investment），即活動投入費用與媒體產出比：

$$ROI = \frac{EVA}{Cost}$$

ROI多少為適當，部分公關業者會以「10倍」為標準，此「10倍」計算基準為Cost = Fee（代理商服務費），即「媒體露出之廣告價值」為客戶支付公關公司「服務費」的10倍。

當然舉辦公關活動，客戶不會只有「代理商服務費」，還會有其他的費用，如代言人、場租、燈光、音響、餐飲、媒體費用（media tie-in），這些費用通稱為OOPs（out of pocket expenses），即代理商服務費之外的費用，計算ROI不宜以使用Cost = Fee + OOPs的方式，因為給名模高額的代言費用，也算在公關公司帳上，並不公平。

柒、收視率調查

一、意義

收視率是所有電視媒體效果評量的基礎，舉凡GRP（gross rating points）、CPRP（cost per rating point）、CPM（cost per thousand）、到達率（reach）、平均收看次數（frequency）都是依收視率計算。

早期收視率的意義是在於節目效果評量，以瞭解這個節目是誰在看？有多少人在看？但由於廣告依附於節目，所以收視率不但用於評量節目效果，更被用於評量廣告效果，在臺灣更被作為電視廣告的計價基礎。

現在臺灣的電視臺、廣告公司、媒體購買公司，每天一大早上班，第一個工作是檢核昨天的節目收視率，檢討的檢討、算錢的算錢，事實上收視率為對樣本的測量，凡測量必有誤差，因抽樣或測量工具所產生的誤差，遠大於電視臺與媒購人員斤斤計較的數字，0.1或0.01的差距並無意義，所以收視率應該被定位為單純的「測量工具」，不應該作為「貨幣單位」。

二、沿革

1962年臺視開播，臺灣進入電視時代，不過初期電視機並不普及，所以不具商業廣告意義，接著1969年中視開播，試播彩色節目，1971年華視開播，以八點檔培養民眾看電視習慣。

70年代臺灣電視機普及率逐漸上升，電視廣告市場已逐漸成熟，廠商開始投注電視廣告，當時三臺八點檔競爭激烈，廣告公司人員必須有一套說詞，以說服客戶要選擇A臺而不是B臺或C臺，因此當時有了「鑰匙孔觀察法」（Key Hole Survey）的收視率調查方法，此方法不是真的透過家戶鑰匙孔去觀察該戶看什麼節目，而是廣告公司員工，利用晚餐後的散步時間，大街小巷轉一圈，順便觀察哪一臺的八點檔較多人家在看，隔天上班再一起彙報。

「鑰匙孔觀察法」當然有取樣誤差，80年代開始有較科學的調查方法。首先被採用的是「留置問卷法」，將三臺的每週節目表做成問卷型式，樣本戶看哪

一個節目就在節目表上面打勾，然後每週寄回，當時使用留置問卷法的有聯廣（樣本數1100）、精銳（樣本數500）、紅木（樣本數1,200）。

第一家使用電話調查法的是公司位於臺北永和的潤利，抽樣方法是將電話號碼簿，每四或五戶剪成一小張，置入筒中，經攪拌後再抽出樣本，交由訪員打電話問，每半小時抽出的樣本數是三百六十戶。此抽樣方法看似笨拙，但卻符合學理要求。

90年代末期迄今，臺灣電視收視率調查使用的是尼爾森公司的（AGB Nielsen）的方法，該公司從全國家戶中抽出一千八百戶的樣本戶，願意參與作業的家戶，則由公司派員裝設個人收視記錄器（People Meter），包括手控器（Handset）、感應器（Detector）、顯示儀（SMU）、資料儲存盒（HMI）等四部分，其中手控器取代樣本戶家中原本之電視遙控器，手控器有空白鍵設定為家中成員專用，如家中有4名成員，就分別有四個鍵代表爸爸、媽媽、哥哥、妹妹，當爸爸看電視時必須按鍵代表收看，離開時也必須按鍵代表離開。

樣本戶收視資料，每天凌晨2至6時經由電話線傳至尼爾森公司彙整處理，形成所謂的「個人收視率」資料，號稱有六千餘「個人收視樣本」；處理過的資料當天上午即可透過電腦網路傳至尼爾森的訂戶（電視臺、廣告公司、媒體購買公司），訂戶可根據該公司提供的軟體自行搜尋資料。

資料分為兩大類，即家戶收視率與個人收視率：

家戶收視率：
地區(4) × 是否裝設有線電視(2) × 家中人口數 (3) = 24 層
地區：大臺北、其他北部＋宜蘭、中部＋花蓮、南部＋臺東
有線系統裝置：有、沒有
家中人口數：1-2人、3-4人、5人以上

個人收視率：
地區(4) × 性別(2) × 年齡(8) = 64 層
地區：大臺北、其他北部＋宜蘭、中部＋花蓮、南部＋臺東

性別：男、女

年齡：4-9歲、10-14歲、15-24歲、25-34歲、35-44歲、45-54歲、55-64歲、65歲以上

尼爾森公司的People Meter在臺灣被認為的優點是：精準、有個人收視資料、即時性。

三、現行收視率資料運用

節目平均收視率（TVR%）：在該節目中，平均每分鐘的收視率表現；即每分鐘收視率總和／節目總播出分鐘數；收視率2.5即代表平均每分鐘有2.5%的人在收看該節目；係以節目實際播出的時間為計算基礎，含廣告時段表現。

每15分鐘收視率：在該15分鐘中，平均每分鐘的收視率表現；例如：19:00-19:14的15分鐘收視率，即為19:00、19:01、19:02…19:14的收視率平均值。為避免新聞節目以每分鐘收視率對照播出內容，形成對新聞製播的不當干預，因此不計算每分鐘收視率，只呈現每15分鐘平均收視率。

目標收視率（%）：即某一特定對象群的收視率，如針對「25-34歲、男性」計算其收視率。

總收視率GRP：即Gross Rating Points，又稱累積收視率，即廣告在不同節目或時段播出，所有節目平均收視率（TVR）之加總。

到達率Reach（%）：又稱接觸率或觸達率，即在目標群眾中，有百分之多少比例的人曾經看過該頻道／節目。

平均收看次數Frequency（次）：平均每一看過的觀眾，其收看之次數，即「GRP／Reach」。

占有率Share（%）：某一頻道收視率占所有頻道收視率之比率，或「該節目收視人口／該時段收視總人口」。

收視率計算舉例：

節目	觀眾1	觀眾2	觀眾3	觀眾4	觀眾5	觀眾6	觀眾7	觀眾8	觀眾9	觀眾10	TVR 收視率 (%)	GRP 總收視率 (%)	Reach 到達率 (%)	Ave. Freq. 平均收看次數 (次)
A	O			O	O		O		O		50	50	50	1.0
B		O		O		O					30	80	70	1.1
C	O		O			O		O			40	120	90	1.3
D	O			O			O				30	150	90	1.7
E	O										10	160	90	1.8

結案收視率報告：

平均收視率：(50 + 30 + 40 + 30 + 10) / 5 =32%

總收視率GRP：160%

到達率Reach：90%

平均每人收看次數Ave. Freq.：(4 + 1 + 1 + 3 + 1 + 2 + 2 + 1 + 1) / 9 = 1.8

或GRP / Reach (160 / 90 = 1.8)

假設總收視人口是10位觀眾，某商品選擇A、B、C、D、E五個節目播出廣告，A節目播出時，有觀眾1、4、5、7、9等5個人看到廣告，則平均收視率TVR為50%，總收視率GRP亦為50%，到達5人即到達率50%，每人平均收看次數1次。

當B節目播出時，有觀眾2、4、6等3個人看到廣告，則此節目廣告平均收視率為30%（(3/10)*100），總收視率GRP為80%（50 + 30），總共有7個人看到（觀眾1、2、4、5、6、7、9），即到達率70%，每人平均收看次數1.1次（GRP80 / Reach70）。

當C節目播出時，有觀眾1、3、6、8等4個人看到廣告，則此節目廣告平均收視率為40%，總收視率GRP為120%（50 + 30 + 40），總共有9個人看到（觀眾1、2、3、4、5、6、7、8、9），即到達率90%，每人平均收看次數1.3次（GRP120 / Reach90）。

　　當D節目播出時，有觀眾1、4、7等3個人看到廣告，則此節目廣告平均收視率為30%，總收視率GRP為150%（50＋30＋40＋30），總共有9個人看到（觀眾1、2、3、4、5、6、7、8、9），到達率仍為90%，每人平均收看次數1.7次（GRP150／Reach90）。

　　最後E節目播出時，只有觀眾1看到廣告，則此節目廣告平均收視率為10%，總收視率GRP為160%（50＋30＋40＋30＋10），總共有9個人看到（觀眾1、2、3、4、5、6、7、8、9），到達率仍為90%，每人平均收看次數1.8次（GRP160／Reach90）。

四、對現行收視率調查之討論

　　現行People Meter使用有年，其數據亦為業界買賣雙方接受，不過其研究方法仍受到學界的質疑：

1. 樣本戶結構

　　一千八百戶樣本抽出後，若遇拒訪，則不斷替補，或由鄰里長推薦，直到補足為止，違反抽樣之隨機（random）精神——母體中每一個體（subject）有均等被抽中的機會；而且由於可能擔心收視行為曝光，高教育高社經地位家庭是否拒訪，目前樣本中高教育高社經地位家庭是否偏低，是否符合臺灣社會母體結構也不無疑慮。

2. 因固定樣本所產生的工具成熟度（maturation）問題

　　以個人為測量對象，因此受測戶每一成員觀看電視時，必須按壓People Meter，離開時亦是，長期下來，這些受測者還會這麼「乖」嗎？是否產生方法論中所謂「工具成熟度問題」，測量信度（reliability）是不是會受到質疑？所得資料是否GIGO（garbage in, garbage out）？

3. 霍桑效應（Hawthorne effect）

　　所謂霍桑效應，指受測者因處於實驗情境而產生行為的強制改變；People Meter樣本戶自知處於被觀察情境，收視行為（頻道與節目選擇、收視時段與時間）是否改變，也值得檢討。

4. 收視習慣

一個人在同一時間中只能看一個節目，由於收視節目有其慣性，所以以固定樣本測量一百個頻道是沒有意義的，難怪許多節目成了「爆米花」＊＊＊！！[6]

5.「個人收視率」

目前所謂的「個人收視率」，其產生方式是尼爾森公司從全國一千八百餘戶的樣本戶中，根據每戶的人口數累積而來，因此號稱有六千餘「個人收視樣本」。從抽樣理論來說，這是不正確的，因為原先抽樣的基礎是「戶」，而不是「人」，母體（population）定義不一樣，抽樣基礎也不一樣；抽樣理論中，所抽的樣本之所以能代表母體，是因為樣本是隨機（random）產生的，所謂的隨機是母體中每一個體均有被抽中的機會，因此先抽出「戶」再轉換「人」，違反了隨機原則。

況且，樣本意義是「既有同質性又具異質性」，所謂同質性是樣本可以反應母體的特性，可代表母體；異質性是每一樣本各有不同特質、各具差異；同一戶的家中成員，不但收視行為可能接近，違反異質性的要求，而且電視機遙控器常是男性家長掌控，由爸爸來決定看哪一臺，其他家中成員都是被迫收看，媒體購買公司若對廣告客戶建議，用此「個人收視率」數據來決定哪種商品應在哪個節目做廣告，恐怕會形成誤差。

依現行的方法若要取得「個人收視率」，得有三個條件：
1. 重新抽樣，以「人」為抽樣單位；
2. 被抽出的樣本「人」看電視時，只有他才需要按People meter的手控器（handset）輸入；
3. 家中電視節目的選擇權是由此樣本「人」決定的，他要看電視時家中其他成員得閃一邊，由他來控制遙控器。
問題是做得到嗎？

其次，目前媒體購買業運用「個人收視率」來作為購買依據，甚或作為CPRP的計價基礎，也很荒謬；目前收視率數據個人變項加權處理，分為三組：

---

[6] 收視率為0的節目，尼爾森的報告會標示「＊＊＊」，被廣告與電視業者膩稱為「爆米花」。

第一組地區：有大臺北、其他北部 + 宜蘭、中部 + 花蓮、南部 + 臺東等四層；第二組性別：男、女兩層；第三組年齡：有4-9歲、10-14歲、15-24歲、25-34歲、35-44歲、45-54歲、55-64歲、65歲以上等八層；換言之，個人變項加權處理細分為：

$$地區(4) \times 性別(2) \times 年齡(8) = 64層$$

如此細分之下，假設某節目、某一層樣本「人」有100人在看，已經很了不起了，但這100人形成的所謂「個人收視率」有推論意義嗎？

總統大選，很多媒體的候選人支持度調查，常會帶上一句話「本調查樣本數1,067人，當信心水準95%，抽樣誤差±3%」，這句話什麼意思？舉例來說，選舉民調候選人支持度，A候選人：22%、B候選人：23%、C候選人：20%，上述的陳述的意義是「在同一時間、同一母體，重複做100次調查，其中，會有95次調查結果落在此次調查數據的±3%範圍內」，亦即：

A候選人可能的支持度是25-19%、B候選人可能的支持度26-20%、C候選人可能的支持度23-17%，而這可能的支持度只有95%的機率。另外，會有5%的機率會落在上述的範圍之外。

以上的說明，其推論的先決條件是樣本隨機產生，而且樣本數是1,067人，回到「個人收視率」，若某一層有100人在看，抽樣誤差高達±9.8%，另一層只有10人在看，抽樣誤差則是±30.9%，對比「抽樣誤差」的概念，目前所謂的「個人收視率」是沒有意義的。

現行收視率調查就是「科技決定論」的迷思！迷信機器不會說謊，機器固然不會說謊，但設計機器的「人」會有盲點，操作機器的「人」會有失誤，機器所觀察的「人」會有偽裝，我們不需迷信由科技所蒐集的「人」的數據，並由此數據來決定每年3、4百億元的廣告預算分配，更不能由此數據來決定節目內容與臺灣電視文化走向。

五、電視數位化後的收視率調查

電視數位化後，收視率的調查並不困難，臺灣由於有線電視普及率極高，大部分的收視狀況在系統臺的頭端即可偵測，因此只要頭端願意提供正確、誠實的資料，收視率數據並不難取得。

因此，應仿照平面媒體發行量稽核組織（ABC: Audit Bureau of Circulations），由電視媒體業者、廣告代理商、廣告主共同成立ABR（Audit Bureau of Rating，收視率稽核組織），在電視臺頭端即偵測收視端的收視狀況；臺灣有線電視普及率80%以上，這些收視資料如同目前的平面媒體發行量，均掌握在「媒體」端，所以成立一個公正的稽核組織，以稽核媒體端所發布的收視率數據，應可解決數位化後的絕大部分的收視率調查問題。

與現行收視率調查方法比較，頭端普查是涵蓋所有的使用平臺，不會產生抽樣誤差與樣本戶結構受質疑問題，目前收視率「＊」的「爆米花臺」，也可以清楚瞭解有沒有人看、有多少人看。此外，由頭端偵測，也不會有樣本戶因「白老鼠」的顧慮，而形成「霍桑效應」。

ABR頭端普查，技術並無問題，問題在資料誠實性，因此稽核方法是成功與否的關鍵。此外，以同業互助團體形式呈現，沒有商業色彩，具理想性，不過實際執行時，必須強力整合全體電視臺業者、廣告代理商、廣告主，形成共識。因此，政府介入輔導整合、捐助開辦經費，有其必要。

電視數位化後，收視率調查應有三種改變：

1. 不應直接以「人」為觀察單位

以往的「個人收視率」可能是GIGO的結果，當頭端多元、收視工具多元的情況下，對「人」的長期、自我操作測量儀的數據，並無意義。

2. 沒有「全方位」的調查

電視數位化後收視平臺多元，所以不會有一種收視率調查方法可以涵蓋所有的頭端平臺、所有的收視工具，要以一個單一數據呈現「所有」臺灣民眾的收視狀況，是不可能的。

表4.2.2　ABR與現行收視率調查之比較

比較點	ABR	People meter
偵測點	頭端	使用者端
偵測儀器	非侵入式	侵入式
樣本來源	普查	抽樣
抽樣誤差	N	Y
樣本數	依實際收視產生	固定樣本（n=1800）
霍桑效應	N	Y
工具成熟度	N	Y
執行者	非營利機構	營利機構
目的	促進公平交易環境	營利

3. 回歸「事後效果評估」，而非「事前購買指標」

既然沒有一種「全方位」的調查，可以涵蓋「所有」臺灣民眾的收視狀況，也不應直接以「人」為觀察單位。而電視數位化後所謂的「收視率」，是由很多「次收視率」區塊構成的，每一「次收視率」的調查均有方法及誤差，因此，不宜將收視率作為「貨幣單位」與「事前購買指標」。[7]

第三節　效果指標

壹、效果指標

從文獻的討論，以及參酌臺灣廣告、公關業者實務運作，效果指標包含如下的項目：

---

[7]　參考自鄭自隆（2012），〈電視數位後收視率調查的新思考：ABR〉，2012年銘傳大學國際學術研討會發表（2012年3月），銘傳大學主辦。

表4.3.1　廣告效果指標表

類別	指標	指標說明	測量方法	測量單位
Message	獨特性 Unique	廣告有無呈現商品的獨特銷售主張（USP: Unique Selling Proposition）？	專家評量	
	衝擊性 Impact	廣告能否帶來瞬間感動，而令人印象深刻？	專家評量	
	相關性 Relevant	廣告表現與商品特性、使用情境是否有關？其創意是否為本廣告「專屬」，而不能套用其他商品？	專家評量	
	原創性 Original	廣告表現是否原創，而非來自模仿與人雷同？	專家評量	
	可運動性 Campaig-nable	廣告是否呈現系列性？各類型廣告是否仍維持固定調性？	專家評量	
Media	收視率 Rating	以百分比關係表達的觀眾數值，所有擁有電視的家庭用戶或成員，在特定時間、時段或節目播出時間，觀看特定頻道或節目服務的比例。	次級資料蒐集	%
	到達率 Reach	特定廣告活動時間內，至少接觸廣告訊息一次之不同個人或家庭占總人口（目標對象）之百分比。	次級資料蒐集	%
	收視次數 Frequency	特定廣告活動時間內，個人或家庭接觸廣告訊息平均的次數。	次級資料蒐集	次數
	首/尾支 PIB	PIB（Position in Break），電視廣告在廣告破口的首/尾支數。	次級資料蒐集	%
	主時段占比 PT	PT（Prime Time）比，電視廣告在主時段（18:00-23:00）的占比，非主時段稱之為Fringe Time，也有稱為NON-PT。	次級資料蒐集	%
	閱讀率 Readership	特定印刷媒體讀者群體在全體樣本人口中所占之比例。	次級資料蒐集	%
	發行量 Circulation	印刷媒體於通路中的發行總量。	次級資料蒐集	%
	網路點閱率 Click Rate	網路點閱次數。	次級資料蒐集	次數

	廣播收聽率 Listenership	擁有廣播配備的家戶中，收聽某一時段、某一廣播節目的比例。	次級資料蒐集	%
	媒體報導量 EAV: Equivalent Advertising Value	媒體在一段期間內，對某一品牌、商品、活動、議題報導量，折算廣告版面、時間的金額。	統計彙整	金額（元）
	媒體置入量 Media Placement	媒體在一段期間內以置入方式，報導某一商品或品牌之次數、時間或版面。	統計彙整	次數、時間（秒）、版面（平方公分）
Money	廣告金額 Advertising Expenditure	廣告主投注於廣告製作與媒體購買之金額。	統計彙整	金額（元）
	廣告聲量 SOV: Share of Voice	媒體播出的廣告量中，某品牌廣告量占該產品類別總廣告量之百分比。	統計彙整／次級資料蒐集	%
	總收視率 GRP: Gross Rating Point	某特定廣告活動時間內，該媒體計畫所累積的總收視率。	次級資料蒐集	點
	每一收視率成本 CPRP: Cost Per Rating Point	依照收視率數來計算媒體成本，指將媒體費用除以總收視率之金額。	次級資料蒐集	金額（元）
	每千人露出成本 CPM: Cost Per Mille	每一媒體訊息送達一千人之費用。	次級資料蒐集	金額（元）
	ROI 比	Return of investment，投入與產出比，指投入之廣宣費用與產出之媒體曝露量比。 $$ROI = \frac{Media\ exposure}{Total\ investment}$$	統計彙整／次級資料蒐集	%

Cognition	品牌知名度 Awareness, brand	目標民眾能夠知曉、聽過、能夠辨識某一品牌的程度。	社會調查／ FGD	%
	商品知名度 Awareness, product	目標民眾能夠知曉、聽過、能夠辨識某一商品之程度。	社會調查／ FGD	%
	活動知曉度 Awareness, event	目標民眾能夠知曉、聽過、能夠辨識某活動之程度。	社會調查／ FGD	%
	議題知曉度 Awareness, issue	目標民眾知曉或能夠辨識某一特定議題之程度。	社會調查／ FGD	%
	品牌理解度 Comprehen-sive, brand	目標民眾對某品牌及其相關知識的理解程度。	社會調查／ FGD	%
	商品理解度 Comprehen-sive, product	目標民眾對某商品及其相關知識的理解程度。	社會調查／ FGD	%
	活動理解度 Comprehen-sive, event	目標民眾對某活動及其相關知識的理解程度。	社會調查／ FGD	%
	議題理解度 Comprehen-sive, issue	目標民眾對某議題及其相關知識的理解程度。	社會調查／ FGD	%
Affection	品牌偏好度 Preference, brand	某品牌於目標民眾心目中的喜好程度。	社會調查／ FGD	5-point or 7-point scale
	商品偏好度 Preference, product	某商品於目標民眾心目中的喜好程度。	社會調查／ FGD	5-point or 7-point scale
	活動參與意願 Preference, event	某活動引起目標民眾願意參與的程度。	社會調查／ FGD	5-point or 7-point scale
	議題偏好度 Preference, issue	某議題於目標民眾心目中的喜好程度。	社會調查／ FGD	5-point or 7-point scale

Behavior	銷售量 Sales Amount	某商品在一定期間的銷售總量。	統計彙整／次級資料	金額（元）
	購買頻率 Frequency of Purchasing	民眾於持續一段時間內，購買某商品的次數。	社會調查／FGD	次數
	品牌指名度 Adoption, brand	某品牌被指定採用之比例。	社會調查／FGD	5-point or 7-point scale
	商品指名度 Adoption, product	某商品被指定採用之比例。	社會調查／FGD	5-point or 7-point scale
	活動參與出席 Adoption, event	某活動中目標參與者之出席人數。	社會調查／FGD	人數
	議題支持度 Adoption, issue	某議題激起目標民眾，產生心理或行動的支持程度。	社會調查／FGD	5-point or 7-point scale

貳、指標運用

　　指標可應用於事前評估與事後測量。所謂事前評估指pre-testing，即廣告稿完成或媒體計畫擬妥後但尚未執行前，所進行之評量；事後測量則指計畫執行後，根據實際數據所做之效果測量。

一、事前評估

事前評估可分為二大類——訊息效果與媒體效果，茲分述於後：

1. 訊息效果

　　即廣告作品（含平面稿、電視腳本、電視影片）完成後，所做之效果預估。此類效果預估可針對消費者（閱聽人），也可邀請專家評估，但涉及專業性，本研究建議以聘請專家為宜。

　　訊息效果事前評估指標如下：

獨特性：廣告有無呈現商品的獨特銷售主張（USP: Unique Selling Proposition）？

衝擊性：廣告能否帶來瞬間感動，而令人印象深刻？

相關性：廣告表現與商品特性、使用情境是否有關？其創意是否為本廣告「專屬」，而不能套用其他商品？

原創性：廣告表現是否原創，而非來自模仿與人雷同？

可運動性：廣告是否呈現系列性？各類型廣告是否仍維持固定調性？

2. 媒體效果

(1)電視

收視率：以百分比關係表達的觀眾數值，所有擁有電視的家庭用戶或成員在特定時間、時段或節目播出時間，觀看特定頻道或節目服務的比例。

到達率：特定廣告活動時間內，至少接觸廣告訊息一次之不同個人或家庭占總人口（目標對象）之百分比。

收視次數：又稱「收視頻率」，即特定廣告活動時間內，個人或家庭接觸廣告訊息平均的次數。

首／尾支比：電視廣告在廣告破口的首／尾支數。

主時段占比：電視廣告在主時段（18:00-23:00）的占比。

廣告代理商在提出媒體計畫時，廣告主可要求對所購買時段之收視率、到達率、收視頻率進行預估，預估值之依據為該節目、同時段收視率（AGB Nielsen之調查）之歷史資料。至於首／尾支比、主時段占比，為購買條件之一部分，廣告代理商事前應明確表示。

(2)平面媒體

閱讀率：特定印刷媒體讀者群體在全體樣本人口中所占之比例。

發行量：印刷媒體於通路中的發行總量。

平面媒體（含報紙、雜誌）的閱讀率，主要依據數據為AGB Nielsen之調查。發行量之依據為中華民國發行公信會（臺灣ABC組織）之稽核，惟目前有參加稽核之報紙只有自由時報。

(3)廣播

廣播收聽率：擁有廣播配備的家戶中，收聽某一時段、某一廣播節目的比例。

廣播收聽率依據資料為AGB Nielsen之調查，惟因廣播電臺眾多，廣播收聽率數據偏低，數據僅供參考，運用宜謹慎。

(4)網路

網路點閱率：網路點閱次數。

廣告代理商應事先告知所選購之網站平均點閱率，以供購買參考。

(5)整體評量

媒體置入量：媒體在一段期間內以置入方式，報導某一商品或品牌之次數。

廣告金額：廣告主投注於廣告製作與媒體購買之金額。

二、事後測量

事後測量（post-evaluation）分為二大類——媒體效果與閱聽人效果，因在「事後」，所以必須以數據作為「測量」基礎。

1. 媒體效果

(1)電視

電視媒體效果除事前評估之收視率、到達率、收視次數、首／尾支比、主時段占比，以實際執行數據呈現外，應再考慮：

總收視率GRP：某特定廣告活動時間內，該媒體計畫所累積的總收視率。

每一收視率成本CPRP：依照收視率數來計算媒體成本，指將媒體費用除以總收視率之金額。

每千人露出成本CPM：每一媒體訊息送達一千人之費用。

(2)平面媒體

依實際執行之平面媒體「閱讀率」、「發行量」評量之。

(3)廣播
依實際執行之廣播節目「收聽率」評量之。

(4)網路
依實際執行之網站「點閱率」評量之。

(5)整體評量
整體評量除事前評估之媒體置入量與廣告金額外，應再考慮：

媒體報導量：媒體在一段期間內，對某一品牌、商品、活動、議題報導量。

廣告聲量：媒體播出的廣告量中，某品牌廣告量占該產品類別總廣告量之百分比。

ROI比：投入之廣宣費用與產出之媒體曝露量比。

　　「媒體報導量」屬公關效果，應責成廣告代理商於檢討報告中附呈。「媒體報導量」應與類似的廣告比較，應責成廣告代理商蒐集資料比較之。「ROI比」係檢討執行效果，同樣應要求廣告代理商計算之。

2. 閱聽人效果
　　閱聽人效果分為認知效果、態度效果、行為效果。以政府傳播而言，認知效果最易達成，但行為效果則最難。宣導「節能減碳」，民眾都知曉（認知效果），也很同意（態度效果），但真正隨手關燈或調高冷氣，卻很難做到（行為效果）。

(1)認知效果
①品牌

品牌知名度：目標民眾知曉、聽過、能夠辨識某一品牌的程度。

品牌理解度：目標民眾對某品牌及其相關知識的理解程度。

②商品

商品知名度：目標民眾知曉、聽過、能夠辨識某一商品之程度。

商品理解度：目標民眾對某商品及其相關知識的理解程度。

③活動

活動知曉度：目標民眾知曉或辨識某活動之程度。

活動理解度：目標民眾對某活動及其相關知識的理解程度。

④議題

議題知曉度：目標民眾知曉或辨識某一特定議題之程度。

議題理解度：目標民眾對某議題及其相關知識的理解程度。

(2)態度效果

品牌偏好度：某品牌於目標民眾心目中的喜好程度。

商品偏好度：某商品於目標民眾心目中的喜好程度。

活動參與意願：某活動引起目標民眾願意參與的程度。

議題偏好度：某議題於目標民眾心目中的喜好程度。

(3)行為效果

①品牌

品牌指名度：某品牌被指定採用之比例。

②商品

銷售量：某商品在一定期間的銷售總量。

購買頻率：民眾於持續一段時間內，購買某商品的次數。

商品指名度：某商品被指定採用之比例。

③活動

活動參與度：某活動中目標參與者之出席人數。

④議題

議題支持度：某議題激起民眾產生心理或行動的支持程度。

閱聽人之認知效果、態度效果、行為效果等數據，可由實際銷售資料或社會調查、焦點團體座談（FGD）結果取得。[8]

---

[8] 本節整理自鄭自隆（2009），《98年度「民眾節能意識與政策行銷效益評估」》研究案，執行單位：國立政治大學，委託單位：經濟部工業研究院。亦發表於鄭自隆（2012），〈政策宣導效果指標之建構〉，《廣告學研究》第36輯，頁1-28，臺北：國立政治大學廣告系。

本章部分資料摘自鄭自隆（2014），《廣告策略與管理》，第8章「廣告效果評估」，臺北：華泰。

表4.3.2　指標應用：事前評估與事後測量

效果類型		事前評估		事後測量
訊息效果		獨特性、衝擊性、相關性、原創性、可運動性		
媒體效果	電視	收視率、到達率、收視次數、首/尾支比、主時段占比	電視	收視率、到達率、收視次數、首/尾支比、主時段占比、總收視率GRP、每一收視率成本CPRP、每千人露出成本CPM
	平面	閱讀率、發行量	平面	閱讀率、發行量
	廣播	廣播收聽率	廣播	廣播收聽率
	網路	網路點閱率	網路	網路點閱率
	整體評量	媒體置入量、廣告金額	整體評量	媒體報導量EAV、媒體置入量、廣告金額、廣告聲量、ROI比
閱聽人效果			認知	品牌知名度、商品知名度、活動知曉度、議題知曉度、品牌理解度、商品理解度、活動理解度、議題理解度
			態度	品牌偏好度、商品偏好度、活動參與意願、議題偏好度
			行為	銷售量、購買頻率、品牌指名度、商品指名度、活動參與度、議題支持度

第四節　個案討論「消費者產品盲測、品牌印象、酒標設計偏好」

壹、導讀

這是某公司為因應新商品（高粱酒）上市所委託的研究，委託單位的目的有三項：瞭解消費者對新酒的評價、對公司的品牌印象、找出最受歡迎的酒標設計。

根據委託單位的需求，研究者思考應採取何種研究方法：

・消費者對新酒的評價：高粱酒是感性、低涉入感的商品，極易受品牌、習慣的影響，因此盲測是最客觀的方法，而且最好與最強的競品比較；

・對公司的品牌印象：對單一公司的品牌印象，使用電話調查是大海撈針，而且是沒有深度的資料，沒有意義；所以，最好的方法是焦點團體座談，並針對高粱酒的heavy user（重度使用者）；

・酒標設計評價：消費者逛賣場，對陳列架的新產品大概只有1秒鐘的餘光掃描，被吸引後，再看個3、5秒；換言之，面對陳列架林林總總的商品是不可能一一細看的，因此可先進行瞬間顯像測量，分別瞬間顯像以1秒、3秒、5秒呈現，再進行兩兩比較、排列，最後團體討論。

這是個實務取向的效果評估個案，採用複式研究方法（mixed research methods）以回應委託單位需求，可供參考。

貳、個案

消費者產品盲測、品牌印象、酒標設計偏好
鄭自隆

壹、研究旨趣

一、研究目的

　　本計畫研究目的有三項：

　　1. 瞭解新產品（「○○高粱酒」）市場接受度，並與競品比較，以瞭解消費者對競品高粱酒的看法、飲用競品習慣以及對競品的觀感，由討論中找出新產品的USP，與競品之缺點；

　　2. 探討消費者對企業品牌、品類品牌與競品之品牌印象；

　　3. 探討消費者對新產品酒標之偏好。

二、研究方法

1.方法概述

　　(1)Blind Test（盲測）：直覺反應，不提示品牌，受測者直接陳述使用感覺，以避免品牌預存立場對產品使用的干擾。

　　(2)Focus Group Discussion （焦點團體討論）：經由團體互動，以取得受測者意見，為團體動力學（group dynamics）方法。

　　(3)Tachistoscope Test （瞬間顯像測量）：以圖形瞬間顯像呈現方式，以測量受測者短期記憶與印象，顯像速度可為0.25至5秒。

　　(4)Pair Comparison Test （兩兩比較法）：將受測圖形以一對一方式呈現，方便受測者比較，適合數量不多的施測圖形，比較次數公式為$n = n \times (n - 1)/2$。本研究施測六款酒標，將進行15次比較。

　　(5)Ranking Test（排列法）：將六款設計一字排開，由受訪者依喜歡順序排列，再轉換為分數。

表1 研究目的與研究方法對應說明

研究目的	方法	說明
1. 新產品品評	Blind Test Focus Group Discussion	使用盲測與競品比較。
2. 品牌印象描述	Focus Group Discussion	使用團體討論,探討受測者對企業品牌、品類品牌(「○○高粱」)與競品之品牌印象。
3. 新包裝(酒標)之偏好測量	Tachistoscope Test Pair Comparison Test Ranking Test Focus Group Discussion	先進行瞬間顯像測量,再進行兩兩比較、排列,最後團體討論。

2.研究對象與施測地點、時間

　　研究對象:研究對象分為三組,第一組與第二組為北部高粱酒使用者(男性、35歲以上),第三組為中部高粱酒使用者(男性、35歲以上),每組人數8至10人;三組受測者皆由委託單位邀請。施測時間:每場施測時間約1.5至2小時。

3.問卷與進行程序

研究目的	進行程序	問題(問卷)
1. 新產品品評	1. 新產品品評 2. 受測者評論	1. 請對你剛喝的酒(即新產品)發表你的看法。
	3. 受測者漱口	
	4. 競品品評 5. 受測者評論 註:施測順序,新產品與競品可互調	2. 請對你剛喝的酒(即競品)發表你的看法。
	團體互動討論	3. 酒標若標明「酒齡三年」與裝瓶年分,這些訊息對你有沒有意義?
	團體互動討論	4. 喝烈酒常有宿醉現象,你在不在乎?若有一種酒喝了不會宿醉,你認為要不要在廣告中強調?

2. 品牌印象描述	團體互動討論	5. 你對○○菸酒公司（委託單位）的商品或企業形象有什麼看法？
		6. 你對委託單位出品的○○高粱酒有什麼評論？
		7. 你對競品高粱酒有什麼評論？
3. 新酒標之偏好測量	1. 將新酒標(1)與市面所有競品一併陳列拍照，分別瞬間顯像——1秒、3秒、5秒，以測量短期印象與記憶，受測者以問卷勾選。	8. 請勾選最有印象的酒標。註：此題分別有8-1、8-2、8-3題，7至11題亦同。
	2. 新酒標(2)與競品瞬間顯像測量。	9. 請勾選最有印象的酒標。
	3. 新酒標(3)與競品瞬間顯像測量。	10. 請勾選最有印象的酒標。
	4. 新酒標(4)與競品瞬間顯像測量。	11. 請勾選最有印象的酒標。
	5. 新酒標(5)與競品瞬間顯像測量。	12. 請勾選最有印象的酒標。
	6. 新酒標(6)與競品瞬間顯像測量。	13. 請勾選最有印象的酒標。
	7. 使用Pair Comparison Test（兩兩比較法），將新酒標(1)至(6)分別對應呈現，讓受測者依偏好勾選。比較次數：$n = n \times (n-1)/2$，六幅酒標共比較15次。	14至28題：酒標一對一呈現，請你勾選比較好的酒標。
	8. 使用Pair Comparison Test（兩兩比較法），將新酒標(1)至(6)分別對應金酒酒標，讓受測者依偏好勾選。比較次數：6次。	29至34題：酒標一對一呈現，請你勾選比較好的酒標。
	展示所有酒標	35. 整體而言，你對這六幅酒標有什麼看法。
4. 綜合討論	以綜合討論方式，挖掘big idea。	36. ○○菸酒公司要推出新的○○高粱酒，請提出對行銷、廣告、通路……的建議。

貳、產品品評

一、新產品品評（略）

二、競品品評（略）

參、酒標標明「酒齡三年」與裝瓶年分的訊息意義

　　本研究進一步詢問受訪者酒標若標明「酒齡三年」與裝瓶年分，對於消費者而言是否有意義！經由團體討論發現，大部分受訪者認為酒標若標明「酒齡3年」與裝瓶年分有其正面意義，對消費者而言是一種新的選擇。大廠標示酒齡可提升商品信賴度，而標示裝瓶年分可帶來儲存酒品的動機。（以下略）

肆、「不宿醉」效果

　　經由團體討論發現，受訪者認為如果烈酒可以真正做到不會宿醉或是不會頭痛，這樣的獨特性效果一定要強調，但前提是產品真正可以做到，否則商品若無法經得起市場考驗，會帶來反效果。

　　另外受訪者亦反應，如果有烈酒提出不宿醉的廣告，消費者在購買時，還是會優先考慮品牌的知名度及信賴度；換言之，只有大品牌的「不宿醉」訴求，消費者才會相信。（以下略）

伍、品牌印象描述

一、對委託單位的商品或企業形象看法

　　經團體討論發現，受訪者對委託單位……抱持著第一品牌、信賴度高、歷史悠久、公家經營、品質保障、不會有假酒／劣酒以及價格合理、物超所值等印象。（以下略）

二、對委託單位高粱酒之看法

　　經團體討論發現，目前有喝委託單位高粱酒的受訪者對委託單位○○高粱酒評價較佳，包括味道香醇、順喉等優點；但若為競品高粱酒的使用者，則品牌忠誠度及口味信賴感還是以競品為優先。經盲測以後，發現飲用者對委託單位38度無預存立場，因此品牌性格充滿可塑性。

三、對競品高粱酒的看法

　　經團體討論發現，受訪者對競品高粱酒的印象則來自於當兵記憶；且認為競品高粱酒就是高粱酒同義詞；此外，消費者認為競品高粱酒潛在問題點，包括價格貴、鋪貨不足或通路有限、不好買、容易買到假酒、辛辣、不易入口、不適合初飲者以及易醉等缺點。

陸、新酒標之偏好測量

一、酒標測量（一）：瞬間顯像

　　將六種新酒標分別與市面上所有競品一併陳列拍照，分別瞬間顯像以1秒、3秒、5秒呈現，以測量短期印象與記憶，並給予受測酒標中有印象之酒標分數1分，並依此累計瞬間顯像1秒、3秒以及5秒的酒標分數（1秒鐘為模擬經過超市眼角餘光飄過、3秒鐘為眼角餘光注視商品，以及5秒鐘為腳步停駐並選擇商品之模擬），以下即為研究發現：

1.第一支酒標分數

　　以第一支酒標來說，瞬間顯像為1秒鐘時，受訪者對第一支酒標有印象者為8人，因此給予第一支酒標分數8分；瞬間顯像為3秒鐘時，受訪者對第一支酒標有印象者為12人，因此給予分數12分；瞬間顯像為5秒鐘時，受訪者對第一支酒標有印象者為11人，因此給予分數11分，最後總計受訪者對於第一支酒標瞬間顯像測驗分數為8分＋12分＋11分＝31分。

表2　瞬間顯像測驗第一支酒標分數

請勾選最有印象的酒標（第一支）		
秒數	分數	次數
1秒	未勾選0	17
	有勾選1	8
小計		8分
3秒	未勾選0	13
	有勾選1	12
小計		12分
5秒	未勾選0	14

	有勾選1	11
小計		11分
總計分數		31分

2.第二支酒標分數（略）

3.第三支酒標分數（略）

4.第四支酒標分數（略）

5.第五支酒標分數（略）

6.第六支酒標分數（略）

　　瞬間顯像測驗分數依序為第六支酒標（43分）、第三支酒標（43分）、第五支酒標（40分）、第四支酒標（33分）、第一支酒標（31分）以及第二支酒標（29分）。

二、酒標測量（二）：兩兩比較法

　　本研究進一步使用Pair Comparison Test（兩兩比較法），將新酒標(1)至(6)分別對應呈現，讓受測者依偏好勾選，勾選者分數為1分。

1.第一支酒標分數

　　第一支酒標，酒標(1)與酒標(3)一對一呈現時，受訪者認為較佳者為4人，因此給予第一支酒標分數4分；

　　酒標(1)與酒標(6)一對一呈現時，受訪者認為較佳者為4人，因此給予第一支酒標分數4分；

　　酒標(1)與酒標(2)一對一呈現時，受訪者認為較佳者為15人，因此給予第一支酒標分數15分；

　　酒標(1)與酒標(4)一對一呈現時，受訪者認為較佳者為19人，因此給予第一支酒標分數19分；

　　酒標(1)與酒標(5)一對一呈現時，受訪者認為較佳者為6人，因此給予第一支

表3　兩兩比較第一支酒標分數

請勾選比較好的酒標		
酒標(1)V.S酒標(3)	分數	次數
	未勾選0	21
	有勾選1	4
小計		4分
酒標(1)V.S酒標(6)	未勾選0	21
	有勾選1	4
小計		4分
酒標(1)V.S酒標(2)	未勾選0	10
	有勾選1	15
小計		15分
酒標(1)V.S酒標(4)	未勾選0	6
	有勾選1	19
小計		19分
酒標(1)V.S酒標(5)	未勾選0	19
	有勾選1	6
小計		6分
總計分數		48分

酒標分數6分；

　　最後總計受訪者對於第一支酒標與新酒標——呈現之分數為4分 + 4分 + 15分 + 19分 + 6分 = 48分。

2.第二支酒標分數（略）
3.第三支酒標分數（略）
4.第四支酒標分數（略）
5.第五支酒標分數（略）
6.第六支酒標分數（略）

　　在兩兩比較測驗分數方面：依序為第六支酒標（93分）、第五支酒標（83

分）、第三支酒標（79分）、第一支酒標（48分）、第二支酒標（45分）以及第四支酒標（26分）。

三、酒標測量（三）：與競品之兩兩比較

本研究進一步將新酒標(1)至(6)分別與競品高粱酒酒標對應呈現，讓受測者依偏好勾選，勾選者○○高粱酒標者得分為1分。

1.第一支酒標分數

將第一支酒標與競品高粱酒酒標對應呈現，有8位受訪者認為第一支酒標較佳，得分為8分。

表4　第一支酒標與競品高粱酒酒標相較

請勾選比較好的酒標		
酒標(1)V.S競品酒標	分數	次數
	未勾選0	17
	有勾選1	8
小計		8分

2.第二支酒標分數（略）
3.第三支酒標分數（略）
4.第四支酒標分數（略）
5.第五支酒標分數（略）
6.第六支酒標分數（略）

四、受測酒標整體評比
1.量化計分

本研究進一步將受測酒標一一陳列整體評比，其配分方式為「第一滿意」給予6分、「第二滿意」給予5分、「第三滿意」給予4分、「第四滿意」給予3分、「第五滿意」給予2分、「第六滿意」給予1分。另外，「無填寫」者則以0分來處理，並以加總之分數再除以個數（N = 25）得出之平均數來做比較。得出之平均數會落在6分到1分之間，分數愈高，表示該酒標滿意度分數愈高；分數愈低，表示該項酒標滿意度分數愈低。

　　整體來說，第五支酒標最受受訪者青睞，滿意度分數有4.92分，第二名則是第六支酒標，滿意度分數為4.76分，再其次為第三支酒標，分數為2.44分。

表5　六支酒標滿意度分數

酒標	第一支	第二支	第三支	第四支	第五支	第六支
總分	36	33	61	28	123	119
N = 25	25	25	25	25	25	25
平均數	1.44	1.32	2.44	1.12	4.92	4.76

2.團體討論

　　整體而言，在25位受訪者當中，受訪者最喜好的酒標以第六支酒標居冠，有超過一半以上（12位）的受訪者最喜愛第六支的酒標設計，喜愛的原因包括：

　　・商標大，可吸引消費者目光；
　　・搶眼、顏色搭配很合；
　　・氣派、字體行書古典；
　　・強調塊頭比較明顯，○○高粱壓住這個山比較好，突顯酒的特色；
　　・設計簡單明瞭，一眼就看到，辨識度很高；
　　・比較高尚的感覺；
　　・商標白底黑字比較醒目；
　　・酒本身比較透明，商標設計與內含物比較符合，具有代表性。

　　此外，受訪者也提出第六支商標可強調58度，可借用第五支中的設計。
（餘，略）

伍、對○○高粱行銷、廣告、通路建議（略）
陸、研究結論與建議（略）
一、消費者品評
二、品牌印象
三、對○○高粱酒
四、對競品高粱酒
五、酒標評選
六、行銷與廣告策略

調查法

第一節　方法

壹、意義

　　調查法（survey research）是透過對受訪者的訪問，經由大量資料的蒐集，以驗證或否證命題，是最常見的量化研究方法。而受訪者的產生，除普查外，會透過抽樣（sampling）方式從母體中抽取樣本，訪問的方式則包含面訪、電話訪問、郵寄問卷（包含透過網路遞送）三種方式。

　　透過網路遞送問卷，不同於網路調查。網路遞送問卷是有明確的受訪者名單，名單產生也是經由母體系統抽樣產生，只是透過網路遞送問卷，網路擔任郵局的角色。但網路調查是從網路「撈」取樣本，沒有抽樣亂槍打鳥，願意者自動填答，缺乏因隨機（random）所產生樣本的代表性，因此網路調查僅呈現填答者的共同意見，不具概化能力（generalization）。

　　調查法的優點，因是老牌的社會科學研究方法，理論扎實，無論抽樣或資料統計，以及後續推論，都有嚴格的規範，基礎堅實，研究者只要依樣畫葫蘆，也就不會有什麼大錯。

　　缺點是因以大量資料為分析基礎，而資料蒐集均費時、費力、費錢，不是為完成學位論文的研究生所能負擔。所以，研究生除非搭著教授的大型研究，否則並不適合使用調查法。

調查法的步驟：

確立研究目的與問題（這是所有研究的「起手式」）

↓

設計問卷（從研究目的發展問卷）

↓

選擇調查方法（面訪、電話訪問、郵寄問卷）

↓

確立母體與抽樣

↓

訪問執行

↓

資料彙整與統計分析

↓

撰寫報告

　　確立研究目的與問題、設計問卷、抽樣、統計分析等單元，在前述章節均有討論，本節僅介紹三種調查方法（面訪、電話訪問、郵寄問卷）。此外，為釐清網路調查，亦有單元說明其限制。

貳、調查方法

一、面訪

　　調查法係透過訪問或使用問卷由受訪者自行填答，以蒐集受訪者之認知、態度與意見。調查研究法以資料取得方式的不同，又分為幾種類型：

　　‧親身訪問（personal interview）：又稱為面訪，也就是指派訪員手持問卷，以面對面方式訪問受訪者；

　　‧電話訪問（telephone interview）：利用電話訪問方式訪問受訪者；

　　‧郵寄問卷（mail questionnaire）：將問卷以郵寄方式給受訪者，由受訪者填答後再郵寄回來；

　　‧網路調查（internet survey or e-survey）：在網路發放問卷，由網友自行填答、寄回。

1. 意義

面訪即由訪員手持問卷，以面對面方式訪問受訪者，訪員逐題詢問，受訪者回答後，由訪員依其應答填入問卷中；面訪其優缺點如下：

・優點

(1)建立信任：因為是面對面訪問，較易取得人際信任，所以必須要求訪員衣著、舉止端莊；

(2)信度（reliability）高：訪員可藉行為語言觀察，判斷受訪者是否真實回答，資料信度較高；

(3)可使用輔助工具：可以使用輔助之工具——show card。所謂 show card是訪問的輔助工具，如詢問受訪者最常看哪一臺電視頻道，可以把所有電視頻道列在一張紙卡上，由受訪者指認，屬輔助回憶法（aided-recall method）；

(4)適合複雜問卷：面訪適合複雜問卷，因此大型研究（如「臺灣民眾傳播行為研究」）就會使用面訪；

(5)不會拒訪：見面三分情，面訪因有社交壓力，所以比較不會拒訪。

・缺點

(1)費用高：面訪由於難度高，所以訪問費用是所有訪問方法中最貴的；

(2)難督導：受訪者分散各地，訪員較難督導，為避免訪員亂填，必須有督導員隨時要求回報，並複訪；

(3)不適合即時性調查：進行費時，研究時程會拉長，不適合必須即時回應的調查，如候選人支持度調查；

(4)受訪者難接近：因社會變遷，人際疏離，提防陌生人，受訪者較難接近；

(5)研究時程難控制：白天青壯族群因工作不在家，樣本不容易取得，連帶訪問時間難以掌握，只適合無時間壓力之研究。

2. 執行

面訪的執行包含四大部分——樣本抽樣、訪員招募與訪前準備、訪問進行與督導、訪後資料整理，每一部分均極為繁瑣，耗時費力。

・樣本產生：會使用面訪的一定是大型研究，投入經費多，對樣本的要求更

為慎重，如全國性調查，會先以北、東、南、中分區做分層抽樣，抽出鄉鎮別後，再逐一做家戶抽樣。樣本產生後，研究助理必須再次檢視樣本配額，是否符合抽樣規定，並瞭解樣本所在地的分布，安排調查執行行程。

‧訪前準備：面訪行前準備及調查注意事項，含訪員招募與訓練、問卷校對與印製。此外，訪問日期確定後，寄函通知受訪樣本。

‧訪問執行：訪員進行訪問，督導員督導訪問進度，對回收問卷進行查核，檢視有無遺漏題項，必要時再次複訪。

‧資料整理：問卷回收整理，發放訪問費用，安排資料符碼化（coding），以便進行電腦統計分析。

3. 訪員招募與訓練

‧招募

訪員的來源有兩類，一是大學學生，使用學生訪員的優點是同質性高，素質整齊；缺點是全國性的訪問必須使用寒暑假，研究時間受限，比較適合無明顯時效性的研究。

另一訪員來源是社會人士，即待業青年或家庭主婦，優點是就地取材，訪問時間容易配合，且不必額外支付交通食宿費用；缺點是訪員素質難以掌握，訪問品質也較無把握。

‧訓練

訪員訓練的目的，是讓訪員瞭解本次調查的目的及建立正確訪問原則與技巧；告知訪員本次調查目的，可以培養榮譽感，不會有半途而廢或打混誤填的心態；建立正確訪問技巧，是確保回收問卷之品質；換言之，好的訪員訓練可以提升研究的信度與效度。訪員訓練的內容，應包含如下的項目：

(1)研究計畫說明

介紹計畫主持人、主要研究助理、地區督導員，並說明此研究之意義與內容，其中必須特別強調研究的重要性，以及對國家社會發展的貢獻，以培養訪員

參與的榮譽感。

(2)問卷講解

說明問卷內容及記錄規則，問卷內容說明愈詳細愈好，以釐清題意，避免認知誤差，如調查家戶媒體普及率——你家有幾臺收音機？

每個人對「家裡有幾臺收音機？」認知是不同的，有人會認為只有桌上型收音機才算；有人會認為汽車收音機也是，甚至有人會認為手機、電腦、iPAD都有收音機功能，所以也算。本研究所謂的「家裡有幾臺收音機？」，必須由研究者做明確的定義，並告知訪員。

此外，若是樣本分布全國，說明問卷內容時必須佐以「臺語」、「客語」的訓練，並告知訪員如何正確說明。

(3)調查執行程序說明
- 訪問禮節
- 樣本受訪者聯繫
- 拒訪處理
- 問卷填寫
- 自我安全維護
- 費用表單填寫
- 緊急事件處理（主要研究助理、地區督導員聯絡方式）

(4)訪問演練

訪員分別扮演訪員與受訪者進行訪問演練，屬role-playing interview，訪問演練非常重要，透過訪問演練，才能徹底瞭解題意與體會受訪者心態，並熟悉訪問技巧。

(5)庶務說明
- 簽訂訪員同意書
- 領取公文副本及訪員證件
- 領取問卷、禮物、受訪者名單

　·簽領旅費

　·說明費用核銷應注意事項

　訪員訓練約需2.5小時，流程可安排如下：

時程	訪員訓練
14:00-14:15	報到、填寫訪員基本資料*
14:15-15:30	1. 研究計畫說明 2. 問卷講解 3. 調查執行程序說明 4. Q&A
15:30-16:00	訪問演練
16:00-16:30	庶務說明

*訪員基本資料可請訪員事先上網填寫，列印後於訪員訓練當日請其簽名確認，以節省時間。

4. 訪問

　實地訪問，訪員必須展示公文副本及訪員證件，訪問結果並記錄於調查結果記錄表中。

　若有禮物或紀念品，可於訪問前或訪問後贈送；離去前，訪員應再檢查問卷，查核是否有遺漏題項，以確保問卷訪問完整，同時小心保管問卷、禮物及結果記錄表。

表5.1.1　訪問記錄表

訪問記錄	以「正」標示	小計
完成訪問	正正正正	20
未完成（無人應答）	一	1
未完成（無合格受訪者）		
未完成（拒答）		
未完成（語言不通）		
未完成（身心狀況欠佳）		
其他狀況		

訪問期間，訪員與地區督導員應保持聯繫，至少一週與督導見面一次並繳回問卷，以便督導複查。

5. 督導

地區督導員常由有訪問經驗的研究生擔任，人數的多寡視研究規模與樣本分布、督導能力而定。一位督導員可督導多少問卷，視其能力與訪問時間而定。督導工作是：

・問題解決：解決訪員的疑難雜症；
・陪同訪問：若有新手訪員，督導可陪同訪問一次，以增加其信心；
・擔任備用訪員：若有訪員落跑，督導應擔任備用訪員；
・問卷複查：通常會抽1/10的問卷，針對某些題項，進行電訪。若發現有重大瑕疵，則必須安排再次面訪，並全面檢視此訪員所繳回之問卷。

6. 訪問結束

訪問結束後，訪員應繳回：
・問卷（含成功、失敗、未使用問卷）
・調查記錄表
・禮物
・其他資料表格

資料回收後，應再檢查問卷，並安排資料符碼化（coding）作業。此外，核對訪員應繳資料無誤且複查結果正確，應立即發放訪問費，避免延誤。

7. 如何提高受訪率？

由於都會化結果，都市地區人際疏離，鄉村地區則人口外移，戶籍在鄉下，但人在城市工作，因此面訪的確頗有難度。

要如何提高受訪率？真的有點難。除了致贈看起來有價值的禮物外，倒應在抽樣時，就建立「備用樣本」機制，以所抽中受訪樣本的「前一位」、「後一位」為備用樣本，形成樣本群組（cluster），當受訪樣本無法受訪時，以備用樣本遞補之。

二、郵寄問卷

1. 意義

郵寄問卷就是將問卷發放與回收，均用郵遞（或網路）往返方式進行，以取得資料。不過要提醒的是，網路只是遞送的工具，樣本的取得仍須依據母體系統抽樣方式產生，而不是在網路「撈」樣本。

郵寄問卷的優點是：

·節省人力與經費：不用大批訪員，也不用支付訪員費用，只要支付幾位助理費用與郵遞費用即可。

·適合長問卷：郵寄問卷不受訪問時間限制，因此適合長問卷使用。

·受訪者控制填答時間：問卷寄到受訪者辦公室或家中，由受訪者自行控制填答問卷時間，較具彈性

當然郵寄問卷方式，亦有其缺點：

·回收率低：通常郵寄問卷方式回收率極低，也因為拒訪率太高，甚至影響解釋能力，喪失研究價值。

·他人代答：無法控制是否由他人代答，回收資料信度堪慮。

·誤解題意：沒有訪員可面對面解釋題意，形成誤解，亦影響信度。

·回收費時：回收零零落落，影響研究時程。

由於缺點遠大於優點，除非有特殊考量（如專業團體的同儕調查），現在已甚少研究使用郵寄問卷法。

2. 執行

郵寄問卷法的執行分為三個步驟：

·蒐集樣本地址：通常專業團體的同儕調查，可由團體名冊取得；

·寄出問卷：寄出問卷並附回郵與信封，為避免浪費，可事先至郵局登記廣告回函，有寄回才計價；

·寄信催促：可分幾次催收，亦利用電話催收。

如何提高回收率？回覆問卷可提供贈品或參加抽獎，都是老梗。現在有利用善因行銷進行溫情說服，回覆問卷可代為捐款給公益團體，讓填答者可參與慈善

活動。

早期的郵寄問卷真的都是透過「郵遞」，現在郵寄問卷都是透過網路，不過優缺點還是一樣。

三、電話訪問

1. 意義

每種方法均有其長處與短處，不過由於考慮時效性，電話訪問已成為最常使用的方法。電訪為即時性調查，有如下的優點：

· 快速：可即時取得資料，如選舉議題民調。除電訪外，別無他法。

· 節省經費：與面訪比較，廉價許多。面訪費用200元／份×1,500份 = 300,000元，電訪訪員若每小時可完成訪問3人，時薪150元／小時×500小時 = 75,000元，相差頗巨。

· 樣本取得容易：由電腦自動產生號碼，無樣本取得問題。

· 作業集中：督導易掌握訪員，資料信度高。

· 訪問成功率高：透過電話，受訪者較無壓力，訪問成功率較高。

當然電訪也有缺點，問卷不宜太長，以二十題為宜，也不適合處理較敏感性的題目（如所得、性、政治傾向）。此外，最好由簡易戶中抽樣（如男、女輪流受訪，這戶為男性、下一戶則請女性受訪），以避免樣本特性過於集中。

2. CATI

電訪使用的系統稱為CATI（Computer Aided Telephone Interviewing），即電腦輔助訪問系統。電話民調CATI作業會以臺灣電話用戶作為抽樣母體（population），依所需有效樣本數（通常為1,068人），以分層抽樣（stratified sampling）方式選出電話戶；在選定樣本戶中，再以接電話且年滿20歲以上的民眾為訪問對象。

樣本數1,068人方能達到統計學所謂的「信心水準95%，抽樣誤差±3%」，雖然樣本數以1,068人即可，但為避免無效樣本，所以通常樣本會抽到1,100人。

樣本電話會以「隨機抽樣」（random sampling）產生，先設定前三碼（區域碼），後四碼由電腦隨機產生。

在選定的樣本戶之中，常以「任意成人法」爲抽樣原則：以接電話且年紀在20歲以上的民衆爲首要訪問對象。若其並非訪問對象，則請家中另一位符合條件的成員接受訪問。若受訪戶中並無符合受訪條件者，則中止訪問、重新尋找另一個合格樣本。凡是戶中無人接聽、占線或受訪者不在等因素而無法完成訪問的樣本，則於執行期間進行3次追蹤訪問，以提高達成率。

亦有研究會要求嚴謹「戶中抽樣」，如依戶中抽樣規則，要求「家中最近過生日之成年女性」回答問題，難度很高、易被拒訪、很難進行，費用亦相對高出許多。

訪問應選擇適當時間，避開午休、用餐時間，也不要超過晚間10時，同時要有適當開場白：

· 親切：以取得信任，如「您好！我是政治大學的學生，我姓○，我們學校的老師正在進行一項電視相關議題的研究，打擾您幾分鐘的時間做個簡單訪問。」

· 說明執行單位與目的：爲了避免調查結果產生來源偏差（source bias，或稱「機構效應」），選舉民意調查在告知受訪者本次調查單位時，不宜直接說出組織名稱，而應說是大學學術研究或是民意調查公司的例行民調。

· 以研究取代調查：開場白不得使用「調查」，國人對調查極爲敏感，要以研究取代調查。

此外，亦需有訪員訓練，讓訪員瞭解研究意義與問卷細節，進行方式可參考前述「面訪」作業。

CATI之作業流程如下：
1. 電腦抽樣；
2. 電腦撥號；
3. 問卷儲存於電腦中自動顯示；必要時，選項可自動輪替或隨機出現，

如方案人支持度調查，A、B、C三案的提示順序輪流出現，而非依A、B、C之順序，以避免「首位效應」（"first" effect）。在電話調查中，提示性的問法，第一個選項被受訪者回應的機率比較高，因此，應將A、B、C三案輪流出現在「首位」，以避免調查結果偏頗；

　　4. 訪員即問，受訪者即答後，訪員即將受訪者答案鍵入電腦；

　　5. 訪問完竣，隨即電腦統計結果，並列印報表。

四、網路調查

　　網路調查是近年很流行的「民調」方式，其流行的原因是好做（只要將問卷上掛即可）、不用花錢（不需支付訪員費用），因此成了「顯學」，甚至許多研究生也用網路民調來寫論文。事實上，網路民調最大的限制與缺點是，調查結果僅代表填答者的共同意見，而不能推論到全體母體。

　　網路調查沒有母體的概念，網路民調的樣本來源有兩種，一是針對特定網路群體（pool），如某社群網站或登記求職者資料庫，全體成員均發送問卷；另一種方式則不針對特定群體，而將問卷掛在某網頁上，任何人都可自由填答。第一種方式是「普查」，但通常有回收率太低的問題；第二種方式則完全沒有母體的概念，亂槍打鳥。

表5.1.2　一般民調vs. 網路民調

比較點	一般民調	網路民調
母體	以母體為抽樣基礎	無母體概念
樣本產生	隨機產生樣本	無抽樣過程
受訪者態度	被動	主動、高涉入感
調查結果詮釋	可推論到全體母體	僅代表填答者的共同意見，而不能推論到全體母體

　　民意調查之所以可以1,068位受訪者的態度，來推論233萬臺北市20歲以上的市民，主要是有「抽樣」的精神——母體中的每一個體均有被抽中的機會；但網路調查並沒有抽樣的概念；換言之，網路民調的回答問卷者是「主動」的、高涉入感者，這和一般民調的「被動」受訪者所呈現的意見，其意義截然不同。

因此在公關運用，網路民調僅能用於媒體造勢，切勿真以網路民調結果調整廣告策略，以免形成誤判而誤事。

五、訪問方式之選擇

選擇調查法之選擇，可考慮如下之因素：

．研究目的或性質：嚴謹或初探性研究（pioneering study）應使用面訪；需快速反應，使用電訪；無時間壓力之同儕團體調查，則使用郵寄問卷。

．問卷複雜性：複雜問卷，使用面訪或郵寄問卷；電訪只適合二十題以下之簡易型問卷。

．研究經費：經費高，使用面訪；經費低，使用電訪或郵寄問卷。

．研究時間：有時間壓力，使用電訪；無時間壓力，使用面訪或郵寄問卷。

．受訪對象：面訪與電訪，適合無特定對象之一般民眾；郵寄問卷，僅適合同儕團體調查。

此外，回收率、資訊準確性、資訊獲得的安逸性，三種訪問型式也各有不同，研究者可參酌運用。

表5.1.3　訪問方式之選擇

訪問方式	面訪	郵寄問卷	電話訪問
1. 研究目的	嚴謹或初探性研究	無時間壓力之同儕團體調查	需快速反應之研究
2. 問卷複雜性	問卷複雜	問卷複雜	簡易型問卷
3. 研究經費	經費高	經費高	經費高
4. 研究時間	無時間壓力	無時間壓力	有時間壓力
5. 受訪對象	一般民眾	同儕團體	一般民眾
6. 回收率	高	低	高
7. 資訊準確性	高	低	次高
8. 資訊獲得安逸性	低	次高	高

第二節　個案討論「衛教資訊風險溝通：模式試擬」

壹、導讀

本研究屬複合式研究方法（mixed research methods），針對不同議題（肉毒桿菌及輻射食品、用藥安全、食品包裝與添加物、化妝品安全、廣播電視賣藥節目的影響、健康食品、流感疫苗），先使用電話調查，各議題均詢問千餘名民眾意見；再從電話調查的結果，萃取重要結論。以三場北、中、南之民眾焦點團體座談，與一場專家焦點團體座談彙整討論，研究者佐以傳播理論、廣告理論，完成「衛教資訊風險溝通模式」之結論。

政府的委託案通常都是瞭解現況（fact-finding survey），不會有建構理論或模式的企圖，但上述議題大多為陳年老議題，而且影響深遠，研究者認為有必要找出各議題的公約數以建構模式，供後續政府衛教資訊風險溝通之參考，因此整合質化、量化研究結果以建構模式，作為整體委託案《100年度「食品藥物風險認知與溝通之研究」》的結論。

此模式根據研究結果，將上述衛教議題分為「高認知、高行為」，「高認知、低行為」，「低認知、低行為」三種類型，再以傳播理論、廣告理論為基礎，分別討論其策略方向、訴求對象、民眾反應、溝通方法、訊息處理、媒體使用與宣導期程，可供後續衛教資訊傳播之參考。

由於本研究為實務導向，因此文獻討論較少，若是轉化為學術或學位論文，應再加強兩方面的文獻討論：
- ‧風險溝通
- ‧政策行銷

貳、個案

衛教資訊風險溝通：模式試擬[*]

鄭自隆

摘　要

本研究係採取電話調查與焦點團體座談（FGD: focus group discussion）」方式，探討民眾對食品藥物議題之認知與反應行為，並以之建構「衛教資訊風險溝通模式」。

研究結果發現，探討之食品藥物議題可分為三個類別：

高認知、高行為議題：有用藥安全、化妝品安全、進口肉品、食品中毒、流感疫苗等議題；

高認知、低行為議題：有健康食品、食品農藥殘留、添加物等議題；

低認知、低行為議題：有輻射食品、食品塑膠容器等二個議題。

與民眾的溝通，不同類別議題應有不同傳播方式：

高認知、高行為議題：民眾對議題涉入感高，應採二級傳播（two-step flow of communication），由子女影響父母。此外，應注意知識差距效應（knowledge gap），多關注低社經地位民眾。傳播訊息處理應感性訴求與花俏包裝，必要時可採恐懼訴求，溝通媒體宜使用平面媒體與人際傳播。

高認知、低行為議題：民眾對此類議題會有積極反應，但由於認知低，因此常採取常識性或錯誤反應行為（如排斥所有添加物，或認為多洗滌可以沖去農藥）。對此類議題應使用專家說服，透過理性訴求，以建構正確知識。因此，傳播媒體應使用報紙或使用電視談話性節目做深入說明。

低認知、低行為議題：對此類議題常有民眾與專家有認知差距，民眾常不在乎甚或有宿命論，溝通時應使用理性訴求、花俏包裝，進行隱藏性說服。因此，宜使用電視戲劇節目做週期性提醒。

關鍵詞：衛教資訊、政令宣導、風險溝通

---

[*] 本文係根據行政院衛生署食品藥物管理局委託《100年度「食品藥物風險認知與溝通之研究」》資料而撰寫，執行單位：世新大學民調中心，計畫主持人：鄭自隆。發表：鄭自隆（2011），〈衛教資訊風險溝通：模式試擬〉，第一屆「善行」社會政策暨行銷理論實務研討會發表（2011年12月22日），世新大學知識經濟發展研究院主辦。

壹、研究旨趣

本研究共進行七次全國性電話調查，三場民眾焦點團體座談（臺北、臺中、臺南），以探討民眾對食品藥物議題之認知與行為。此外，並舉辦一場傳播專家焦點團體座談，以蒐集衛教宣導專家對食品藥物風險傳播之建議。

所謂風險傳播（risk communication），係透過事先宣導，以使民眾認知風險，並採取必要措施，以避免災害，屬於政府公關的範疇。如：防颱、工安、職災、交通安全……，在衛生署職掌的範圍則有用藥安全、化妝品安全、進口肉品、健康食品、食品農藥殘留、食品中毒、肉毒桿菌中毒、添加物、輻射食品、食品塑膠容器、流感疫苗等議題。

民眾的風險認知，會有「專家與民眾差距」。專家認定的高風險，民眾認為不會那麼湊巧，如抽菸導致肺癌，癮君子就認為「不會是我」；也有民眾認為高風險的，專家卻不這麼認為，如施打疫苗的安全性，專家認為安全無虞，民眾卻認為有風險。民眾對風險的認知常是直覺且不理性的，通常會有如下的一些反應：

1. 逃避：避免接觸宣導訊息，認為「只會死道友，不會死貧道」，自己運氣不會這麼「衰」。

2. 宿命：採消極因應，認為「碰到算倒楣，不然怎麼辦？」

3. 以「直覺經驗」來認知風險：以自身的直覺或經驗來評估風險，認為以前沒問題，現在也不會有大礙，拒絕科學數據的說服。

4. 以「成本－效益」評估風險：以所支付的「成本」（cost，如「拒絕美食」）和獲得「效益」（benefit，如「預防三高」），乘以自己評估的機率（probability）來考量風險，以決定是否採取行為。

$$risk = \frac{benefit}{cost} \times probability$$

$$風險 = \frac{預防三高}{拒絕美食} \times 發生「三高」機率$$

　　進行風險溝通，首先必須瞭解風險議題的類型，不同議題類型有不同的溝通策略，風險隨著議題不同，策略方向、訴求對象、溝通方法、訊息處理、傳播媒體，乃至宣導期程均不同。

貳、文獻探討（略）

參、研究方法
一、電話調查
　　本研究自2011年3月16日起至11月30日完成七次電話訪問，調查執行單位為世新大學民意調查中心，各調查議題之調查區域、對象、時間及樣本數如下表。

主題	調查區域	調查對象	調查時間	樣本數
肉毒桿菌及輻射食品	全國22縣市	年滿20歲之成年人	6月1-8日	1,082
用藥安全		年滿20歲之成年人	7月25-13日	1,072
食品包裝與添加物		年滿20歲之成年人	8月8-10日	1,075
化妝品安全		年滿20歲之女性	8月22-24日	1,100
廣播電視藥妝品（健康食品）節目的影響	臺灣中南東部地區14縣市	年滿20歲之成年人	10月11-13日	1,106
健康食品	全國22縣市	年滿20歲之成年人	10月30日-11月1日	1,069
流感疫苗		年滿20歲之成年人	11月3-4日	1,076

二、焦點團體座談
1.民眾焦點團體座談
　　計三場，分別於臺北（7/26）、臺中（7/24）、臺南（7/17）舉行，每場受訪者8人，受訪對象選擇指標有二：
　　(1)年齡別：含21-30、31-40、41-50、51-60歲等年齡層；
　　(2)職業別：含上班族、家庭主婦兩種職業別。

2.專家焦點團體座談
　　計一場，於臺北（11/11）舉行，每場受訪者7人，受訪對象計傳播學者1位，另7位來自電視公司與廣告公司之負責承接衛生署宣導人員。

肆、研究結果與發現

一、「食品中毒」議題

　　為低認知、高行為議題，即民眾對食品中毒有基本認知，且在行為面上，會避免造成中毒的風險行為，發現有異樣之食品多數不會繼續食用，因此可於節令時特別加強提醒。

　　固然民眾對於食物中毒的認知是浮面的，止於「上吐下瀉」與「肚子痛」，而忽略了其中更嚴重徵候，甚至可能致命的危險。但在行為面，與會者倒很積極，瞭解自我管理的重要與行為規避風險。對政府食物中毒的管理作為，基本上呈現高度滿意。

　　當有事件發生時，應向家庭主婦做宣導，建立民眾對政府的信心，清楚告訴民眾如何選購食品及規避風險。媒體運用上，有事件發生可立刻反應，以掌握議題的時效性，使用簡單的插播卡即可。另外，宣導時間應注重節日性及夏季。

二、「輻射食品」議題

　　為低認知、低行為議題，對政府管理作為的評價傾向負面。

　　電訪調查結果顯示民眾對輻射食品的認知低，對輻射可能對人體造成影響的專門知識認知較低。在避免購買日本產品的行為上偏低，會買者還是會買，原因可能為來源國效應（country of origin effect）影響──國人對「日本製」商品深具信心。

三、「添加物」議題

　　為低認知、高行為議題，對政府管理作為的評價傾向有正面、亦有負面。

　　根據電訪調查結果發現，民眾對食品標示及添加物相關議題屬「低認知、高行為」，即民眾對添加物的認知偏向負面，並會避免購買顏色過鮮豔或潔白的食品，有三成的民眾認為提供「各種合法添加物的相關資訊」及「提醒民眾注意食品標示的宣導」訊息最有幫助，且七成三的民眾認為政府管理「食品包裝與添加物」工作對食品安全有幫助。

此外，焦點團體座談會與會者也表示，雖然對添加物都有正確的認知，認為不是所有添加物都是有害，且不排斥食品加入添加物，但普遍認為包裝上的標示認知不易，沒有辨認能力。在行為面顯現積極性，對於不瞭解的標示成分會儘可能避免購買。

添加物應在事件發生時緊急宣導以加深民眾之印象，民眾較難接受食品是有風險的概念，須平時教育建立風險概念，宣導訊息強調理性訴求，以建立民眾對政府之信心。

四、「食品塑膠容器」議題

為低認知、低行為，對政府管理作為的評價傾向負面。

電訪調查結果顯示，民眾對塑化劑及塑膠容器之認知為「低認知、低行為」，即民眾對塑化劑一般性知識瞭解度高，但對較專業性之知識如塑化劑會在24~72小時內排出體外之認知偏低。行為面上，民眾在購買商品前較不會注意產品的檢驗文件，在使用塑膠容器及保鮮膜之行為上偏向正確，多數民眾較少用塑膠容器或微波爐盛裝熱食及加熱等。

此外，焦點團體座談會與會者都同意塑膠會有毒性釋出，並對環境產生不良影響；但是何種塑膠容器對身體產生何種負面影響，與會者並不清楚，而塑膠容器或是包材的分類號碼過於專門，民眾也不容易辨認。不過，因外食與使用的方便性，與會者表示很難完全避免，只能儘量不要用於裝熱食。

五、「進口肉品」議題

為高認知、高行為，對政府管理作為的評價傾向正面。

焦點團體座談會與會者對於進口肉品，關注點集中美國進口牛肉，也瞭解狂牛症的引發原因與潛伏期。在行為面，與會者立場明確，不會受到他人或媒體報導影響，購買時會注意肉品的來源國。對於政府在肉品的管理評價，由於「回歸民眾的自我選擇」，因此與會者對政府作為的評價仍然是正面的。

六、「食品農藥殘餘」議題

為低認知、高行為，對政府管理作為的評價傾向負面。

焦點團體座談會與會者對於食品農藥殘餘的問題為低認知，不能充分的辨別。但行為面很積極，會以清水大量沖洗的方式處理，或是浸泡蘇打水、蔬果清潔劑洗滌，或是購買有認證標章的。對於政府的管理評價低，認為政府的管控很消極，沒辦法讓消費者充分安心。

七、「健康食品」議題

為低認知、高行為，民眾對健康食品的行為多偏向正確，但在認知上無法辨認何謂「健康食品」。

過半數民眾會透過藥局等正常管道購買健康食品，在選購及食用健康食品的行為上多偏向正確。風險認知上，多數民眾對健康食品的標示、價格及功能都一知半解，缺乏正確認知；絕大部分民眾認為政府推動健康食品標章制度並公告核准的產品，對選購及食用健康食品有幫助。

政府應以簡單易懂的標誌如小綠人標章來做宣導，將健康食品與一般食品做出區隔性。

八、「用藥安全」議題

對一般民眾為高認知、高行為，但年齡愈高及教育程度愈低者，其認知較低。

電訪調查結果顯示，超過八成以上的民眾對用藥安全認知正確，但觀察交叉結果發現，認知部分年齡愈高或教育程度愈低者，對此議題的認知較低。行為面上，民眾拿藥、購買藥品及使用藥品的行為偏向正確，但仍有一半的人較少注意衛生署許可證字號，因此應多加強合法藥品相關知識之宣導。

大部分民眾從未在高風險管道購買藥品，三成八的民眾認為政府提供「藥品的效果與副作用」的訊息最有幫助，且八成的民眾認為「用藥安全」知識宣導對藥品安全有幫助。

　　溝通對象最主要針對高齡及低社經地位的族群，其次利用二級傳播的概念，向年輕人宣導，由子女影響父母，或由社區的意見領袖，如藥師及里長來影響老年人。

九、「化妝品安全」議題

　　對一般民眾為高認知、高行為，但年齡愈高及教育程度愈低者，其認知較低。

　　民眾對化妝品的認知多偏向正確，但對天然及有機的產品認知易有迷思，對酒精及防腐劑認知偏向負面。在購買及使用行為上偏向正確，但在使用含藥化妝品前多數民眾不會進行皮膚過敏測試，尤其以高齡及低學歷者行為風險愈高。民眾最常購買化妝品的管道以「百貨公司專櫃」最多，認為提供「化妝品正確使用相關知識」訊息最有幫助，且七成八的民眾認為「化妝品標示、宣導及監督」工作對化妝品安全有幫助。

十、「流感疫苗」議題

　　為高認知、高行為議題，多數民眾知道10月開始實施流感疫苗接種，且對流感疫苗的認知多偏向正確。在行為上，過半數民眾及家人2010年有接種過疫苗，今（2011）年也願意接種。但亦有超過1/4受訪民眾對疫苗有疑慮，認為「接種流感疫苗有副作用或過敏反應」，因此八成四民眾認為政府應提供流感疫苗品質訊息，及注射注意事項。

　　宣傳可分為兩族群，其一為非免費接種的民眾，利用同儕的力量鼓勵民眾接種；其二為免費接種疫苗的族群，以二級傳播方式，讓民眾帶家中長者及幼童去接種。訊息以理性為訴求，由具公信力的醫生或專家代言，且清楚告知接種流感疫苗的副作用、過敏等，讓民眾瞭解風險後做是否接種的判斷，運用人際傳播方式如醫護人員來推廣。

伍、結論與建議：衛教資訊風險溝通模式試擬

　　根據前述七次民眾電話調查與三場民眾、一場專家焦點團體座談之發現，可以瞭解不同議題之訴求對象、訊息處理、媒體使用均不同（見表1：不同衛教議題之溝通建議）。

表1　不同衛教議題之溝通建議

類別	議題	訴求對象	訊息處理	媒體使用
高認知、高行為	用藥安全	以年輕族群為對象，再經二級傳播以影響父母。	使用恐懼訴求，但應感性且有創意包裝。	電視、報紙、人際傳播
	化妝品安全	1. 年輕族群 2. 低社經地位民眾	恐懼但感性訴求。	電視、人際傳播
	食品中毒	低社經地位民眾	鼓勵採取規避風險行為。	電視
	進口肉品	不宣導		
	流感疫苗	以年輕族群為對象，再經二級傳播以影響父母。	恐懼但感性訴求。	電視、報紙、人際傳播
高認知、低行為	健康食品	1. 以年輕族群為對象，再經二級傳播以影響父母。 2. 高社經地位民眾	1. 專家說服 2. 理性訴求	電視、報紙
	食品農藥殘留	家庭主婦	知識傳播	電視、報紙
	添加物	家庭主婦	知識傳播	電視、報紙
低認知、低行為	輻射食品	不宣導		
	食品塑膠容器	1. 家庭主婦 2. 外食族	理性但花俏、隱藏性包裝。	電視做週期性提醒

　　為確保理論模型之概化能力（generalization）── 具抽象性（abstractness）、關照面向（scope）與陳述的簡潔性（parisimony）。本研究嘗試將上述研究結果模式化，試擬衛教資訊風險溝通模式如下：

一、議題確認

　　進行衛教資訊宣導時，首先應確認風險議題性質，議題類型在學理上雖有自願或被迫、熟悉或詭異、時空面向的集中或分散、自我可控制或不可控制、公平或不公平、道德或無關道德、延續性或無延續性等分類方法，但對衛教資訊宣導所面臨風險溝通，民眾對風險的認知是最主要考慮的因素，認知不同，影響態度形成與行為支持與否。

　　因此，衛教資訊風險溝通應先分析議題性質，是高認知風險議題抑或低認知風險議題，是高行為抑或低行為風險議題。民眾不同的風險認知與行為反應，政府即應有不同的因應傳播作為。

　　從研究發現，民眾對不同議題的風險認知與行為反應，歸納如圖1。

	認知 高	認知 低
行為 高	「用藥安全」議題 「化妝品安全」議題 「進口肉品」議題 「流感疫苗」議題	「健康食品」議題 「食品農藥殘留」議題 「添加物」議題 「食品中毒」議題
行為 低		「輻射食品」議題 「食品塑膠容器」議題

圖1　民眾衛教議題風險認知與行為反應

二、溝通策略

1.高認知、高行為風險議題

　　所謂高認知、高行為風險，表示民眾在「認知」與「情感」層次均無問題，都同意傳播來源的訴求，也有採取反應「行為」。因此，宣導應著重於告知民眾如何採取正確「行為」，並發揮二級傳播功能，正確扮演意見領袖角色，影響高齡長輩。

　　不過「進口肉品」議題，牽扯國際政治，與堅定刻板印象，應回歸民眾自行選擇，不宜由政府出面宣導。

2.低認知、高行為風險議題

　　低認知、高行為風險議題所採取的溝通策略有二種：

　　(1)提升認知：部分低認知、高行為風險議題（如健康食品、食品農藥殘留、添加物）應由「低認知」提升至「高認知」，以避免民眾因不瞭解而產生之誤解與恐慌。

(2)導正行為：部分低認知、高行為風險議題（如食品農藥殘留、添加物）應導正「零風險」概念，鼓勵正確行為。

3.低認知、低行為風險議題

低認知、低行為風險議題（如輻射食品、食品塑膠容器）所採取的溝通策略有二種：

(1)提升認知：由「低認知」提升至「高認知」，以避免民眾因不瞭解而產生之誤解與恐慌。

(2)預防性傳播策略：預防性傳播（proactive defense strategy）即事前告知風險。以輻射食品為例，即不應缺乏風險告知，導致民眾認為「零風險」，以致發生事故後引起負面批評，甚至導致政策危機。

三、訴求對象與民眾反應
1.高認知、高行為風險議題

民眾對此類議題涉入感高，亦瞭解其影響性與嚴重性，不過進行傳播時應避免因「知識差距效應」（knowledge gap effect）所導致的傳播死角，政府宣導應多關照低社經地位民眾。

2.低認知、高行為風險議題

健康食品、食品農藥殘留、肉毒桿菌中毒、添加物等低認知、高行為風險議題，應以全體民眾為對象，提升對議題認知，避免其採取非知識性，乃至錯誤的反應行為。

3.低認知、低行為風險議題

既稱低認知風險議題，表示大部分民眾對此議題發生原因、可能後果、影響範圍都不清楚，因此宣導應以全體民眾為對象。民眾對自己摸不清的風險，通常會有二種反應：

(1)宿命：因無能為力，所以會有宿命歸因，採消極因應，「碰到再說」、「不會這麼倒楣」、「不然怎麼辦？」也因宿命，而導致拒絕訊息、甚至仇視傳播來源（政府）。

(2)以「直覺經驗」認知風險：因不相信政府資訊，所以以自身的直覺或經驗來評估風險，形成「專家與民眾認知差距」。

四、溝通方法

1.高認知、高行為風險議題

　　(1)給予誘因：有了誘因才會有行為，誘因可為物質的滿足或心理層次的滿足，政府宣導應著重心理層次的滿足，如父母應正確用藥，避免因洗腎造成子女負擔。

　　(2)恐懼訴求：給予誘因是正面鼓勵，恐懼訴求（fear appeal）是負面威脅，先以恐懼性訊息（風險帶來之威脅）引起閱聽人焦慮或不安，然後再以訴求主體（避免風險方法）紓解之。

2.低認知、高行為風險議題

　　(1)教育：以「教育」為溝通主軸，進行知識傳播，建構正確觀念，以避免採取錯誤行為。

　　(2)專家說服：透過專家代言，以理性方式說服。

3.低認知、低行為風險議題

　　(1)隱藏性說服：不直接使用廣告，而是「寓教於樂」，將宣導訊息包裝於娛樂素材中。

　　(2)兩面說服：兩面說服（two-sided persuasion）是同時告知二種選擇的優缺點。以食品塑膠容器為例，塑膠容器包裝食品固然方便（選擇1），與選擇適當容器可能不方便但安全（選擇2），同時告知二種選擇的優缺點，但突顯「選擇2」的好處與「選擇1」的風險，這也屬預防性傳播的方法。

五、訊息處理

1.高認知、高行為風險議題

　　(1)感性訴求：因為高認知，所以可以透過感性、軟調（soft-selling）方式進行訴求。

　　(2)花俏包裝：訊息呈現可以有花俏、創意的包裝，惟仍應考慮低社經地位民眾的接受程度，不要為牽就所謂的文宣「創意」，而使低社經地位的民眾產生選擇性吸收（selective exposure）、選擇性理解（selective perception）與選擇性記憶（selective retention），而失卻傳播效果。

2.低認知、高行為風險議題

　　(1)理性訴求：健康食品、食品農藥殘留、肉毒桿菌中毒、添加物等均屬高涉入感（high involvement）議題，民眾關注度高，因此不必花俏包裝，而模糊主題。

　　(2)知識傳播：訊息以「知識」為主軸，不過不能艱澀，必須將學術語言轉換為「廣告語言」——低社經地位、低教育民眾均能瞭解與接受的訊息，亦即宣導應掌握KISS原則（keep it simple and stupid），簡化訊息，不可遷就創意而混淆訊息。

3.低認知、低行為風險議題

　　(1)理性訴求：因為低認知，不清楚風險的來龍去脈，因此應該使用理性訴求，清楚告知。

　　(2)花俏包裝：不過由於民眾認為此類議題無關緊要，因此宣導必須以花俏創意來包裝，吸引民眾注意。

六、傳播媒介

1.高認知、高行為風險議題

　　應使用大眾傳播媒介，報紙、雜誌等平面媒體均可使用。此外，亦可透過人際傳播（醫護人員、意見領袖）擴散，以及經由家中年輕、高教育子女影響父母的二級傳播模式。

2.低認知、高行為風險議題

　　理性訴求應使用報紙、雜誌等平面媒體，但為顧及低社經地位、低教育民眾，亦應使用電視做較長且完整之宣導。因此，戲劇節目演出、綜藝節目遊戲、談話性節目題材討論，均可使用。

3.低認知、低行為風險議題

　　應使用大眾傳播媒介宣導，電視功能尤其不能忽視，並將宣導訊息包裝在戲劇節目、綜藝節目、談話性節目中。

七、宣導期程

1.高認知、高行為風險議題

　　應透過教育體系與大眾傳播媒介，進行長期性宣導。不過，「進口肉品」議題，應回歸民眾自行選擇，不宜宣導；「食品安全必須有中毒」個案發生時，方進行宣導。

2.低認知、高行為風險議題

　　應透過教育體系與大眾傳播媒介，進行長期性宣導。

3.低認知、低行為風險議題

　　低認知風險（如輻射食品）是突發性的，通常延續性短，民眾關注期也短，所以為短期性宣導。而食品塑膠容器議題，可做週期性提醒。

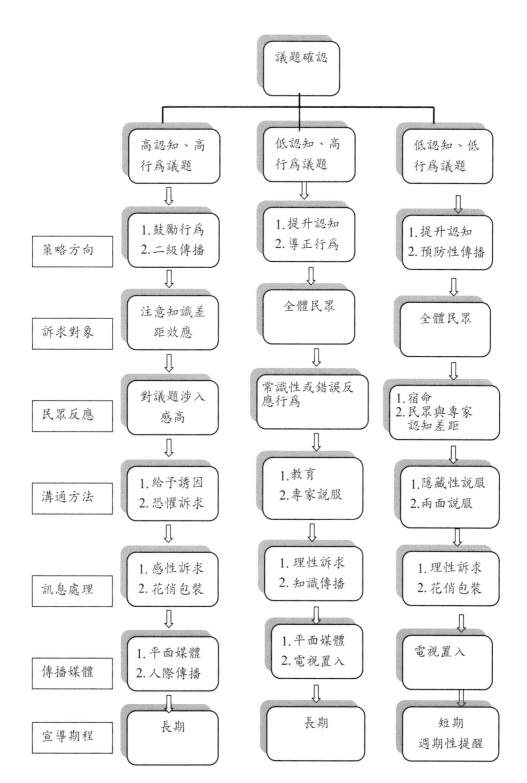

圖2　衛教資訊風險溝通模式

CHAPTER 6

內容分析法

第一節　方法

壹、意義

　　內容分析（content analysis）完全不涉及「人」，只分析「物」（廣告、新聞、公關稿、社論、讀者投書、新聞照片……），亦即由訊息（message）的分析，用以推論或分析傳播過程中各項因素的意義：

　　·分析傳播者特徵與風格：如分析不同媒體社論對「核電議題」立場之差異，以瞭解不同媒體對此議題之態度；

　　·推論閱聽人特徵：如針對某雜誌（如中文版《讀者文摘》），分析數十年內容的改變，以推論不同世代讀者之興趣；或如分析時報廣告獎的得獎電視廣告內容，以推論消費者訴求點之轉變；

　　·分析媒體之風格、立場與特徵：如分析2016年總統大選報紙社論內容，以瞭解各報對不同政黨、候選人報導偏好取向或意識型態；

　　·以內容推論效果：如分析競選廣告內容與得票數之關聯性分析，不過必須提醒的是，以內容分析推論傳播效果，只是統計上之意義，未必能擴大解釋為因果關係；

‧描述傳播內容發展趨勢：從長時間的資料分析，以探討傳播技巧或體裁特徵。如分析1960至2010年，五十年來臺灣報紙消費新聞表現型態之演變，以瞭解臺灣報紙處理消費新聞之角度與內容之轉變；

‧由傳播素材的改變推論社會變遷：如分析時報廣告獎的參賽廣告類型，以瞭解不同時代產業結構之變化；或如分析臺灣日日新報廣告內容，以探討日治時期明治、大正、昭和三朝，臺灣庶民生活的轉變。

不同於調查法與焦點團體座談法以「人」為對象，內容分析法是以「物」（傳播訊息）為分析對象，其研究特色是：

1. 系統化（systematic）：以傳播訊息為分析對象，根據固定而科學的研究程序進行分析；
2. 客觀化（objective）：不同的人只要依據相同編碼規則，都可以得到同樣的研究結果，不會因人而異；
3. 量化（quantitative）：必須以大量資料，且經系統抽樣，分析結果方具概化能力（generalization）。

因此，內容分析法具備三個獨特的特徵，是其他研究所無法比擬的：
‧回溯性研究：不限當時當地，可以針對不同時期的資料進行異地研究，如在現在的臺灣，仍可分析60年代紐約時報如何評論臺、美、中的關係，以推論當時美國的亞洲政策。

‧可以集體完成：只要編碼規則通過信度檢測（reliability test），任何受過訓練的研究助理，都可以根據編碼規則進行分析，沒有資料太多的顧慮，適合大型研究。

‧可獨力完成：不必配合受訪人時間，不必擔心被拒訪，研究者不分白天、晚上均能coding，不限時間、不受制於人、沒有額外經費支出（訪員費、受訪費、交通費），非常適合研究生撰寫學位論文。

在傳播領域，只要有大量資料，無論新聞、廣告、公關，甚至電影都可以應

用內容分析法，很多研究生以內容分析法來撰寫論文（見表6.1.1：應用內容分析法之碩士論文舉例），其題目選擇可供參考。[1]

表6.1.1 應用內容分析法之碩士論文舉例

研究生	論文	畢業學校	年度
莊伯仲	候選人電視辯論與電視政見發表會訊息之內容分析──1994年臺北市長選舉之個案研究	中國文化大學新聞研究所	1994
鮑世瑋	軍事院校電視招生廣告之內容分析與效果檢驗：1988-1995	中國文化大學新聞研究所	1996
賴淑敏	臺灣政黨電視競選廣告趨勢分析：1991-1998	中國文化大學新聞研究所	1999
蔡玉英	2000年總統大選三組候選人電視競選廣告訊息及媒體策略分析	中國文化大學新聞研究所	2001
謝慧燕	電子郵件廣告訊息之內容分析研究	國立政治大學廣告研究所	2001
黃于玲	新聞網站網路廣告訊息之內容分析研究	國立政治大學廣告研究所	2001
侯佳宜	臺灣生活風格價值的變遷：汽車廣告再現	國立臺灣大學新聞研究所	2002
施冰冰	臺灣報紙競選廣告〈推薦人〉之研究：1989-2002	國立政治大學廣告研究所	2003
陳奕宏	臺灣報紙競選廣告政治符號分析：1989-2002	中國文化大學新聞研究所	2003
黃桂華	臺灣電影海報風格之研究：1950-2000	臺北市立師範學院視覺藝術研究所	2004
羅時宜	政黨電視競選廣告政治符號之研究：1991-2000	國立政治大學政治研究所	2004
林銘皇	汽車電視廣告中汽車、家庭與性別角色之變遷：1985-2004	國立交通大學傳播研究所	2005
施哲仁	臺美汽車雜誌廣告品牌個性文化構面、廣告表現之差異比較研究	國立政治大學廣告研究所	2005

---

[1] 表6.1.1之應用內容分析法碩士論文，皆為鄭自隆教授指導。

戴維怡	臺灣報紙廣告風格之演變：1945-2005	國立政治大學廣告研究所	2006
李佳螢	報紙廣告中之臺灣庶民生活影像：1950-1999	國立政治大學廣告研究所	2006
吳國安	臺灣電視廣告歌曲的演變：1967-2009	世新大學公關廣告研究所	2010
楊維綺	行政院報紙廣告內容分析：2011年「挺臺灣，現在進行事」系列廣告個案研究	國立政治大學傳播學院在職專班	2013
黃筱萱	臺灣房地產廣告與社會變遷：資訊式或轉換式廣告	國立政治大學廣告研究所	2013
朱宥蓉	臺灣社會變遷與電信廣告內容表現：以中華電信行動通信分公司為例	國立政治大學傳播學院在職專班	2015

貳、研究程序（一）：學術論文

一、確立研究目的

一般的社會科學研究要先確認研究目的，方能選擇適當方法，內容分析法也是，要先確立研究目的，才能建構「類目」與「測量標尺」。

茲以葉曉芳（2014）《虛擬購物平臺APP行銷功能分析》，政治大學廣告研究所碩士論文為例，說明如下：

研究目的：
1. 企業組織因素是否影響APP內容；
2. APP的內容是否影響APP之行銷功能；
3. 企業組織因素是否影響APP之行銷功能。

從研究目的可以瞭解自變項、中介變項與應變項關係，根據變項關係方能建構分析類目（categories）與發展測量標尺（measurement scale）。循上例，變項關係如圖6.1.1：

圖6.1.1 《虛擬購物平臺APP行銷功能分析》變項關係圖

二、界定母體與抽樣方法

內容分析法是以大量資料推論，所以有抽樣（sampling）問題，討論抽樣方法之前，則需先界定母體（population）。承前例：

母體與抽樣方法：該論文選擇以2013年《天下》雜誌2000大調查中的650大服務業中，作為本研究之主要研究母體，分析其中擁有虛擬購物通路之企業APP。考量到《天下》雜誌2000大調查中的排名是以企業營運狀況作為排序，有些企業並未推出虛擬購物平臺APP，研究樣本恐不足，或有些推出APP之企業未被包含，且《天下》雜誌調查名單未包括外商企業，故另參考《數位時代》雜誌2013年網路人氣賣家100強及google play，增補研究樣本。樣本篩選條件為：

1. APP之開發者須為企業本身或在下載頁面中，標明為企業官方APP。
2. 自有虛擬購物平臺，或在B2B、B2C購物平臺上擁有虛擬店面之企業推出之APP，皆可列為分析樣本。
3. 若企業推出一個以上的企業APP，則皆列為分析樣本。
4. APP於goole play下載頁面之APP說明，須為繁體中文。

經篩選，該論文共選取一百十一個虛擬購物平臺APP作為研究樣本。

三、建構類目與測量標尺

建構類目與測量標尺是內容分析法的基礎，內容分析是否可以回應「研究目的」，端視類目與測量標尺是否建構完整。所謂類目就是研究變項（variable），測量標尺則是用以測量類目的工具，將類目與測量標尺彙整成表，即為「編碼規則表」。

　　此外，建構類目與測量標尺必須有理論基礎，前例葉曉芳（2014）分別由企業行銷新媒體相關運用，與新媒體工具相關指標研究之理論討論，共建構三類變項的類目與測量標尺，以中介變項「APP功能」之資訊性為例，類目與測量標尺如下：

類目	測量標尺與說明
企業基本資訊	
1. 企業介紹	1. 企業沿革：企業的成立背景、發展、大事記等 2. 企業組織架構：企業部門架構、集團版圖等 3. APP簡介：有關該APP功能、特色之介紹 4. 兩種以上：不只出現上述其中一種方式 5. 無：無提供企業介紹
2. 其他資訊	無法歸類於上面幾種企業資訊者屬之，如行銷訊息、代言人資訊等。 1. 代言人相關訊息：企業產品代言人的相關消息 2. 企業最新消息：企業最新動態，如最新公告、APP更新等 3. 善因行銷：與社會和公益目的有關的行銷活動，通常企業會與非營利組織做結合進行此行銷活動 4. 其他：不屬於上述幾種的資訊 5. 無：沒有提供這類資訊
消費資訊	
3. 產品資訊	企業提供之服務及產品內容介紹。 1. 產品介紹：產品特色、功能等 2. 產品規格：產品成分、容量、保固等 3. 產品推薦：消費者使用心得、名人現身說法等屬之 4. 兩種以上：不只出現上述其中一種方式 5. 其他：不屬於上述幾種的產品資訊 6. 無：沒有提供產品資訊
4. 價格資訊	企業提供的服務及產品內容價格、優惠介紹。 1. 比價、查價：提供同一商品在其他購物平臺販售的價格比較服務 2. 產品售價：商品販售的價格 3. 優惠：有關該商品的促銷、折價、購買獲得之贈品等 4. 兩種以上：不只出現上述其中一種方式 5. 其他：不屬於上述幾種的資訊 6. 無：沒有提供價格資訊

5. 常見問答（FAQs）	即線上問題集，像是列出使用者常出現的問題，並提供其簡明扼要之解決方案。 1. APP使用說明：有關APP功能、使用方式等說明 2. 購物相關說明：有關購物步驟、付款、取貨等說明 3. 企業相關說明：針對有關對於購物平臺相關疑問的說明 4. 兩種以上：不只出現上述其中一種方式 5. 其他：不屬於上述幾種的常見問答 6. 無：沒有常見問答

四、信度檢驗

所謂信度（reliability），又稱可靠性（trustworthiness），指測量結果的一致性（consistency），或穩定性（stability），亦即測量結果是否一致，並不涉及測量結果正確性問題。內容分析法的信度檢驗，係指檢驗「測量工具」信度，即針對同一編碼表，不同編碼員（coder）是否可測量一致的結果

內容分析法信度檢驗，可從樣本中抽取1/10作為檢驗樣本，由3位不同編碼員（A、B、C）根據編碼規則表進行編碼，編碼結果再做A與B比較、B與C比較、A與C比較，即可瞭解工具（「編碼規則表」）信度。

五、編碼執行

信度檢驗主要考驗研究的可複製性（reproductivity），通過「編碼規則表」信度檢驗後，即可將樣本交予一人或多人執行編碼。

六、統計分析

執行編碼後，即可進行統計分析，除以描述性統計，說明每一類目中不同測量標尺之則數（count）與百分比外，重要的是自變項（independent variable）間與應變項（dependent variable）間的交叉統計。有自變項數乘以應變項數，就是報表數目：

$$自變項數 \times 應變項數 = 報表數目$$

如前例，自變項有5個、中介變項有31個、應變項有10個，所以本論文經交叉統計，會有5×31×10 = 1550張報表，由於數量太多所以必須歸類處理，如中介變項「APP功能」，再分為親近性、資訊性、互動性、娛樂性、再訪誘因等五類，將報表彙整。

七、報告撰寫

第四章依研究目的分節處理：

1. 企業組織因素對APP內容之影響；
2. APP內容對行銷功能之影響；
3. 企業組織因素對APP行銷功能之影響。

其餘第一、二、三、五章，仍依一般論文格式。

參、研究程序（二）：實務效果評估

一、確立研究目的

實務性的效果評估亦可使用內容分析法，方法一樣，與學術論文的差別僅在理論的討論深度。

本案例為以內容分析法，以新聞結構分析置入式與非置入式新聞表現形式是否有差異，若無差異即表示置入式與非置入式新聞呈現方式一樣，以推論置入式新聞與非置入式新聞具相同傳播效果。

以2004年9至12月某臺電視新聞中有置入之新聞十三則，作為研究組。另由同一天同一節新聞隨機選出一則，共計十三則新聞，作為對照組（非置入式新聞）。[2]

| 新聞結構（置入／非置入） | → | 新聞表現形式 |

自變項　　　　　　　　　　　應變項

---

[2] 本個案整理自鄭自隆（2004），《政令宣導節目置入之表現型式與效果研究》委託單位：八大電視公司。

二、界定母體與抽樣方法

內容分析法是以大量資料推論，所以有抽樣（sampling）問題，討論抽樣方法之前，則需先界定母體（population）。如「2012年總統大選報紙新聞內容分析」，要先(1)確定起訖日期，(2)分析對象報紙別；母體界定後，再思考抽樣方法。承前例：

母體與抽樣方法：將研究期間所有置入之新聞作為研究組，另由同一天同一節新聞隨機選出一則，作為對照組（非置入式新聞）。

三、建構類目與測量標尺

建構類目與測量標尺是內容分析法的基礎，內容分析是否可以回應「研究目的」，端視類目與測量標尺是否建構完整。

所謂類目（categories）可以說是研究變項（variable），測量標尺（measurement scale）則是用以測量類目，將類目與測量標尺彙整成表，即為「編碼規則表」。承前例，類目與測量標尺如下：

表6.1.2　內容分析編碼表（範例）

類別		類目	測量標尺	備註說明
自變項	節目型態	1.節目型態	1.置入	
			2.非置入	
應變項	新聞元素	1.誰（who）	1.有	
			2.無	
		2.什麼（what）	1.有	
			2.無	
		3.何時（when）	1.有	
			2.無	
		4.哪裡（where）	1.有	
			2.無	

		5.為什麼（why）	1.有	
			2.無	
		6.如何（how）	1.有	
			2.無	
		7.新聞元素強度		新聞元素1-6合計。
	新聞價值	8.時宜性	1.有	指新聞是否具有時效性。
			2.無	
		9.顯著性	1.有	指新聞事件是否顯著或所報導人物是否知名。
			2.無	
		10.影響性	1.有	指新聞事件影響層面廣，引起公眾注意。
			2.無	
		11.接近性	1.有	指新聞所報導的事件是否與讀者有地理上和心理上的接近性。
			2.無	
		12.衝突性	1.有	指新聞事件是否具有對立與衝突。
			2.無	
		13.人情趣味	1.有	指新聞題材具有新奇、調劑及溫暖人心之報導。
			2.無	
		14.新聞價值強度		新聞價值8-13合計。
	新聞表現	15.主角	1.政府官員	指五院政府單位或公營機構及在其中工作之人員，例如：大法官釋憲、中央社、總統、法院判決。
			2.意見領袖	指於社會公眾具有名望，對公眾興論具有影響力之人、社團單位或企業組織，例如：消基會、兒童福利聯盟、台塑石油發言人等。
			3.民意代表	指立法院及各級議會、代表會之民意代表。
			4.專家或學者	指與新聞事件有關之處理或分析之專家、學者。
			5.政黨	指代表某政黨立場發言。例如：民進黨發言人、台聯發言人。
			6.一般民眾	指非上述人士之一般民眾。

		1.守望	指經新聞查證並符合新聞價值之訊息告知與監督環境。
16.公共利益		2.決策	1. 形成公共論壇，協助閱聽人參與公共事物。 2. 發起運動，促進社會參與。 3. 支持公益活動，鼓舞與激勵人心士氣。
		3.教育	1. 內容具有教育意義及目的。 2. 肯定人性價值，例如：孝行楷模獎之報導。 3. 文化傳承，例如：布袋戲大師傳承介紹。 4. 促進臺灣主體價值觀，例如：SARS疫情，關注到臺灣加入國際衛生組織之報導。 5. 促進族群融合，例如：關注原住民之報導。
		4.娛樂	指內容是正向價值的人情趣味。
17.新聞寫作		1.純淨新聞	純就消息來源提供之訊息及新聞事件本身陳述及描寫的新聞。
		2.夾敘夾議	記者帶入個人的觀點及意見。
18.長度		秒	

四、信度檢驗

實務性效果評估，研究主題若無重大創新，信度檢驗可省略。若仍需信度檢驗，一樣從樣本中抽取1/10作為檢驗樣本，由3位不同編碼員（A、B、C）根據編碼規則表進行編碼，編碼結果再做A與B比較、B與C比較、A與C比較，即可瞭解工具（「編碼規則表」）信度。

五、編碼執行

通過「編碼規則表」信度檢驗後，即可將樣本交予一人或多人執行編碼。

六、統計分析

執行編碼後，即可進行統計分析，除以描述性統計，說明每一類目中不同測量標尺之則數（count）與百分比外，重要的是自變項間（independent variable）與應變項（dependent variable）間的交叉統計。承前例，統計分析為：

自變項數(1) × 應變項數（18）＝報表數目（18）

表6.1.3　統計分析表（範例）

類別	自變項	應變項	統計方法
新聞元素	節目型態 （置入、非置入）	1.誰（who）	卡方檢定 （Chi-square）
		2.什麼（what）	
		3.何時（when）	
		4.哪裡（where）	
		5.為什麼（why）	
		6.如何（how）	
		7.新聞元素強度	T檢定（T-test）
新聞價值	節目型態 （置入、非置入）	8.時宜性	卡方檢定
		9.顯著性	
		10.影響性	
		11.接近性	
		12.衝突性	
		13.人情趣味	
		14.新聞價值強度	T檢定
新聞表現	節目型態 （置入、非置入）	15.主角	卡方檢定
		16.公共利益	
		17.新聞寫作	
		18.新聞長度	T檢定

表6.1.4　內容分析報告撰寫

章次	章名	內容
1	研究旨趣	個案背景、理論架構、研究目的
2	文獻探討	置入理論、新聞元素、新聞價值、新聞表現
3	研究方法	母體、抽樣方法、信度檢驗、編碼規則表
4	研究結果與發現	依研究目的逐項分節撰寫
5	結論與建議	結論、建議

七、報告撰寫

統計分析完成即可撰寫報告，報告可分五章：

第一章：章名「研究旨趣」，陳述個案背景、研究目的。

第二章：章名「文獻探討」，應討論置入理論（placement），並從新聞學討論新聞元素、新聞價值、新聞表現之相關文獻。

第三章：章名「研究方法」，陳述如何界定母體、抽樣方法及其產生之樣本數，如何進行信度檢驗，並展示編碼規則表。

第四章：章名「研究結果與發現」，可依研究目的逐項分節撰寫。

第五章：章名「結論與建議」，分結論、建議二節撰寫。

前例之報告撰寫，請參閱鄭自隆（2008）《電視置入——型式、效果與倫理》，臺北：正中，頁101-119。[3]

---

[3] 本研究為業界委託案，因此節略「文獻探討」章。

第二節　個案討論「臺灣房地產廣告與社會變遷：資訊式或轉換式廣告」

壹、導讀

這是2013年的碩士論文，探討四十餘年來臺灣房地產廣告的改變，是否受到社會變遷的影響，由於分析四十餘年的廣告，所以唯一的研究方法就是「傳播內容分析法」。

變項關係如下：自變項與應變項之測量方法，均為內容分析；因為自變項與應變項亦均為名類或次序標尺，因此統計方法採用卡方檢定，以探討自變項的變化，是否導致應變項的變化。

自變項	應變項	統計方法
年代 房屋類型	廣告表現： 命名類型、主要符號元素、附屬符號元素、筆畫吉凶、廣告主題、商品特點式、名人證言式、情境呈現式、廣告訴求、圖片處理方式、主要圖片內容物、次要圖片內容物、廣告主要人物、標題表現方式、內文表現方式、價格策略、地段環境、投資潛力、建材設備／結構、贈品、活動、管理規劃／公共設施、企業／建築師／設計師形象、身分認同、生活氛圍	卡方檢定（Chi-square test）

理論使用資訊式（informational）與轉換式（transformational）兩種類型廣告訊息策略，資訊式廣告擁有較高的「認知（cognitive）元素」，相對的，轉換式廣告則含有較高的「感情（affective）元素」，以此瞭解長時間下來，臺灣房地產廣告的變化是否呈現顯著差異。

貳、個案

臺灣房地產廣告與社會變遷：資訊式或轉換式廣告

研究生：黃筱萱
畢業學校：國立政治大學廣告研究所
學位：碩士
畢業年度：2013
指導教授：鄭自隆 博士

壹、緒論

一、研究動機（略）

二、臺灣房地產發展回顧（略）

三、研究目的

　　本研究以「廣告表現」作為研究切入角度，並可分為「資訊式」與「轉換式」兩種表現形式，由Puto與Wells於1984年所提出。「資訊式廣告」從理性訴求出發，廣告是以清楚與具邏輯的方式，提供消費者有事實根據的品牌相關資訊，並且讓消費者在接觸過廣告後，會有更大的信心確定購買的價值；而「轉換式廣告」相對則是以感性訴求為表現方式，此種廣告目的為聯結消費者對產品的使用經驗，與各種心理訴求（如：情感、感覺、印象等）相結合，告訴消費者擁有產品會有怎樣的情感經驗，使他們看完廣告後促成自我說服，將類似的品牌使用經驗轉換到廣告中品牌的經驗印象。

　　因此，本研究欲探討從1969至2012年歷經四十餘年社會變遷下，房地產住宅類廣告表現的呈現與轉變，探討以下的研究問題：

　　1. 不同「年代」的臺灣房地產報紙廣告所呈現「資訊式」與「轉換式」之廣告表現為何？

　　2. 不同「房屋類型」的臺灣房地產報紙廣告所呈現「資訊式」與「轉換式」之廣告表現為何？

貳、文獻探討

一、廣告與社會變遷的關係（略）

二、資訊式與轉換式廣告（略）

三、廣告表現（略）

四、房地產廣告相關文獻（略）

參、研究方法

一、內容分析法（略）

二、研究設計

1.研究對象

　　在本研究中所分析的房地產廣告，限定為「住宅類」，不包括其他商業用途（如：辦公大樓），並且廣告主只限於建商或代銷公司。而形式的部分，要符合廣告的定義，非廣編稿或業配置入式的新聞報導。（註：此為取樣之操作定義）

　　華美建設1969年推出的大型建案廣告是臺灣房地產廣告的濫觴，本研究以此作為房地產廣告大行其道的元年，一直到2012年，總共四十四年。由於研究範圍時間跨度很廣，因此本研究僅選擇一家報紙（聯合報）作為分析樣本。此外為了不受地區性的影響，而以「全國版」為抽樣對象，並且只針對刊登於報紙版面本身的廣告。

2.抽樣方法

　　本研究的樣本產生方式為：每年有十個樣本數，以當年度隨機抽出的某一個週日為基準，每隔五週便抽出一則廣告；而當日被抽中的報紙，取第一版最大版面的廣告為樣本，若無，則從第二版取得，以此類推。若當天無刊登符合條件的房地產廣告，則選取下一週次，但並不影響原本的抽樣序號。本研究橫跨四十四年，以隔年抽樣的方式，意即抽取1969年、1971年、1973年……以此類推至2011年，如此便有二百二十個樣本數。（註：此為抽樣之說明）

3.分析單位

　　本研究以完整「一則」報紙房地產廣告，為分析單位。

4.類目建構與編碼準則

表1　編碼表

變項	類目			測量標尺
自變項	01年分			1. 1969-1980年 2. 1981-1990年 3. 1991-2000年 4. 2001-2012年
	02房屋類型			1. 透天別墅 2. 高樓大廈 3. 公寓住宅
應變項	建案名稱	03命名類型		1. 吉祥尊貴 2. 異國風情 3. 詩情畫意 4. 人文意涵 5. 綠色訴求 6. 地理位置 7. 其他
		04主要符號元素		1. 本土地理符號 2. 國外地理符號 3. 角色符號 4. 品牌符號 5. 自然符號 6. 珍石寶器符號 7. 動物符號 8. 植物符號 9. 數字符號 10.其他符號
		05附屬符號元素		1. 直接式符號 2. 隱喻式符號 3. 無
		06筆畫吉凶		1.吉　2.凶　3.吉帶凶　4.凶帶吉 4. 不適用

廣告整體表現		07廣告主題	1. 房屋硬體設施 2. 價格策略 3. 周圍環境 4. 生活品味 5. 建造者口碑 6. 其他
	整體表現方式	08商品特點式	1. 有 2. 無
		09名人證言式	1. 有 2. 無
		10情境呈現式	1. 有 2. 無
		11廣告訴求	1. 理性訴求 2. 感性訴求
廣告圖片		12圖片處理方式	1. 實景拍攝 2. 畫面合成 3. 繪圖 4. 無
	主要圖片	13圖片內容物	1. 房屋室內或外觀之樣貌 2. 傳達價值風格或生活想像 3. 建案工地位置圖 4. 無意義／無圖片
	次要圖片	14圖片內容物	1. 房屋室內或外觀之樣貌 2. 傳達價值風格或生活想像 3. 建案工地位置圖 4. 無意義／無圖片
		15廣告主要人物	1. 演藝人員 2. 藝術家 3. 專家 4. 建築／設計師 5. 素人 6. 無
廣告文案		16標題表現方式	1. 利益式標題 2. 新聞性標題 3. 生活型態／價值觀標題 4. 其他

			1. 利益式標題 2. 新聞性標題 3. 生活型態／價值觀標題 4. 其他
		17內文表現方式	
	文案訊息內容	18 價格策略	1.有　0.無
		19 地段環境	1.有　0.無
		20 投資潛力	1.有　0.無
		21 建材設備／結構	1.有　0.無
		22 贈品／活動	1.有　0.無
		23 管理規劃／公共設施	1.有　0.無
		24 企業／建築師／設計師形象	1.有　0.無
		25 身分認同	1.有　0.無
		26 生活氛圍	1.有　0.無

註：編碼表討論

1. 測量指標宜繁勿略，先以複雜項目coding，再視統計結果進行recode歸類，如「04主要符號元素」，有十項測量指標，可俟編碼後，再逐一檢視單項則數。若則數太少，可以recode方式，重新將測量指標合併歸類。
2. 測量指標選項為「1. 有　0.無」是很簡略的名類標尺，如此設計有點偷懶，應詳細分類，如「26生活氛圍」，應列舉「生活氛圍」類型，再編碼之。

5. 信度檢測

　　內容分析法中最常被使用的信度檢定方法為「編碼員間信度」（intercoder relibility）。本研究便是探取「編碼員間信度」，共有3位編碼人員，除了研究者為其中1位編碼人員外，另外2位編碼人員由傳播學院在學之研究生擔任。

　　信度檢測自母體研究中隨機抽出10%之廣告，由3位編碼人員各自進行一遍編碼程序，最後再以Holsti的信度檢測公式，計算出每一個類目之相互同意度及

信度。本研究之信度必須達到0.85以上，信度檢定公式如下：

相互同意度=2M / N1+N2
M：兩位編碼者完全同意之題數
N1：第一位編碼者之編碼題數
N2：第二位編碼者之編碼題數

信度 = n × （平均相互同意度） / 1+[(n－1) × 平均相互同意度]
n：參與編碼人數

6.資料分析方法

　　本研究使用「卡方分析」（Chi-square test）；此種統計分析方法用於檢定各個應變項（即廣告表現）在兩項自變項（年代與房屋類型）中，是否達到顯著差異，再觀察統計結果之數據，以推論房地產廣告在「資訊式」與「轉換式」的演變發展。

肆、研究結果

一、「年代」因素對廣告表現之影響

　　（註：因篇幅限制，僅以「廣告主題」為例做說明。）

　　統計結果顯示，建案廣告主題與年代有顯著差異，在「房屋硬體設施」與「價格策略」表現上，儘管中間有過渡期，但若以早期（1969-1980）與近期（2001-2012）做比較，其所占比例明顯下降許多。而「生活品味」的比例則向上提升許多，甚至在2001-2012年的比例明顯高於各項，這也說明在廣告主題表現上，從資訊式慢慢走向轉換式表現。

　　另外，因考慮到「周圍環境」同時兼具資訊式與轉換式的特性，無法做區隔，因此將此項剔除之後，再進行一次統計計算，結果則非常有顯著差異。

表2 年代與廣告主題之卡方分析（一）

年代	硬體設施	價格策略	周圍環境	生活品味	建商口碑
1969-1980	13 (22.8%)	20 (35.1%)	15 (26.3%)	7 (12.3%)	2 (3.5%)
1981-1990	5 (10.4%)	12 (25.0%)	9 (18.8%)	16 (33.3%)	6 (12.5%)
1991-2000	7 (14.9%)	16 (34.0%)	13 (27.7%)	8 (17.0%)	3 (6.4%)
2001-2012	8 (13.6%)	11 (18.6%)	14 (23.7%)	24 (40.7%)	2 (3.4%)
總數	33 (15.6%)	59 (28.0%)	51 (24.2%)	55 (26.1%)	13 (6.2%)

卡方值：23.418，自由度：12，P值：.024*

表3 年代與廣告主題之卡方分析（二）

年代	資訊式		轉換式	
	體設施	價格策略	生活品味	建商口碑
1969-1980	13 (31.0%)	20 (47.6%)	7 (16.7%)	2 (4.8%)
1981-1990	5 (12.8%)	12 (30.8%)	16 (41.0%)	6 (15.4%)
1991-2000	7 (20.6%)	16 (47.1%)	8 (23.5%)	3 (8.8%)
2001-2012	8 (17.8%)	11 (24.4%)	24 (53.3%)	2 (4.4%)
總數	33 (20.6%)	59 (36.9%)	55 (34.4%)	13 (8.1%)

卡方值：22.138，自由度：9，p值：.008**

伍、結論與建議

一、研究結論

1.「年代」因素對廣告表現之影響

（註：因篇幅限制，僅以「建案名稱」為例做說明。）

(1)建案名稱：從單純資訊轉向多元符號

研究結果顯示，各年代下的「主要與附屬符號元素」皆達顯著差異，並且經過分析後皆是從早期的「資訊式符號元素」走向「轉換式符號元素」，並趨向「多元化」的表現，符合前面文獻探討所提到臺灣社會變遷文化面的部分——由單調沉悶到多采多姿，並且漸漸脫離純粹資訊式訊息傳達，從建案名稱上更追求美感與包裝，以及選擇更能體現產品個性的符號元素。

在主要符號元素裡，「本土地理」符號元素代表著「資訊式表現」，一直以來在各年代所占比例都很高，表示以建案名稱直接指示出建案地理位置是很普遍的手法，也符合本研究前面所提到房地產極重地域性。王世永與張鴻儒（1981）針對房地產所提出的產品特徵其中一項——「必須與地理環境互相配合」，因此本研究亦佐證「地理位置」對房地產廣告之重要性，相較於房屋其他相關資訊，是唯一且普遍會直接出現在建案名稱上的資訊式表現。

但從早期1969-1980年房地產市場剛起飛，「本土地理」符號元素大量被使用，到1981-1990年代後市場競爭激烈，房地產建案名稱開始使用轉換式符號元素，尤其「國外地理」比例成長最多。如同許芝瑄（2010）的研究中所闡述的，臺灣房地產網頁廣告所形塑的西化迷思，將西方視為成功與幸福的代名詞，不是只有後來發展的網頁廣告如此，早在三十幾年前所使用的建案名稱符號表現即可看出。而到了市場衰退期1991-2000年代，「自然景觀」與「象徵名詞」之轉換式符號使用上大幅上升，表示建案名稱轉向更能體現出「生活情境氛圍」之符號，是為典型轉換式廣告表現。到了近十幾年，各類符號所占比例平均，體現出建案名稱百花齊放、大放異彩，符號使用上從單一走向多元。

而附屬符號元素的概念簡單，即在主要符號元素之後是否會冠上房屋類型名稱；直接用房屋類型當作命名符號，是為資訊式表現；若是用以象徵與隱喻之名詞，或建案名稱並非含有房屋類型意涵之符號元素，則為轉換式表現。

從研究結果可明顯看出「直接式符號」比例逐年下降、轉換式表現之比例上升，互為消長，再次說明了建案名稱愈來愈重視整體包裝，選擇愈能體現出產品性格、傳達意念與情境氛圍的符號元素，已不再局限於某些固定符號元素或具有房屋資訊意義之符號，此轉變顯示出建案名稱已跳脫「房屋資訊」的層次，使用的符號元素除了更加多元化，也呼應王世永與張鴻儒（1981）認為房地產廣告應具有「個性」之表現。

1. 廣告整體表現：從單純資訊轉向多元符號，但基本資訊仍然必須保留；
2. 廣告圖片：邁向多元符號；
3. 廣告文案：以基本資訊提供為主，但逐漸出現多元符號。

2.「房屋類型」因素對廣告表現之影響

    (1)建案名稱：命名類型受房屋類型之特性與形象影響；

    (2)廣告整體表現：公寓住宅提供基本資訊、高樓大廈偏向多元符號、透天別墅兩者兼具；

    (3)廣告圖片：公寓住宅提供基本資訊、高樓大廈與透天別墅偏向多元符號；

    (4)廣告文案：公寓住宅提供基本資訊、高樓大廈與透天別墅之標題以多元符號呈現，但內文仍強調基本資訊。

二、研究討論

    本論文分別從以下四個方向，提出討論，以與文獻對話。

    （一）房屋類型的轉變與臺灣社會變遷

    （二）廣告表現的轉變與臺灣社會變遷

    （三）房地產產品類型的改變

    （四）影響房地產廣告的社會因素

三、研究限制與後續研究建議（略）

第三節　個案討論「臺灣電視廣告歌曲的演變：1967-2009」

壹、導讀

　　這是2010年的碩士論文，討論四十餘年來臺灣電視廣告歌曲的演變，長時期的媒體素材分析，當然應使用「內容分析法」。

　　變項關係如下：因自變項與應變項均為名類或次序標尺，因此統計方法採用卡方檢定。

　　類目建構是決定內容分析法是否精彩的元素，本研究應變項類目建構極為周延，涵蓋了所有電視廣告歌曲的元素，測量標尺亦符合互斥（exclusive）的要求。

自變項	應變項	統計方法
・年代（有線電視開放前後） ・不同涉入度商品	廣告歌曲表現： 分為七大構面：演奏、訴求內容、歌詞詞性、演唱者、演唱方式、演唱語言、歌曲長度； 每一構面再發展分析類目（category）與測量標尺，合計三十三項類目。	卡方檢定 （Chi-square test）

　　除內容分析法外，本研究尚以深度訪談方式，訪問4位專業人士，再將內容分析法的發現與深度訪談結果彙整，做成結論。

　　結論寫得很好，不是內容分析統計的summary，而是融合深度訪談的結果，可讀性高，亦具實務價值，值得參考。

貳、個案

臺灣電視廣告歌曲的演變：1967-2009

研究生：吳國安

畢業學校：世新大學公共關係暨廣告研究所在職專班

學位：碩士

畢業年度：2010

指導教授：鄭自隆 博士

壹、研究目的與動機

一、研究背景（略）

二、研究動機（略）

三、研究目的

　　電視廣告中的廣告歌曲，在電視廣告中扮演著彩妝師的角色，當增加了音樂元素後，讓原本的電視廣告更有精神，也豐富了銷售訊息的表達，活化了電視廣告的創意與情緒！

　　本研究的主要研究目的，乃從「音樂」的框架切入，探討臺灣電視廣告歌曲，在不同時期、不同涉入度商品，其創作走向是否有差異；亦即研究目的為：

1. 探討不同時代（有線電視開放前後）之電視廣告歌曲表現之差異；
2. 探討不同涉入度商品之電視廣告歌曲表現之差異；
3. 探討不同時代與不同涉入度之電視廣告歌曲表現之差異；
4. 高記憶度／高知名度電視廣告歌曲之分析討論（詞曲創作人訪談）。

貳、文獻探討

一、電視廣告影片之創意管理（略）

二、音樂在電視廣告中的角色（略）

三、FCB廣告策略矩陣（略）

四、房地產廣告相關文獻（略）

參、研究方法與研究架構

一、研究方法概說

　　使用內容分析法，分析所蒐集之樣本廣告，再將內容分析的發現，訪問侯志堅（歌曲創作人）、胡如虹（歌詞創作人）、陳樂融（音樂創作人）、黃韻玲（音樂創作人），針對高記憶度／高知名度電視廣告歌曲，進行質化的深度訪問。

二、樣本選取

　　臺灣第一支配有電視廣告歌曲的電視廣告，開始於1967年，當時是由幸映社與臺廣，共同邀請日本作曲家三木雞郎為南僑化工快樂香皂譜曲（鄭自隆，2008）。本研究即以1967-2009年為母群體，蒐集118支電視廣告歌曲，將四十年來臺灣電視廣告歌曲進行分析。（註：取樣年代之說明）

　　本研究乃限定以商品量身訂做的電視廣告歌曲進行研究，不包括背景音樂及MV置入的歌曲。（註：取樣之操作定義）

　　由於指定具有歌曲歌詞的電視廣告，且年代自1968-2009年橫跨四十餘年，因此無法採用抽樣樣本，故採用「立意取樣」，乃將所有可取得的樣本納入統計範圍，樣本取得以潤利公司自1988年以後所測錄的電視廣告中，篩選有歌詞歌曲的電視廣告為樣本，1988年前之樣本則以搜尋youtube及臺灣CF歷史博物館之歷史資料為樣本。（註：說明取樣限制）

三、分析類目建構

表1　編碼表

一、基本資料	
（一）編號	
（二）年代	□1.有線電視開放前（1995年前）　□2.有線電視開放後（1995年後）
（三）涉入度	□1.高關心/理性 □2.高關心/感性 □3.低關心/理性 □4.低關心/感性
二、廣告歌曲演奏	
（一）曲風	□1.古典 □2.鄉村 □3.爵士 □4.搖滾 □5.藍調 □6.進行曲
（二）節奏	□1.快板 □2.中板 □3.慢板

（三）節拍	□1.兩拍 □2.三拍 □3.四拍
（四）樂器屬性	□1.弦樂器 □2.打擊樂器 □3.管樂器 □4.鍵盤樂器 □5.電子合成樂器
（五）演奏方式	□1.單一樂器獨奏 □2.多重樂器合奏
（六）旋律	□1.清柔悠揚 □2.輕鬆自如 □3.精神抖擻
（七）樂器分類	□1.國樂器 □2.西洋樂器
（八）音效	□1.環境音效 □2.語言音效 □3.樂器音效 □4.動物音效 □5.無
三、廣告歌詞訴求內容	
（一）企業名	_____次
（二）商品名	_____次
（三）商品利益	_____次
（四）訴求方式	□1.直接訴求 □2.間接訴求
（五）訴求內容	□1.使用時機 □2.使用者 □3.產地 □4.品質 □5.用途 □6.兩者以上
（六）感官訴求	□1.聽覺 □2.視覺 □3.嗅覺 □4.味覺 □5.觸覺 □6.情緒感覺 □7.兩者以上
四、歌詞詞性	
（一）押韻	□1.有押韻 □2.無押韻
（二）詞體	□1.白話文 □2.文言文
（三）雙關語	□1.國語雙關語 □2.臺語雙關語 □3.諧音雙關語 □4.無
（四）俚語/諺語	□1.國語諺語 □2.臺語諺語 □3.客語諺語 □4.外國諺語 □5.無
（五）文字類疊	□1.類（同一句子間隔重複）□2.疊（同一句子接連重複）□3.兩者皆有 □4.兩者皆無
（六）文字感嘆	□1.有感嘆字詞 □2.無感嘆字詞
（七）文字設問	□1.有設疑問句 □2.無設疑問句
（八）文字字幕	□1.有字幕 □2.無字幕
五、演唱者	
（一）性別	□1.男性 □2.女性 □3.男與女
（二）角色	□1.有入鏡 □2.無入鏡
（三）年紀	□1.成人 □2.兒童
（四）演唱者知名度	□1.職業歌手 □2.業餘歌手

六、演唱方式	
（一）演唱方法	☐1.聲樂唱法 ☐2.流行音樂唱法 ☐3.Rap唱法 ☐4.R&B唱法
（二）演唱形式	☐1.同步合唱 ☐2.獨唱 ☐3.交互混唱 ☐4.清唱
（三）演唱情緒	☐1.愉悅輕鬆 ☐2.低沉悲傷
（四）演唱表演形式	☐1.對著畫面演唱 ☐2.不對畫面配唱
七、演唱語言	
（一）主要語言	☐1.國語 ☐2.臺語 ☐3.客語 ☐4.其他
（二）語言交錯	☐1.國語/臺語 ☐2.國語/外語 ☐3臺語/外語 ☐4.無
八、歌曲長度	
（一）長度	☐1. 10秒 ☐2. 15秒 ☐3. 20秒 ☐4. 30秒 ☐5. 30秒以上

四、評分員信度檢測（略）

肆、研究結果與發現

一、不同時代（有線電視開放前後）之電視廣告歌曲表現的差異

統計結果發現，電視廣告歌曲在有線電視開放前後，在「雙關語」、「文字感嘆」、「語言交錯」、「訴求內容」與「感官訴求」上，有顯著差異（$p <$ .05）；在「音效」及「訴求方式」上，有極顯著差異（$p < .001$）。

特別是在有線電視開放前，會大量使用兩種以上的音效，但在有線電視開放後，音效的使用上則顯著的減少，不同時代有極顯著的差異！而在訴求方式上，有線電視開放前，直接訴求與間接訴求大致各半，但在有線電視開放後，直接訴求的比例明顯增加，有極顯著差異。

二、不同涉入度商品之電視廣告歌曲表現的差異

統計結果發現，電視廣告歌曲在不同涉入度商品的表現上，在「商品名」、「商品利益」、「年紀」與「主要語言」等類目，有顯著差異（$p <$ .05）；在「訴求內容」與「文字字幕」上，有很顯著差異（$p < .01$）；在「訴求方式」、「感官訴求」、「押韻」及「演唱者身分」上，有極顯著差異（$p <$ .001）。

　　特別是在高涉入度／理性商品、低涉入度／理性商品、低涉入度／感性商品，均以直接訴求為主，唯獨高涉入度／感性商品以間接訴求為主，在統計上有極顯著差異。

　　在「感官訴求」上，高涉入度／理性商品、高涉入度／感性商品，以情緒感覺訴求為主；低涉入度／理性商品、低涉入度／感性商品，則以兩個以上的感官訴求為多，在統計上有極顯著差異。

　　在「押韻」上，高涉入度／理性商品有押韻比例近80%、高涉入度／感性商品及低涉入度／理性商品，則是無押韻比例近80%；反觀低涉入度／感性商品，有押韻與無押韻比例約占各半，在統計上有極顯著差異。

　　在「演唱者身分」上，高涉入度／理性商品有73.9%為業餘歌手，高涉入度／感性商品有84.2%為職業歌手，低涉入度／理性商品有68.8%為業餘歌手，低涉入度／感性商品有65%為業餘歌手，此種現象在不同涉入度，有極顯著的差異。

三、不同年代與不同涉入度商品之電視廣告歌曲表現的差異
　　統計結果發現，有線電視開放後，不同涉入度商品在「感官訴求」上，有極顯著差異！其他涉入度商品，以情緒感覺訴求為主。惟低涉入度／感性商品，兩個以上的感官訴求有增加的現象！

　　而在有線電視開放前，不同涉入度商品在「押韻」上，有極顯著差異！高涉入度／感性與低涉入度／理性商品，不使用押韻。反觀高涉入度／理性與低涉入度感性商品，則較常使用押韻！

　　研究也發現，低涉入度／感性商品，在有線電視開放前後，於「音效」上有極顯著差異！在有線電視開放前，各種音效均被普遍使用，但在有線電視開放後，不使用音效的比例明顯增加！

四、電視廣告歌曲之分析
　　此節採深度訪談法，研究者歸納重要發現如下：

1.流行歌曲與廣告歌曲之差異
　　・廣告歌曲宜簡短有力，但無意境；流行歌曲則必須有鋪陳；
　　・廣告歌曲難批判，流行歌曲易評論；
　　・廣告歌曲、流行歌曲，都需要有個Hook。

2.電視廣告歌曲創作之要素
　　・需要高度準確的思維！
　　・把廣告歌曲，當作是流行歌曲的副歌；
　　・不必醞釀，迅速進入高潮。

3.有線電視開放前後，電視廣告歌曲創作之比較
　　・多元化的創作環境，讓創作沒有規則可循；
　　・音樂多元化，曲風融合化；
　　・即便時代有所轉變，好聽、好記仍是不變的圭臬。

4.電視廣告歌曲之評論
　　・不同的時代有不同的創作背景與要素；
　　・廣告歌曲，可以流行歌曲化；
　　・創作的手法，可以看出時代的分野。

5.電視廣告歌曲未來之趨勢
　　・在地化的思維，國際化的觀點；
　　・運用科技，創作將有無限可能；
　　・堅持創作，方能創造新思維。

伍、結論與建議
一、研究結論
1.電視廣告歌曲，講求精確與精準
　　　　所謂「精確」，即是「時間的掌握要精確」、「訴求的內容要精確」、「對象精準」。由於電視廣告歌曲不似流行歌曲可以鋪陳情緒，特別是在電視廣告費所費不貲的電視頻道上播出，因此在短短的20-30秒就必須完成，並藉由適當的歌曲曲風與準確的歌詞訴求內容，充分傳達出商品的訴求重點，並透過音樂

的旋律，對商品或企業產生好感！

此外對象要精準，消費者是兒童或成人，是男性或女性，是藍領或白領等。不同的消費族群，有其對音樂不同的領略與喜好，因此在電視廣告歌曲的創作上，要能夠符合「對的歌，唱給對的人聽」的原則！

2.電視廣告歌曲，應簡單、好聽、好記、易懂

臺灣電視廣告歌曲發展至今四十餘年，綜觀被消費者記憶深刻或是朗朗上口的電視廣告歌曲，不論是在有線電視開放前後，或是不同涉入度的商品電視廣告歌曲，運用簡單、好聽、好記、易懂是所有電視廣告歌曲創作的最核心重點。

歌曲旋律，不需深澀的曲風，沒有過多複雜的編曲，或許只是幾個簡單的音節，即可讓閱聽眾隨著哼唱，讓歌曲能夠簡單、輕易的烙印在閱聽眾的腦海。而好記、易懂，所指的則是在歌詞的表現上，未必要講究文字造詣，不用華麗詞藻，以口語及白話，運用淺顯易懂的文字，作為歌詞表現，甚或是以重複性的歌詞，即可讓閱聽眾朗朗上口。

3.有線電視開放後，電視廣告歌曲愈趨向音樂多元化與曲風融合化

媒體的開放，帶動的是資訊的爆炸與資訊接收的豐富化，因此電視廣告歌曲的創作，也朝多元化發展，沒有固定的曲風，沒有固定的創作模式！

早期電視廣告歌曲的創作較為循規蹈矩，會有一套固定的創作模式，認為廣告歌曲就應該具備什麼樣的曲風、什麼樣的節奏、什麼樣的節拍。有線電視開放後，任何屬性的曲風、節奏、節拍，甚至演奏的樂器、演唱的方式……，都可以用任何形式去呈現，只要達到被記憶的目的！

所謂音樂融合化，指的是早期還可以很清楚分辨出什麼是搖滾、什麼是爵士、什麼是古典，現在幾乎都是融合的，電視廣告歌曲的創作在曲風、節奏、節拍……也沒有完全絕對的，即便只是幾個小節，可能時而爵士，時而搖滾，或時而古典，曲風已經不太容易完全可以去定義或分辨！現在從事電視廣告歌曲創作的音樂型態，都可以有一個不同於別人的方式，不會再墨守成規。

4.有線電視開放後，在地化的創作曲風更臻顯著

在媒體閉鎖的時代裡，電視廣告歌曲的創作表現上尚稱中規中矩，然而在有線電視開放後，強調在地化、臺式風格的創作曲風漸趨抬頭，讓電視廣告歌曲的創作，有了新一層的面貌與風格。

在老三臺的時代，電視臺與電視臺之間，並無明顯的區隔，不同年齡身分的閱聽眾，接收資訊的管道十分侷限。有線電視的開放，除了頻道本身數量的增加之外，相對的頻道節目的區隔性也更趨明顯！有專業的新聞臺、體育臺、娛樂臺、宗教臺，甚或以本土風俗民情介紹為屬性或節目的本土性的頻道……，這種頻道大鳴大放的現象，顛覆了老三臺時代資訊的貧乏與保守，屬於臺灣內部長期被壓抑的本土意識，也解脫了禁錮！本土意識的抬頭，反映在音樂上則產生了所謂「臺式風格」、「本土風格」、「在地風格」的出頭！

從流行歌曲的創作，蔓延到電視廣告歌曲型態的轉變，電視廣告歌曲也擺脫了單調的曲風及創作的思維，屬於另一股的「臺味」。

5.不同涉入度的商品有不同的創作思維

向對的人說對的話，向對的人唱對的歌，不同涉入度商品因應購買對象的身分不同、品味不同、思維不同，有其不同的創作模式，以接近聆聽者的感受！

二、建議（略）
1.研究建議
2.實務建議

三、研究限制（略）

CHAPTER 7

焦點團體座談

第一節　方法

壹、意義

　　電話調查屬量化研究——以大量的調查結果作爲發現事實（fact）的依據，事實是what，但事實背後的why（原因）與how（如何處理），卻不是電話調查可以探究的。當電話調查發現某議題支持度偏低（what），這是事實，但偏低的因素（why）與後續應如何提振的策略（how），卻必須透過焦點團體座談（FGD: focus group discussion）才找得到。

　　焦點團體座談又稱焦點團體訪談（FGI: focus group interview）。Kruger（1988）認爲，所謂Focus Group Discussion就是： (1) people, who；(2) posses certain characteristics；(3) provide data of qualitative nature；(4) in a focus discussion.[1]

　　這個定義，帶出四個FGD的重要元素：

　　(1)People指的是出席焦點團體座談的受訪者，通常以7至10人爲宜，人數的控制是讓每位參與者能充分發言，但人數太少則缺乏腦力激盪效果；而人數太多，則會在討論過程中形成次團體，干擾他人發言；

　　(2)指的是參與者的特質，參與者必須與所討論的主題有關聯，而且要具同

---

[1]　見Kruger, R. A. (1988). *Focus Group*, Newbury Park, CA: Sage.

質性，具相同經驗，可以用相同的語彙討論，但成員彼此間要不認識。

(3)焦點團體座談提供的是態度（attitude）或意見（opinion）等質化資料，這些係屬深度資料，不具量化意義，如不能說某議題有60%出席者贊成，贊成者占多數。此外，焦點團體座談資料龐雜，應由研究者歸納，因此相同題目由不同研究者主持，資料顯現的深度也會不一樣。

(4)焦點團體座談是聚焦的討論，由主持人引導討論，因此主持人必須能塑造自然而互動的情境。此外，針對問題，設計開放式題目，但不能只問贊不贊成，而應該問為什麼贊成？為什麼反對？

焦點團體座談的優點是在自然情境下所進行的研究（social-oriented research procedure），由主持人擔任中介者（moderate），可以操弄方向，易於掌握研究主題與品質，同時效度高，在互動情境下參與者意見不容易隱藏或偽裝，可以取得質化、具深度之資料。此外，成本低，也是其優點。

當然焦點團體座談也有其限制，主要是程序不容易控制，需是有經驗的主持人，否則易偏離主題；同時資料不容易分析，必須是有經驗的研究者才懂得分辨真金與愚人金，方可在「沙裡淘金」。此外，執行時間長（約2小時），受訪者難募集，也必須有合適環境。而其最大的限制是概化能力（generalization）有爭議。

所謂概化能力，是由樣本的觀察推論至母體的能力，由於焦點團體座談是小樣本的討論，因此不具備推論至母體的能力，所以如何拿捏運用端視研究者的功力。

與調查法或內容分析比較，焦點團體座談在實務運用極為廣泛，是從事傳播產業者的必備能力。

貳、執行

焦點團體座談是廣告界常用的方法，可以是事前創意評估、腳本測試，也可以是事後的廣告評量，運用範圍極為廣泛。

表7.1.1 調查法、內容分析、焦點團體座談之比較

方法比較	調查法 （Survey）	內容分析 （Content Analysis）	焦點團體座談 （FGD）
性質	量化	量化	質化
研究對象	人	物（訊息）	人
樣本數	多	多	少
研究對象「時間」	當代	不限	當代
研究對象「地點」	當地	不限	當地
廣告運用	・收視率調查 ・對產業、企業、商品、廣告之認知調查	・分析長時期之廣告變遷	・消費者動機與態度 ・創意評估 ・作品預測
公關運用	・民意調查	・大量新聞稿分析 ・大量媒體報導分析	・對特定產業、企業、商品之態度 ・議題評論
新聞運用	・對特定議題之民調	・長時期之比較分析	・對特定議題之態度
競選傳播	・候選人支持度調查	・競選廣告分析	・候選人形象 ・文宣創意評估 ・選戰策略 ・政見議題
電視	・收視率調查 ・節目滿意度調查	・節目內容分析 ・廣告內容分析	・節目規劃 ・節目評估 ・腳本測試

一、主持人

主持人稱為interviewer或moderator，其工作是引導討論、控制時間、處理回答與突發狀況之掌握，主持能力關係FGD的成敗；而最瞭解研究目的的是主持本研究的人，因此主持人應由研究者擔任，並負責報告的撰寫。

此外，主持人應有每題討論完，可以立即彙整發言，做成結論的功力，當場歸納每題討論結果，可以讓受訪者瞭解主持人有無誤解他們的發言，若有誤解，可以再補充發言；而做成每題結論，可以幫該題描繪清晰輪廓，以方便後續研究報告的撰寫。

　　除主持人外，現場應有助理1-2名，助理工作為處理簽到、操作錄音設備、處理工作環境（電腦、投影機、冷氣、燈光），與應付中斷工作（如訪客）。

二、受訪者募集

　　焦點團體座談的受訪者以7至10人為宜，人數太少則缺乏腦力激盪效果，無法透過充分互動而達到激發big idea的功能；不過人數太多，則會在討論過程中形成次團體，受訪者會跟左鄰右舍交頭接耳，干擾他人發言；因此視題目多寡，以7至10人為宜，讓每位參與者能充分發言。

　　受訪者如何募集？最好的方法是透過調查法同時募集，如想瞭解不同政黨支持傾向的民眾對總統候選人的形象認知，座談分三場：民進黨支持者、國民黨支持者、無特定政黨傾向的民眾，則可搭配電話調查，從電話調查中知道受訪者支持傾向，再透過等隔抽樣方式，每隔若干人，抽取一位，邀請其出席。

　　當然不是每次舉辦焦點團體座談，都剛好有類似的電話調查可配合，因此可透過配額抽樣（Quota Sampling），即依研究者主觀判斷，列出抽樣母體特質的比例，例如：男女各半、年齡分層（20-30、31-40、41-50、50以上，男女各一人）、教育程度（高中、大學、研究所各2-3人）、職業（學生、上班族、家庭主婦各2-3人）等，如一場FGD受訪者有8人，依研究需要可做如此安排：

編號	姓名	性別	年齡	教育程度	職業
1A1	林〇平	男	20-30	大學	學生
1A2	白〇佑	男	31-40	研究所	公
1A3	李〇倫	男	41-50	研究所	商
1A4	徐〇麟	男	50以上	高中	公（退休）
1B1	呂〇錡	女	20-30	大學	學生
1B2	林〇媚	女	31-40	研究所	教
1B3	許〇金	女	41-50	高中	家管
1B4	朱〇蕙	女	50以上	大學	家管

受訪者可依配額抽樣邀請，不過須排除下列人員：

1. 委託單位、研究單位員工；

2. 與研究主題有關之產業或企業、機構、組織員工；

3. 除非以專家學者爲訪談對象，否則應排除與研究主題有關領域之專業人士。

三、題目設計

焦點團體座談的題目設計，當然還是要根據研究目的而設計，FGD題項有限，無法容納太多題目，因此與研究目的無關的題目，均應剔除。設計FGD題目需掌握幾個原則：

1. 不可使用「是非題」，必須是「問答題」，不能只問「你支不支持A案？」而是要接著問「爲什麼支持？」或「爲什麼不支持？」。

如節電行爲討論：

例1：請問您家中有神明桌嗎？若有，請問您家中的神明燈是否已汰換成LED燈？

這是「是非題」，受訪者說有或說無後，就不會再說下去，這樣的問法等於問「what」，調查法問就可以了，但FGD要問「why」和「how」，所以此題宜改爲──請問您家中有神明桌嗎？若有，請問您家中的神明燈是否已汰換成LED燈？汰換原因及尚未汰換的原因爲何？

2. 可以從受訪者的答案中，挖掘問題，一再追問並深入探討，不限一題一問。此外，必要時可回溯問題討論。

如上題，若有受訪者回答「大賣場有店員介紹，不過我還是沒買」，主持人應該追著問「爲什麼」，若回答「家裡以前曾買一盒神明燈泡，等用完再換LED」。主持人就可以歸納爲受訪者「經濟動機」或傳統惜物行爲，會影響LED燈的汰換。

3. 題目以不要超過六題爲宜，先從背景問題問起，但不涉及個人資料，個人資料（年齡、學歷、經歷……）應做成書面問卷，在報到時由受訪者填答。此外，問題安排要有邏輯性，同時前導題必須是容易回答的問題。

題目多寡，與出席座談人數有關，一場FGD不宜超過2小時。若有8人出席，題目六題，平均每題每人能發言的時間只有2.5分鐘，扣除主持人每題結論歸納，事實上每題每人能發言的時間只有2分鐘，所以題目不能太多，以致逾時而後面的題目草草了事。

4. 題目應能產生big idea，能從題目中找到令人驚豔的「大創意」。如節電行爲討論，問「若使用臉書或LINE通訊軟體來傳遞節能活動或節能手法，請問您會建議什麼樣的內容形式或包裝？」就是希望沒有設限，以蒐集到意料之外的答案。

四、進行程序

1. 主持人開場、介紹與會者
2. 說明研究目的與性質
3. 說明FGD規則
   (1)一次只一個人講話，請勿打斷別人發言；
   (2)對討論之主題，正面肯定或負面批評均可；
   (3)發言應針對主題，不針對其他與會者；
   (4)正式報告不會涉及個人姓名；
   (5)進行時間，不應超過2小時。
4. 展開討論，不休息

在FGD的討論中，主持人應適當反應受訪者談話，一方面表示尊重，另方面避免在冗長或無趣的過程中產生「神遊」，注意力無法集中。主持人回應受訪者談話有幾種方法：
   ・身體語言：微笑、點頭表示同意，低頭做筆記，表示重視；
   ・簡短插入：「喔，有意思」、「好意見」；
   ・適當回應：每位受訪者說完後，主持人應說「謝謝發言」或「謝謝妳的意

見」。

　　FGD的受訪者偶而也會有一些「怪咖」，怪咖的出現會影響研究效度，怪咖受訪者會有幾種類型：

　　‧專家型：自認為專家，說「這個問題我很有研究」，或直接說「我算是○○專家」。當一場FGD中，若有人自詡為專家時，會壓縮其他人發言空間，讓其他受訪者覺得矮了一截不敢發言，形成一言堂，無法有腦力激盪的效果。對付這種「專家」，主持人應特別強調「今天請來的來賓，都是這領域的專家」。

　　‧長舌型：長舌型的怪咖很積極熱心，會搶著發言，可稱為dominant talker。這型的受訪者會插話、接話，干擾他人發言，使其他受訪者思緒受到影響。對付這種怪咖，主持人應適時打斷他的話，表示「請讓其他人有發言機會」，接著立刻指定一個人發言。

　　‧害羞型：害羞型的受訪者，講話小聲、簡短，不敢注視主持人，也不會主動發言，貢獻度低。遇到害羞型受訪者，主持人除指定發言外，應鼓勵其發言，說「你的意見很有意思」、「好主意」，並且以鼓勵的目光注視對方眼睛。

　　‧漫遊型：漫遊型的怪咖為rambling respondent，很多人講話沒有重點不知所云，或是把重點擺在5分鐘以後，前面先來起承轉合。漫遊型的怪咖是會吃掉FGD時間的巨獸，主持人應打斷他的話，表示「你的看法呢」、「你的主張是什麼」，讓他立即切入正題。

五、記錄

　　記錄是FGD重要的工作，焦點團體座談的研究報告，最後必有「逐字稿」的附錄。「逐字稿」是主持人與受訪者的發言記錄，必須當場錄音錄影，事後由助理聽錄音檔整理打字。

記錄使用錄音或錄影，通常還會準備備份的錄音設備，而且事前應更換電池；此外，不要忘了筆記，筆記才是重點，否則光聽錄音檔會抓不到頭緒，整理打字會很辛苦。

六、其他注意事項

1. 簽到

簽到是助理的工作，應準備簽到表、出席費領據，若須有身分證影本，助理必須事先提醒受訪者攜帶。出席費應事先分好，以信封裝妥，不宜當場數給受訪者，更不宜有找錢的動作。

有的研究會要求受訪者填寫簡短問卷，這也應在座談之前處理，不要擺在座談之後。座談會後很多受訪者急著離開，容易會有遺漏。

2. 場地選擇

「場地中性」是最主要的考量，如政黨形象調查，就不宜使用政黨辦公室。新產品盲飲測試討論，也不要使用該公司的場地，場地最好使用大學或市調公司，以免形成機構偏差（source bias）。

此外，地點要好找、好停車，或接近捷運站，也不要在昏暗公寓大樓內，以免女性受訪者卻步；場地的設備（麥克風、投影機）要齊全，座位必須讓每一位受訪者可以看到每一個人，如此才會有互動產生激盪效果，因此最好使用圓桌或方桌。

有人主張場地要另有小房間，隔著單面鏡（one-way mirror），可以在小房間觀察FGD的進行，其實沒有絕對的必要。有單面鏡反而讓受訪者覺得受觀察、受監視，不能暢所欲言，影響研究信度、效度。

七、報告撰寫

每一討論題綱必須單獨撰寫，分為兩部分：發言綜合結論，與個別發言摘述。如針對內灣商圈之商圈管理系統現況之研究，該研究係以焦點團體座談法探討新竹內灣商圈經營者對商圈管理之看法，以及對經濟部商業司「98年度創新

臺灣品牌商圈四年計畫——價值行銷推廣計畫」，有關內灣商圈報導進行效果評估。[2]。

其中對「商家輔導」題項的討論，報告撰寫方式如下：

焦點團體座談：

對「特色商品開發」，有受訪者提到應以「野薑花」為主軸，以開發系列產品形成商圈特色，這是可以發展的方向。目前內灣商圈已有冰淇淋、肉粽、蛋捲以野薑花為材料，「數大為美」當集合許多「野薑花」系列商品時，的確可建立商圈商品特色。

　　*野薑花在內灣相當出名，別的地方都沒有的，但是都沒有把它突
　　　顯出來。（受訪者2）

對「包裝設計輔導」，有受訪者提到應設計商圈共用提袋，以「野薑花」為主，在適當地方留白，由商家各別印上店名、地址、商品等資訊。

　　*我在想說個別商家出的袋子，對我們商圈的宣傳有限，如果內灣
　　　有統一的購物袋，出去就知道是內灣的。（受訪者3）

亦有受訪者提到應「統一店招」，認為目前店招雜亂不整齊，而且有一些店家無限制擴大招牌，並不公平。事實上，店招代表商店風格或店主人品味，整齊劃一的店招僅適合新開發、有棚頂封閉式的商店街（如日本新開發商店街）。由於空間有限，因此無法容許各店家自行發揮，但對開放式的商圈而言，整齊劃一形成表面上一致化；但從另一角度而言是呆滯、缺乏生命力，也使得商圈或商店街沒有特色，沒有特色代表沒有吸引力，商圈或商店街會慢慢喪失競爭力。

　　*招牌有的橫的、有的豎的，有的高的、有的低的，很可惜，感覺
　　　零零落落。（受訪者3）

---

[2] 鄭自隆（2009），《新竹縣內灣商圈「商圈管理」暨媒體宣導傳播效果研究：焦點團體座談》，委託單位：民視文化公司。

　　＊招牌亂中要有序，我們要有一定的規格化，不要說要比大，然後要比凸出去，我是希望有一定的規範。（受訪者2）

　　綜合而言，焦點團體座談的研究報告，如同一般傳播研究，分為五章：

　　第一章：章名「研究旨趣」，陳述個案背景、研究目的。

　　第二章：章名「文獻探討」，應討論與研究變項之相關文獻，但若為業界委託案，因此章可略，只要在第一章略述理論依據。

　　第三章：章名「研究方法」，陳述受訪者特質、FGD舉辦日期、地點、討論題目。

　　第四章：章名「研究結果與發現」，可依討論題項分節撰寫。

　　第五章：章名「結論與建議」，分結論、建議兩節撰寫。

表7.1.2　焦點團體座談報告撰寫

章次	章名	內容
1	研究旨趣	個案背景、理論架構、研究目的
2	文獻探討	相關文獻
3	研究方法	受訪者特質、FGD舉辦日期、地點、題目
4	研究結果與發現	依研究目的逐項分節撰寫
5	結論與建議	結論、建議
附錄	逐字稿	

第二節　個案討論「自傳式政治廣告表現方式及其效果之比較研究」

壹、導讀

　　臺灣有電視競選廣告，始於1991年二屆國代選舉，當年只要推薦10名區域候選人的政黨，即可分到免費電視競選宣傳時段，政黨推薦的候選人愈多，分到的時間愈長；所播送的電視時段，是由中央選舉委員會徵召三家無線電視臺

（臺視、中視、華視）的晚間9:05至9:35，每臺三天，此時段當時是8點檔後的冷門公共電視時段。

1992年的立委選舉，比照辦理。本研究討論的國民黨陸小芬篇與民進黨姜素珍篇二支廣告，即為當年的作品；二支影片長度接近（均約7分鐘），以現在的觀點是類似微電影的規格，表現方式一樣，都是「真人真事」的證言廣告，而且分屬競爭的兩個政黨，製作均很用心。國民黨影片由中央電影製片廠製作，由當時著名明星陸小芬演出自己的故事；民進黨影片由臺灣廣告公司承接，是美麗島政治受難者戴振耀的夫人姜素珍，講述事件之後的遭遇，該片還得到1993年的時報廣告獎。

本研究在1993年初，選舉結束後進行，採複合式研究方法（mixed research methods），使用質化的焦點團體座談，與量化的量表測量。而量表有一式兩份，第一份量表在觀看受測影片後，即由受測者填寫；第二份量表於團體討論後填寫，以作為團體互動效果的比較，為準實驗法（quasi-experimental method），即：

$$Y1 \quad X \quad Y2$$

Y1：為前測，測量受測者觀看二支影片後，對影片之評價與態度；
X：為實驗處理，即對二支影片的焦點團體討論；
Y2：為後測，再測量受測者對二支影片之評價與態度，並與前測比較，以評量焦點團體討論是否導致態度改變。

貳、個案

自傳式政治廣告表現方式及其效果之比較研究[*]
鄭自隆

摘　要

　　本研究以焦點團體座談法及量表測量方式,比較1992年立委選舉兩支競選廣告影片──國民黨陸小芬篇與民進黨姜素珍篇,藉以探討自傳式政治廣告的特質。

　　自傳式廣告是證言式廣告的一種,研究結果發現,自傳式政治廣告不應使用職業演員,故事架構必須真實,並展示一個嶄新的訊息(閱聽人以往不曾接觸的新資訊),同時不可顯露太明顯的宣傳意圖。

　　此外,本研究亦發現,經由團體的討論互動,閱聽人對廣告影片的評價並不會產生顯著的影響。

壹、研究目的

　　本論文係以焦點團體座談法來比較1992年立委選舉的兩支廣告影片──國民黨的陸小芬「爸爸生日快樂」篇(以下稱為「陸小芬篇」),與民進黨的姜素珍「歷史的傷口」篇(以下稱為「姜素珍篇」)。

　　這兩支影片均是在選前由中央選舉委員會安排的政黨電視競選宣傳時段播出,兩片相隔一天,姜素珍篇在12月11日播出,陸小芬篇在12月12日播出,兩片長度接近,姜素珍篇長6分13秒,陸小芬篇(含片後的經濟成就訴求與總統的國慶講詞)共長8分37秒,而最主要的是兩片的廣告語言一樣──都是採用主角親身經歷的自傳式廣告。

---

[*] 本研究於第二屆中華民國廣告與公共關係學術研討會發表(1993年12月),國立政治大學廣告系主辦。經修改,刊登於鄭自隆(1994),〈自傳式政治廣告之表現方式及其效果之比較研究〉,《廣告學研究》第三集,頁115-143,臺北:國立政治大學廣告系。亦選錄於鄭自隆(1995),《競選廣告──理論、策略、研究案例》,臺北:正中,頁149-181。本文內容略有增刪。

自傳式廣告（autobiographical ad）是本研究試圖建構的一個學術名詞，它與證言式廣告（testimonial ad）不同。證言式廣告只是強調個人使用商品的經驗，而自傳式的廣告則是強調個人人生經歷中一段特殊的經驗，而這段經驗與商品有暗示性的連結，最主要的它必須是真實的（至少從閱聽人的角度看起來是真實的），不似證言式廣告可能只是一種虛假的安排或操弄（manipulated）；換言之，自傳式廣告必須是真人真事，而證言式廣告只是真人，未必是真事。

自傳式政治廣告在1991年二屆國代選舉與1992年二屆立委選舉的政黨電視競選宣傳，均有例子：

1991年　張忠棟篇（民進黨，12月17日，中視播出）
1992年　姜素珍（戴振耀夫人）篇（民進黨，12月11日，臺視播出）、陸小芬篇（國民黨，12月12日，中視播出）、張丁蘭（張燦鍙夫人）篇（民進黨，12月15日，中視播出）、徐秀蘭（許曹德夫人）篇（民進黨，12月15日，中視播出）。

1991年的民進黨張忠棟篇，是以張忠棟個人陳述他從國民黨的流亡學生，努力奮鬥成為臺大教授，再轉變成支持反對運動的心路歷程。1992年的張丁蘭篇、徐秀蘭篇和姜素珍篇一樣，都是以政治受難者家屬的經驗來「控訴」國民黨的迫害。

三支片頭與結尾的處理都是一樣，通稱為「歷史的傷口」，內容則是訴求自己的遭遇。片頭是以臺灣三合院式農舍為背景，加上林義雄宅祖孫命案、陳文成命案、王迎先命案、鄭南榕自焚、詹益樺自焚……移動式字幕，之後再有一幕「在憎恨之處，播下愛……」的字幕，再配合畫面顏色的轉換，字幕出現「為了臺灣，民主進步不放棄」，接著跳接荒野夜色中飄動著一條白布（創作者可能引喻為「白色恐布」）。白布飄揚中，本片開始，姜素珍篇先以文字介紹戴振耀的背景，即由姜素珍陳訴個人遭遇，她的陳訴可略分為三個重點：蜜月旅行，被先生找去看政見會的回憶；美麗島事件戴被捕，她奔波流產，對國民黨的控訴；以及現在民眾對美麗島事件的肯定。片尾再出現白布，以及「付出親情　犧牲前程　被誤解　被嫌惡……然而為了臺灣，他們要堅持下去」的字幕。全片運鏡單純，從頭到尾均使用胸部以上的特寫，剪接俐落，沒有累贅多餘的畫面。

　　陸小芬篇，以「爸爸生日快樂」為主題，以前後的對比，來強調臺灣經濟成就，進而肯定國民黨的貢獻。全片以陸小芬在片場拍片回家，接到電話，再由她來連絡兄弟姐妹一齊回老家參加爸爸生日聚會，而陸小芬則在歡愉的氣氛中回想以前家裡，爸爸是礦工，家中兄弟姐妹與父母和樂的生活在一起，有一次爸爸生日，全家圍坐吃麵線，全家只有一粒水煮蛋，爸爸捨不得吃，傳給鄰座的大女兒，大女兒再傳給鄰座的弟弟，弟弟再傳下者，最後這粒蛋就在小女兒的筷子中滑落到桌面。此時鏡頭，由蛋溶（dissolve）為蛋糕，在生日快樂歌中，全家很愉快的吃蛋糕，旁白則為陸父說臺灣經濟成就與富裕，而主片就在拍全家福照片與陸小芬的旁白「這就是我們家的故事……好珍惜」中結束。

　　主片結束之後，接著有約3分鐘的臺灣經濟成長數據與總統國慶致詞的畫面，最後畫面出現國民黨的黨徽及「革新再革新，安定繁榮有信心」的選舉口號。全片鏡頭變化多，人物也多，使用輕快的音樂（威爾第「四季」）。相對於姜素珍篇的樸實、凝重，本片則營造出俏麗、活潑的氣氛。

　　兩片有共同之處，都是以主角回憶及講述自己的親身經歷作為訊息主體，再由訊息中暗示出說服的企圖——國民黨以經濟成就來展示其執政成績單，民進黨則以被政治迫害來爭取同情，以肯定其對臺灣民主化的貢獻。這也就是自傳式政治廣告的特色——訴求主角的親身經驗，以吸引選民的注意或同情，再明示或暗示出說服的企圖。

　　本研究則針對這兩支自傳式政治廣告，以FGD的方式，探討受測者對兩片不同表現方式及其效果的評價，並以量表測量比較受測者觀看後及團體討論後的態度，以瞭解團體互動後，態度改變的效果。意即本研究擬：

1. 比較自傳式政治廣告不同的表現方式；
2. 比較其傳播效果；
3. 探討團體互動後，態度是否改變以及改變的方向。

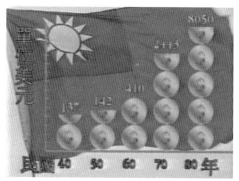

圖1　FGD討論標的——國民黨1992年選舉廣告《陸小芬篇》

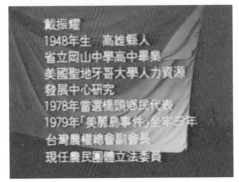 

 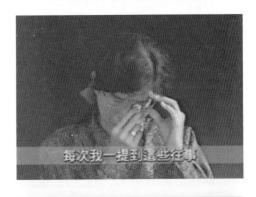

圖2　FGD討論標的──民進黨1992年選舉廣告《姜素珍篇》

貳、文獻探討

文獻探討分別討論下列三項與研究主題有關之領域，詳細內容請參閱鄭自隆（1995）《競選廣告──理論、策略、研究案例》，臺北：正中。

一、證言廣告

二、政治廣告的人物

三、訊息處理方式

參、研究方法

本研究使用焦點團體座談，與量表測量之準實驗法（quasi-experimental method），FGD共舉辦三場，計有34名受測者參與。而量表有一式兩份，第一份量表在觀看受測影片後，即由受測者填寫；第二份量表於團體討論後填寫，以作為團體互動效果的比較。

一、進行程序

本研究FGD與量表測量進行程序如下：

1. 由主持人說明進行程序（約3分鐘）
2. 觀看受測廣告影片（約15分鐘）
3. 第一份量表測量
4. 團體討論（約90分鐘）
5. 第二份量表測量

本研究三場FGD人數，分別為第一場7人、第二場12人、第三場15人，受測者均為政治大學學生，他們均曾選修或正選讀有關廣告學的課程。

二、FGD問題

FGD問題共九題，題目如下：

Q1：兩片都採用真人自傳式的陳述方式，您認為其真實性如何？

Q2：證人式廣告有VisCAP模式，即知名度（Visibility）、信賴度（credibility）、吸引力（Attractiveness）與權威性（Power）。請分別以知名度、信賴度、吸引力三方面，來比較這兩部影片。

Q3：您覺得哪一片比較感人？

Q4：您認為對一般大眾而言，哪一片比較有說服力？較能強化態度或改變

態度。對您呢？

　　Q5：您覺得哪一片政治意涵比較豐富？宣傳性較濃？

　　Q6：鏡頭處理方式，兩片也不一樣，您如何比較？

　　Q7：兩片有哪些鏡頭，讓您印象特別強烈或覺得特殊的。不論它是正面或負面的印象。

　　Q8：綜合而言，兩片中您比較喜歡哪一片？

　　Q9：您對人物自傳式的政治廣告，您有什麼看法或意見？

　　從題目可以瞭解，Q1係探討此類自傳式廣告影片給觀賞者真實性的感受；Q2係比較證人廣告的特質；Q3比較兩片感人的程度；Q4分為兩部分，一是由受測者猜測兩片對一般選民的影響比較，一是由受測者表示自己是否受到影響，而改變政黨支持的立場或只是強化而已；Q5係探討兩片不同訊息處理的方式——明示或含蓄，受測者的感受程度；Q6與Q7係探討受測者對電視視覺技巧的評價；Q8瞭解受測者對兩片的整體比較；Q9則是試圖從受測者的看法中，找出突破的觀念（big idea），這也是FGD吸引人的優點之一。

　　亦即在上述的九個問題中，除了Q9擬挖掘特殊看法外，Q1、Q2、Q5、Q6係分析自傳式政治廣告的表現方式；Q3、Q4、Q7、Q8則探討其效果。

三、量表

　　本研究的量表係參考、修正自鄭自隆（1975）的報紙廣告說服力公式量表，為七等分量表，其中(1)引人注意——不引人注意，(2)資訊豐富——資訊貧乏，(3)意義清晰——含糊不清等三項，係探討受測者對廣告的認知；(4)聳動——保守，(5)富有創意——創意貧乏，(6)精緻——粗糙，(7)親切——冷淡，(8)誠懇——不誠懇等五項，係探討受測者對廣告的態度，亦即情感效果，(9)可相信的——不可相信的，(10)令人心動——令人無動於衷，則探討行為效果。（參見第三章第三節「測量」）

　　經量表測量後，除了統計單一項目的平均值外，尚以單因子變異數分析（oneway ANOVA）來作分析：1.團體互動前兩片評價差異比較；2.團體互動後兩片評價差異比較；3.團體互動前後陸小芬篇評價差異比較；4.團體互動前後姜素珍篇評價差異比較。

肆、研究結果與發現

一、FGD 討論

1.真實性

Q1：兩片都採用眞人自傳式的陳述方式，您認爲其眞實性如何？

強調「眞人眞事」是自傳式政治廣告的特點，在三場FGD 中全部的受測者均認爲姜素珍篇的眞實性高。

受測者表示由於陸小芬篇中的主角陸小芬是職業演員，使用劇情片的手法在棚內作業，劇情經過設計，使用太多的技法修飾過大，所以看起來有不眞實的感覺，而且片尾連接政令宣導片，李登輝總統出現時間長，也沖淡了眞實的氣氛。而姜素珍篇，使用人物口述方式，無補充的影像，主角使用國、臺語相雜，如同一般對話的情境，更主要的是主角長相平凡亦如「鄰居的家庭主婦」，而且背景交待明確，所以眞實性高。

除上述外，受測者的評論有：

陸小芬篇

* 陸小芬打電話擺pose，欠眞實感；
* 陸小芬擺明了是在演戲；
* 一群人在演戲，陸小芬演，陸父演，小朋友也在演；
* 前面幾分鐘似乎是賣洗髮精或大哥大的商品廣告。

姜素珍篇

* 個人特殊經驗，可以看出不是杜撰的；
* 剪輯粗糙，如姜問現在是民國幾年，旁人說81年，所以顯得特別眞實；
* 連串動作，如談及流產哭泣、蜜月旅行羞澀的表情，眞情流露。

2. VisCAP 模式

Q2：證人式廣告有 VisCAP 模式，即知名度、信賴度、吸引力與權威性。請分別以知名度、信賴度、吸引力三方面來比較這兩部影片。

知名度、信賴感與吸引力是衡量名人訴求廣告的三個重要指標，在FGD 討論中，絕大多數的受測者同意陸小芬的知名度高，但信賴感、吸引力卻較差，而

姜素珍知名度雖低，但信賴感與吸引力卻比較好。

受測者認為陸小芬是著名影星，不過因為是職業演員，與政治議題沒有連結，因此其權威性不能延伸至政治領域，而其表演看來就像是演戲，所以信賴感與吸引力均差。而姜素珍雖然是一般婦女，就因為如同鄰居的太太，所以親和力強，而且她所陳述的是一個震撼力強的故事——美麗島事件的切身遭遇，因此吸引力與信賴感均高。

除上述外，受測者的評論有：

陸小芬篇

* 演戲；

* 陸小芬的微笑，很職業化；

* 片子剛開始的低胸鏡頭，確有吸引力；

* 脫星起家，後雖改型，但總是缺乏信賴感（註：陳述者為女性同學）；

* 做作，不親切；

* 老掉牙的故事，人人都知道陸小芬出身礦工家庭，所以缺乏吸引力；

* 陸小芬與國民黨欠缺連結性，不似姜素珍與民進黨的連結性強；

* 陸小芬只適合推銷一般商品，欠缺親身經驗，不適合政治廣告。

* 百事可樂用名人做廣告，可口可樂抨擊說「他們對自己商品沒信心，才會去找名人」，陸小芬反而削弱了商品（國民黨）的吸引力。

姜素珍篇

* 悲劇，比較有吸引力；

* 人的知名度是不夠，不過事（美麗島事件）的知名度卻很強；

* 對著觀眾講話，如同與鄰居的太太聊天，有親切的感覺；

* 民婦喊冤，甚有吸引力。

3.感人程度

Q3：您覺得哪一片比較感人？

自傳式政治廣告應以主人翁切身真實的經驗，來感動選民，以爭取選民情感上的認同。FGD的討論，受測者認為姜素珍篇感人多了。

受測者中有人批評陸小芬篇的回憶童年爸爸過生日，小孩子禮讓傳蛋的畫面很假，後段的政令宣導片更是蛇足，低估了觀眾的智慧。而姜素珍篇有很多受測者表示第一次聽到這種遭遇，所以衝擊力很強，而主角的遭遇更令人同情。

除上述外，受測者的評論有：

陸小芬篇

* 感人？感動得想笑出來；

* 導演試圖拍出感性的效果，卻表現出理性的宣傳；

* 同樣是礦工的故事，侯孝賢的片子令人感動多了；

* 礦工經驗是臺灣經驗的負面案例，災變多，沒有特別值得誇耀之處；

* 小朋友傳蛋，超出合情合理的範圍，若改穿以美援麵粉袋褲子的例子，可能會好些；

* 經濟成長，是每個人都可感受到的，所以強調經濟成長生活改善，令人感動。

姜素珍篇

* 提供和官方不一樣的資訊；

* 故事性強；

* 感人多了，聽完都有意猶未盡的感覺，還想知道其他政治受難者家庭怎麼了；

* 談蜜月旅行、流產，為生計而工作，均甚感人；

* 相較於國民黨的經濟成就令人感動，本片則是人（主角的故事）令人感動。

4.說服力

Q4：您認為對一般大眾而言，哪一片比較有說服力？較能強化態度或改變態度。對您呢？

政治廣告的目的在於強化態度或改變態度，本題在探討受測者對兩片在一般民眾的影響力的判斷，同時瞭解兩片對受測者本人的影響。經FGD討論，受測者主張頗不一致，但多數人認為陸小芬篇對一般民眾可能較有說服力，而姜素珍篇則對知識分子的選民有說服力。

受測者認爲陸小芬篇以經濟成就作訴求，強調生活安定、繁榮，對一般民眾應有說服力。而姜素珍篇以個人遭遇作訴求，而且訴求點不明顯，說服力可能差些，但對知識程度比較高的選民會有影響。

不過，也有一些不同的看法：

陸小芬篇

* 不感人，不可信，哪來的說服力；

* 使用國慶日畫面，讓我們想起以前被迫參加慶典活動的不愉快經驗，何來的說服力；

* 經濟成長只是假數據，錢多了但購買力下降，所以不具說服力；

* 中產階級會認爲經濟成就是自己的努力，與國民黨無關，而一般大眾只會感到房價壓力，所以缺乏說服力。

姜素珍篇

* 以個人經驗作陳訴，類似於人際傳播，說服力應較強；

* 對大眾而言，可能是第一次聽到，所以說服力會比較好；

* 有政治觀念的人看了會傾向民進黨，但沒有政治觀念的人，則會傾向國民黨；

* 對原先支持國民黨的人，可能會動搖態度，或引起好奇心去瞭解美麗島事件，對國民黨不利；

* 對女性選民可能因同情而變爲支持；

* 沒有提出具體承諾，所以說服力差。

從受測者的報告，可以看出受測者的神入能力（empathy），他們以自身的看法表示知識分子的選民，可能比較受姜素珍篇的影響而支持民進黨。

5.政治訊息的明顯程度

Q5：您覺得哪一片政治意涵比較豐富？宣傳性較濃？

最好的宣傳就是讓閱聽人不覺得是在宣傳。受測者認爲陸小芬篇在正片之後另加了3分鐘的宣導片，使全片的宣傳性極爲濃厚；而姜素珍篇固然也是宣傳，不過強烈的故事性沖淡了明顯的宣傳意圖。

受測者評論：

陸小芬篇

* 歌功頌德；

* 政治符號（國旗、黨徽、總統）太多；

* 使用總統、國慶儀式，讓人有法西斯的感覺；

* 類似莒光日教學片。

姜素珍篇

* 沒有黨徽，沖淡了宣傳味道；

* 單一主題，故事性強，因此會忽略了它也是在宣傳。

6.鏡頭處理

Q6：鏡頭處理方式，兩片也不一樣，您如何比較？

電視視覺技法是用來包裝政治訊息，適當的視覺處理可以將政治訊息美化，吸引觀眾的認知，並塑造好的態度。受測者認為陸小芬篇，使用MTV式的處理，跳躍太多、布景感太重，並有很多不必要的鏡頭。相對於陸小芬篇的花俏，姜素珍篇就顯得樸素，剪輯俐落。

除上述外，受測者的評論有：

陸小芬篇

* 符號（戒指、蛋、蛋糕）太多；

* 在短時間似乎塞了太多的東西；

* 小朋友傳蛋時間太長了；

* 有拍紀錄片的企圖，但失敗了；

* 陸小芬接電話的鏡頭，如同商業廣告片；

* 陸父談「小芬未嫁」，畫面雜，配音呈現專業水準，沖淡了可信性。

姜素珍篇

* 剪輯棒，姜擦眼淚，問現在是民國幾年，沒有剪掉，具真實感；

* 片頭、片尾用白布連貫，有整體感；

* 以敘述方式，容易導引觀眾情緒而進入狀況；

* 簡單構圖,簡單運動。

7.最有印象的鏡頭

Q7:兩片有哪些鏡頭,讓您印象特別強烈或覺得特殊的。不論它是正面或負面的印象。

受測者對陸小芬篇的鏡頭以負面評價為多,如陸父的伸手展示金戒指,有12位受測者表示不喜歡(占全部受測者的1/3強),以塑造溫馨的現代版「孔融讓梨」——傳蛋,也有5位受測者表示做作、騙小孩,不過也有3位受測者表示此段不錯。此外,受測者對陸小芬篇鏡頭的批評有:

正面評價
* 回憶兒時,陸父與小孩嬉戲;
* 片尾全家福合照。

負面評價
* 陸小芬的笑,很做作;
* 大哥大(手機)出現太多;
* 小孩傳蛋,蛋掉下去,如同亞瑟士球鞋的鏡頭;
* 大小蛋糕比較,太現實了;
* 陸小芬打電話的pose;
* 傳蛋時,有位小朋友吞口水。

受測者對姜素珍篇的一些鏡頭幾乎都是正面評價,如片頭、片尾的白布,有12位表示肯定喜歡,但也有1位表示不喜歡,另有2位表示它傳遞了恐懼的感覺,很具震憾效果,不過看了有點不舒服,不曉得應該算正面或是負面的評價。此外,姜素珍哭的鏡頭也有5位受測者表示正面評價,但也有1位表示不喜歡。除此之外,受測者對姜素珍篇其他鏡頭的評價有:

正面評價
* 字幕「無依」;
* 片頭農村三合院及其字幕;

* 姜素珍談蜜月旅行；
* 姜素珍談公婆的愛護；
* 姜素珍談流產。

負面評價
* 片頭「在憎恨之處播下愛」，此段文字太多。

8.兩片的比較
Q8：綜合而言，兩片中您比較喜歡哪一片？

34位受測者中，有28位受測者表示喜歡姜素珍篇，2位受測者表示喜歡陸小芬篇，另有4位受測者表示兩片均不喜歡。表示喜歡陸小芬篇的2位受測者，一位是僑生，他因聽不懂臺語，而且因比較支持國民黨而喜歡這支片子；另一位則表示觀看姜素珍篇會有恐懼不安的感覺，而支持陸小芬篇。

9.觀念激發
Q9：您對人物自傳式的政治廣告，有什麼看法或意見？

FGD的特色是經由團體討論互動的過程，而激發出突破的創意——big idea。受測者觀看兩片，對自傳式政治廣告提出的建議可以歸納為二部分：

(1)人物
很多受測者建議不要用職業演員，因為演員的功能就是演戲，因此無法突顯自傳式廣告的特色——即使演得再真、再好，選民也認為他是在演戲。此外，亦有受測者建議：

* 用孫越可能好些；
* 人物不要太多，要單純些；
* 以政治人物或工商界人士為主角，再提出證據，可能比較可信；
* 主角與政黨要有較強的連結性；
* 不要使用名人，應強調一般民眾的經驗；
* 如果以明星作主角，要注意主角形象，不要有任何不良的記錄（如脫

星、酗酒、吸毒）；

* 可以用歷任行政院長或參與重大建設的工程師作見證人；
* 一般的經驗，應找一般的民眾；特殊的經驗，要找更強烈連結的人；
* 民進黨應擺脫政治受難者形象，而透過專業人士的參與來獲致肯定；
* 可以找小馬哥（馬英九）來演；
* 姜素珍應與戴振耀同時出現，以塑造家庭的感覺。

(2)訊息處理

在訊息處理方面，受測者認為：

* 長度不宜太長，2分半鐘陳述一個主題應足夠了；
* 要提出證據；
* 訊息要簡化，使用單一訴求點；
* 在30分鐘的政黨廣告時間，可以處理成節目，中間再穿插廣告，以符合臺灣民眾的收視習慣；
* 同一支片子不要有明顯的區隔，如陸小芬篇前為正片、後為宣導片，就十分不當；
* 演員講話時不要有配樂；
* 不要使用太多的臉部特寫鏡頭，這是劇情片的手法；
* 要有市場區隔的觀念，針對特殊選民作訴求；
* 民進黨應提出具體的執政主張（如國土規劃）。

二、量表測量

1.第一次測量：團體討論前兩片的比較

本研究在受測者觀看兩片後即進行第一次測量，測量結果將陸小芬篇與姜素珍篇進行比較時發現，在(2)資訊豐富性與(6)廣告精緻性兩項指標，陸小芬篇的平均值略高於姜素珍篇（4.15：4.03與4.35：3.97），不過從單因子變異數分析發現，兩片在兩項指標均無顯著的差異。

此外，在其他八項指標的平均值均是姜素珍篇高於陸小芬篇，而且呈現顯著的差異，這顯示受測者在觀看影片後，於認知、態度、行為的評價上，都是姜素珍篇高於陸小芬篇。

表1　兩黨廣告第一次測量（前測）之比較

測量標尺	國民黨陸小芬篇		民進黨姜素珍篇		F值	p值
	平均數	標準差	平均數	標準差		
(1) 注意程度	3.91	1.14	4.94	1.07	14.7483	.0003***
(2) 資訊豐富性	4.15	1.60	4.03	.94	.1371	.7123
(3) 意義清晰性	4.32	1.25	5.26	1.08	11.0359	.0015**
(4) 聳動性	2.91	1.14	5.41	.99	93.5367	.0000***
(5) 創意	2.59	1.31	4.68	1.22	46.2992	.0000***
(6) 精緻程度	4.35	1.52	3.97	.80	1.6957	.1974
(7) 親切性	4.53	1.26	5.15	1.08	4.7173	.0335*
(8) 誠懇性	3.68	1.17	5.41	.74	53.0591	.0000***
(9) 相信程度	3.71	1.47	5.26	.75	30.4024	.0000***
(10) 心動程度	3.15	1.16	5.09	.97	56.3718	.0000***

2.第二次測量：團體討論後兩片的比較

　　在FGD的討論後，以相同的量表再進行第二次測量，測量結果發現，(2)資訊豐富性的指標，陸小芬篇的平均值仍高於姜素珍篇（4.53：3.91），而且呈現顯著的差異，這顯示受測者認為畫面多樣變化，所提供的資訊較為豐富。

　　但在其餘九項指標的平均值，均是姜素珍篇高於陸小芬篇，而且是呈現顯著的差異，這顯示受測者在經過團體討論後，態度並無重大改變，只是強化而已。

3.團體互動效果：陸小芬篇

　　若比較FGD 前後，受測者對陸小芬篇評價的變化發現，除了(2)資訊豐富性的平均值上揚外（4.15：4.53），其餘九項指標的平均值均下降，而且 (7)親切性還呈現顯著差異（4.53降為3.82），這顯示受測者經團體互動後，對本片的認知、態度、行為評價均趨向負面。不過以單因子變異數分析檢驗，九項指標均沒有呈現顯著差異，亦即後測的平均值雖比前測下降，受測者評價降低，不過尚未達顯著的水準。

表2　兩黨廣告第二次測量（後測）之比較

測量標尺	國民黨陸小芬篇		民進黨姜素珍篇		F值	p值
	平均數	標準差	平均數	標準差		
(1) 注意程度	3.56	1.33	5.53	.83	53.8876	.0000***
(2) 資訊豐富性	4.53	1.38	3.91	.97	4.5923	.0358*
(3) 意義清晰性	3.74	1.29	5.24	1.13	26.0970	.0000***
(4) 聳動性	2.71	1.34	5.56	1.11	91.8358	.0000***
(5) 創意	2.44	1.13	5.00	.95	101.4941	.0000***
(6) 精緻程度	3.85	1.35	4.56	.96	6.1674	.0156*
(7) 親切性	3.82	1.17	5.21	1.04	26.6339	.0000***
(8) 誠懇性	3.24	.96	5.21	.88	78.2552	.0000***
(9) 相信程度	3.21	1.30	5.24	1.02	51.5294	.0000***
(10) 心動程度	2.85	.89	5.03	1.00	89.7259	.0000***

表3　國民黨陸小芬篇前、後次測量之比較

測量標尺	第一次測量		第二次測量		F值	p值
	平均數	標準差	平均數	標準差		
(1) 注意程度	3.91	1.14	3.56	1.33	1.3822	.2440
(2) 資訊豐富性	4.15	1.60	4.53	1.38	1.1179	.2942
(3) 意義清晰性	4.32	1.25	3.74	1.29	3.6606	.0601
(4) 聳動性	2.91	1.14	2.71	1.34	.4672	.4967
(5) 創意	2.59	1.31	2.44	1.13	.2460	.6215
(6) 精緻程度	4.35	1.52	3.85	1.36	2.0621	.1557
(7) 親切性	4.53	1.26	3.82	1.17	5.7391	.0194*
(8) 誠懇性	3.68	1.17	3.24	.96	2.8902	.0938
(9) 相信程度	3.71	1.47	3.21	1.30	2.2153	.1414
(10) 心動程度	3.15	1.16	2.85	.89	1.3761	.2450

4.團體互動效果：姜素珍篇

在比較FGD前後，受測者對姜素珍篇評價的變化發現，有五項指標的平均值，後測有上升：(1) 注意程度（4.94：5.53）、(4) 聳動性（5.41：5.56）、(5) 創意（4.68：5.00）、(6) 精緻程度（3.97：4.56）、(7) 親切程度（5.15：5.21），但其中只有(1) 注意程度與(6)精緻程度達到顯著的差異。

另有五項指標的平均值下滑：(2) 資訊豐富性（4.03：3.91）、(3) 意義清晰度（5.26：5.24）、(8) 誠懇程度（5.41：5.21）、(9) 相信程度（5.26：5.24）、(10) 感動程度（5.09：5.03），不過這五項指標均沒有達到顯著的差異。

表4　民進黨姜素珍篇前、後次測量之比較

測量標尺	第一次測量		第二次測量		F值	p值
	平均數	標準差	平均數	標準差		
(1) 注意程度	4.94	1.07	5.53	.83	6.4327	.0136*
(2) 資訊豐富性	4.03	.94	3.91	.97	.2601	.6118
(3) 意義清晰性	5.26	1.08	5.24	1.13	.0120	.9130
(4) 聳動性	5.41	.99	5.56	1.11	.3341	.5652
(5) 創意	4.68	1.22	5.00	.95	1.4783	.2284
(6) 精緻程度	3.97	080	4.56	.96	7.5601	.0077*
(7) 親切性	5.15	1.08	5.21	1.04	.0526	.8193
(8) 誠懇性	5.41	.74	5.21	.88	1.0860	.3012
(9) 相信程度	5.26	.75	5.24	1.02	.0184	.8925
(10) 心動程度	5.09	.97	5.03	1.00	.0609	.8058

伍、結論與建議

一、研究摘要

從FGD與量表測量均發現，姜素珍篇比陸小芬篇來得討好。儘管兩片都呈現「真人真事」，但受測者認為姜素珍篇比較真實，雖然以名人廣告來說，陸小芬知名度高，但受測者卻認為她的信賴感與吸引力比姜素珍低。

在感人程度方面，受測者認為姜素珍篇感人多了，有受測者批評陸小芬篇的小朋友傳蛋的畫面很假，後段的政令宣導更是蛇足，低估了觀眾的智慧。

在傳播效果方面，受測者認爲陸小芬篇的經濟訴求，對一般民眾可能頗具說服力，但姜素珍篇對知識分子的選民可能比較有影響力。

在宣傳性方面，受測者認爲陸小芬篇的宣傳味道太濃，而姜素珍篇固然也是宣傳，不過強烈的故事性淡化了宣傳意圖。在鏡頭處理方面，受測者對陸小芬篇花俏的畫面提出很多批評，姜素珍篇樸素的畫面比較討好。

此外，有很多受測者批評陸小芬篇的金戒指、小孩傳蛋、大哥大的畫面。而姜素珍篇哭的鏡頭，則獲得正面的評價。整體來說，絕大部分的受測者表示喜歡姜素珍篇，只有2位受測者表示喜歡陸小芬篇。

對自傳式政治廣告的建議，很多受測者表示不要用職業演員，不要處理得像「莒光日教學片」，訊息要簡化，片子不應太長。對民進黨而言，應擺脫政治受難者的形象，尋求用專業人士現身說法的自傳式廣告。

在量表測量方面，印證了FGD的結論──姜素珍篇評價高於陸小芬篇。此外，亦發現團體互動討論，對受測者的評價並不會產生顯著的影響。

二、討論：自傳式政治廣告的特質

自傳式廣告，應屬於證言式廣告的一種，不過更具親切性、眞實性，而且應更具說服力。證言式廣告，常以名人、專家或尋常消費者的現身說法，強調直接使用的經驗，亦即表現出個人親自使用商品的見證，由於這只是一個短暫曝露（廣告訊息集中於訴求使用者使用商品的經驗），因此消費者看起來會覺得它是操弄的、不眞實的，「演員」是爲廣告而演戲。

但自傳式廣告不同，它著重於個人人生中某段眞實的遭遇，而這段遭遇與商品有強烈的連結。當廣告展示人生遭遇與商品的連結時，可以是直接的明示或間接的暗示。因此，其主角可以是名人、專業人士或一般民眾，但不適合使用職業演員。

自傳式廣告適合於政治廣告或公益廣告，這兩類廣告的商品概念較不具體，可能只是一個抽象的理念。若以證言式廣告方式，會顯得牽強，因此自傳式

廣告的方式合適些。

證言式廣告的製作方式，如同一般的商業廣告片，20秒或30秒均可，但自傳式廣告最好採取紀錄片的方式，因此需要較長的時間。

在效果方面，證言式的商業廣告是直接的訴求，希望即時獲得消費者直接的回饋──認知效果、情感效果或行為效果。自傳式廣告採用迂迴、聯想的方式，因此閱聽人的回饋可能不會很直接，不過透過一段潛伏期，眠者效果（sleeper effect）會顯現出來。

綜合而言，證言式廣告是「真人，但未必有真事」，但自傳式廣告卻是「真人演真事」。

三、建議

從FGD的討論發現，職業演員並不合適於自傳式政治廣告的演出，觀眾只會直覺他是在演戲，而不是在陳述一個「真人真事」，因此自傳式政治廣告應由一個特殊事件的參與者現身說法，這會比只籠統的敘述一個常見的觀念（如經濟成就）來得討好。

表5　自傳式廣告與證言式廣告之比較

比較	自傳式廣告	證言式廣告
表現方式	真人演真事 間接的、暗示性連結	真人，未必有真事 直接強調使用經驗
影像時間	長（生命中的某段歷程）	短（某種特殊經驗）
廣告時間	較長	短，20秒或30秒
拍攝方式	紀錄片技法	商業廣告片技法
人物（主角）	可為名人、專業人士，或一般民眾，但不適合使用職業演員	名人、專業人士，或一般民眾，亦可使用職業演員
故事性	強烈	不特別要求
觀眾感受	真實的	虛擬的、操弄的
傳播效果	眠者效果	直接效果
適用類型	公益廣告、政治廣告	商業廣告

　　此外，自傳式政治廣告所提供的資訊必須是新的，觀眾以前所不知道的（如「姜素珍篇」），最好還帶著「祕聞」的色彩。陸小芬篇之所以不討好，是因為她在陳述一個人人皆知的事：臺灣的經濟成就，因此此片也就被受測者批評為「莒光日教學片」。

第三節　個案討論「2010年《感動時刻》系列影片焦點團體座談」

壹、導讀

本研究為八大電視公司承接行政院客家委員會委製案，所製作的《感動時刻》系列影片之效果評估。

八大電視公司製作播映之「感動時刻」宣導影片，自2010年8月16日至12月31日期間，於八大電視公司八大一臺1900-2000新聞時段首播，次日1200-1300以及1600-1700重播，合計播出一百部。本研究以隨機方式從旅遊、人物、藝文、美食主題中，各挑選五支影片作為討論標的。

通常想到電視效果評估，很多人會直覺想到調查法，事實上使用調查法不是好主意，理由是：

臺灣電視頻道多，因此每一節目的收視率大量被稀釋，收視率有0.5已經是很棒的數字，不過要找到1位看過收視率0.5節目的受訪者，電話調查必須打過200通電話才能找到1位，因此要能問到符合樣本數需求的1,067位，必須打213,400通電話！這是不可能的。

其次，使用電話調查只能問到「what」——收看頻率、使用什麼平臺看，以及有限的「why」——在有限的選項中，問受訪者為什麼看、評價如何，費很大的勁，但得到的資訊量有限。

因此，使用「焦點團體座談」是最合適的方法，透過FGD可以瞭解：
・受訪者對影片的具體評價；
・對整體節目的改進建議；
・甚至對客家文化推廣的看法。

　　本研究為實務導向的傳播效果評估案，理論的討論不是重點；若是轉化為學術或學位論文，則必須加入三方面的文獻討論：

　　・媒介使用動機

　　・電視節目製作

　　・政策行銷

貳、個案

2010年《感動時刻》系列影片焦點團體座談研究報告[*]

鄭自隆

摘 要

本研究係採取「焦點團體座談」方式，探討民眾與傳播學者對八大電視公司接受行政院客家委員會委託製播「感動時刻」客家文化推廣影片之認知、評價與建議。研究結果發現：

民眾肯定政府在客家文化推廣的努力，而傳播學者則肯定八大的投入與用心，認爲系列作品已達一定品質，具類紀錄片水準，以庶民、生活、人性、關懷角度切入，不若一般政府宣導片鑿痕斑斑。

研究更發現，影片已達到創新客家形象之傳播效果，非客家族群對客家文化的認知是藍衫、麻糬、擂茶、桐花、硬頸等固有客家形象，但系列影片以「故事化」介紹客家的人、事、地、物，不但呈現客家傳統元素與價值，更展現客家族群新面貌，創新了客家「新」形象，這些新題材、新角度的切入，讓非客家族群觀眾更加認識客家文化。

在製作上，本研究建議：
- 採取單一主軸方式，「小題大作」鎖定單一主題聚焦報導，以呈現深度、突顯特色。
- 內容增加更多故事性，以提升影片的感動力與衝擊力。
- 老題材要有新角度，更要開發可以報導的新景點。此外，旅遊資訊應加強，以協助地方產業發展。
- 增加主持人在影片的參與，應在片頭或片尾加入副標題「石怡潔的客家體驗」，以突顯主持人在影片中的角色。
- 改進製作細節，如多帶入主角與其他人互動的畫面，讓觀眾有「參與」的感覺，增加臉部特寫畫面，縮短觀眾與主角距離；同時應有字幕，片尾應可連結到網址，以增加傳播效果。

---

[*] 整理自鄭自隆（2010），《〈感動時刻〉系列影片焦點團體座談》，委託單位：八大電視公司。

■時段應固定在新聞之後、氣象之前播出，除了培養觀眾的收視習慣外，也可避免招致「新聞置入」之議。

關鍵詞：客家文化、「感動時刻」客家文化推廣影片、客委會、八大電視

壹、研究旨趣

一、研究目的

本研究採取質化研究——「焦點團體座談」，探討民眾對行政院客家委員會委製、八大電視公司製作「感動時刻」（「感動石客」）宣導影片之認知、評價與建議，以供客委會、八大公司作為爾後製作類似節目之參考與借鏡。

座談會有北、中、南、東各一場，傳播學者專家一場，共五場，每場討論「感動時刻」宣導影片四部，合計二十部，除宣導影片外，本座談會亦針對政府推廣認識客家文化，與對八大電視製作「感動時刻」之建議，徵詢與會者看法。

八大電視公司製作背景，與所討論標的影片目錄。（略）

二、研究方法

1.方法概說（略）

2.受訪對象與場次

本研究進行計五場，其中民眾四場（北、中、南、東各一場）：傳播學者專家一場，於臺北舉行，每場進行約2小時。座談場地，臺北在八大電視公司舉行，中部、南部、東部各場次執行日期與場地，如下表（略）。

3.討論題綱

民眾場之討論題綱如下，主要係先觀看影片再討論看後感想，每場分別挑選旅遊、人物、藝文、美食各一支，北、中、南、東各選不同影片，因此有二十支不同影片可以予以討論。

1. 觀看「旅遊篇」之影片，有何評論和感想？
2. 觀看「人物篇」之影片，有何評論和感想？
3. 觀看「藝文篇」之影片，有何評論和感想？
4. 觀看「美食篇」之影片，有何評論和感想？

5. 對政府推廣認識客家文化，有何建議？

6. 對八大電視製作「感動時刻」，有何建議？

　　每場座談會均隨機從旅遊、人物、藝文、美食主題中抽取一支影片，作為討論標的。每場討論之影片均不重複，進行方式為先播出影片，再進行討論。

貳、影片討論

　　（從旅遊、人物、藝文、美食主題中，各取一例作為說明）

一、「美食：陂塘文化」

1.影片摘要

　　影片敘述專注於客家陂塘菜的廚師鄭彩緞女士。陂塘菜是指在池邊的蔬菜配上塘內的淡水水產，即為客家陂塘飲食文化。

　　鄭女士由於孩子不適無法就業，因此輾轉進入美食圈，加上對客家文化熱愛，在美食競賽中無往不利。回想比賽過程，還是難掩緊張情緒。紅槽油飯串連起祖孫三代的文化延續，直到現在依然為客家文化奉獻。

2.受訪者意見

這部影片的優點，可歸納為三大點：(1)突顯母愛的感動，讓觀眾感觸深。(2)在吸引力和引起關注方面達到功能，至少家庭主婦對此影片相當有共鳴感。(3)在技術層面，影片的處理流暢、色彩豐富、剪接獲得好評。整體而言，受訪者認為透過該影片，有助於提升對客家文化的認識。

> ＊短片很流暢。內容精簡、精煉。（受訪者21）

> ＊影片沒有敘述到兒子，從頭到尾只聽到媽媽為了孩子，有點感動。（受訪者24）

> ＊基本上算成功，因為大家都可以知道它試圖想要闡述什麼。（受訪者28）

> ＊以新聞短片來講的話很流暢，也能吸引我。我會注意到陂塘環境，還看到媽媽對小孩付出，為小孩開店，母愛對小孩的付出跟犧牲。（受訪者26）

> ＊平常在家就很喜歡看這種影片，因為身為家庭主婦，希望從中得到可以參考的東西。影片剪接蠻緊湊、色彩也賞心悅目，能感受到身為母親為了憂鬱症孩子，可以激勵很多媽媽不要洩氣。雖然年紀大，只要投入愛心就可以幫助孩子站起來。（受訪者27）

> ＊會讓我想去認識客家文化，去客家餐廳吃真正的客家菜，也想聽他們講客家話。（受訪者22）

該影片成功吸引觀眾，想要一探客家美食特色，並搭配感人母親愛護子女的故事，讓報導可看性更高；不過，較為可惜的是，侷限於新聞報導時間短促，想要在有限時間內盡量容納最多的訊息，導致報導主題分散，反而無法將單一主題做更細緻報導。基本上，內容可以變成兩條軸線發展，一為處理客家菜介紹，另一可專注於母子關係。若要處理客家菜，應增加對菜色認識，並與客家生活、文化多點連結；若重點在母子關係，應增加母子互動與人性方面的關懷。

＊希望看到是身為家庭主婦在美食的展現上，例如：米糕的特色究竟哪裡不同。比賽的過程輕描淡寫帶過，沒有放入心坎。（受訪者27）

＊主題不夠清楚，它想要表達客家菜，但身為媽媽就想知道對孩子的愛從哪邊來。不論是一或二，總之在這部影片都沒有被呈現出來。（受訪者28）

＊與孩子的互動在這裡看不出來，只有3分鐘很難介紹孩子和客家菜。（受訪者21）

＊從影片看不出孩子跟媽媽的互動，只從照片，知道憂鬱症。如果是為了孩子開餐廳，應該把和孩子的互動給帶出來。2分多鐘也沒有介紹到菜的特色。（受訪者22）

＊媽媽為了小孩去參加比賽，比賽過程沒有呈現。看起來有得名，但沒有講是哪道菜做了什麼得獎，餐廳特色和名字都沒有告知，只是稍微知道故事。（受訪者23）

二、「旅遊：南庄之旅」

1.影片摘要

影片介紹南庄著名景點，包含南庄大戲院（現已改為餐廳經營）、洗衫坑、桂花巷及百年老郵局，在在都讓遊客遺忘都市的擁擠。

南庄的清幽與美食、手工麵老麵店，讓遊客一試成主顧。走到洗衫坑感受當時婦女邊洗衣、邊話家常的景象，以及參觀檜木打造的百年老郵局，還可以郵寄明信片，記錄觀光心情。

2.受訪者意見

　　南庄旅遊影片，獲得諸多共鳴，接受度極高，畫面處理有懷舊風及充滿兒時回憶，傳達的意象豐富、引人入勝，受訪者紛紛表示看完很想到南庄一遊，宣傳效果評價很高。

　　影片的優點包括：(1)取材適當，讓觀眾有熟悉感。(2)資訊很豐富，呈現地方特性，包含美食、風景，面面俱到。(3)吸引人家採取行動，看完想要去玩的衝動。

　　＊南庄宣傳蠻成功，有確實介紹去哪裡可以吃到什麼東西，明確點
　　　出一些好東西。還有百年郵局，吸引我們去參觀。戲院是古早小
　　　時候的回憶，也會勾起參觀的興趣。（受訪者27）

　　＊南庄拍得很好，有懷舊感，四、五年級去的話，更會想起小時候
　　　看過的、賣過的玩具、零食。就美食而言，南庄在客家推廣很成
　　　功，大部分人都會去過。那裡也很悠閒，整條路都可以試吃，喜

歡就可以買，客家特色都有拍出來。（受訪者26）

＊對客家南庄的特色景點與美食重點都有提到，過程也流暢又不冗長。我覺得拍得很好。（受訪者21）

＊這片子的主題很明確，對老街美食文化景點懷舊，都介紹得相當清楚，會吸引我過去。（受訪者24）

　　至於該部影片特別之處，在於報導最後的yeah帶來的喜悅感，讓觀眾感染到休閒的輕鬆喜悅，有加分效果，可說是影片處理得非常細心的地方。整體而言，該影片結合旅遊、客家風情與文化地景特色，展現濃濃客家風情與文化特色。

＊最重要的是，看完影片最後還有遊客的yeah帶出參觀喜悅。（受訪者27）

＊美食介紹蠻清楚。百年郵局、洗衫坑，影片拍得還不錯。（受訪者23）

　　對於南庄旅遊介紹，受訪者多數給予正面評價，然而，正因爲普遍對南庄有一定的認識與探訪經驗，因此提出幾點建議：(1)介紹面很廣，但事實上受限時間，所以介紹比較浮面，可以從南庄中找單一主題深入介紹。(2)旅遊地區應該有停車與交通的資訊。(3)應該帶入節令的特色，譬如五月桐花季。

＊看完影片，會讓人憧憬想要去，但是沒有講到地理位置。影片只有介紹南庄老街內的結構，沒有講到交通問題，但美食還是很吸引人。（受訪者25）

＊去過很多次南庄，所以用這樣角度看影片，會覺得它沒有把南庄老街本身的濃厚客家氛圍呈現出來。就是走馬看花帶過南庄，想要呈現的重點是美食，還是客家特色，是老郵局還是桂花巷等景點？在影片看不出來。（受訪者28）

　　＊覺得拍得不錯。可以再多講一下五月雪桐花祭。影片所說的老戲
　　院怎麼都沒看到過？停車場只有一點點，亂停車被警察罰或是拖
　　吊，每次拖吊就是一千多元，會壞了遊興。（受訪者22）

三、「產業：美濃紙傘」

1.影片摘要

　　本影片呈現柿子水、亮桐油，純手工，兩天才能完成一把美濃紙傘的辛苦
過程。掌握傳統文化並賦予創意，加上藍染手藝、撕畫、剪紙藝術，混搭紙傘
藝術，並用客家花布當傘套，甚至賦予新用途，使美濃紙傘重生，創造無限可
能，買紙傘的人潮更多出100倍。兩人同心除了將走進歷史長廊的文化傳承，更
讓傳統工藝走出臺灣，並走進巴黎的世界舞臺。

2.受訪者意見

　　有關美濃紙傘的介紹，雖然在媒體的相關報導不少，但該影片透過細膩的
方式重新加以介紹，一樣引人入勝，而且有更多的認識。其優點是：(1)取材有
趣，介紹傳統物品，有懷舊與回味的感覺。(2)處理方式細膩。尤其影片完整呈
現紙傘從無到有的製作過程，令人感受到客家人對於傳統工藝的執著與發揚文化

精神，搭配紙傘藝術的新創意，令受訪者十分讚賞；雖是老題新作，畫面賞心悅目，音樂節奏動人，別有一番風情。

　　＊介紹做紙傘，很細膩的剪紙，無限創意，還有剪染做紙傘，這部
　　　分我蠻喜歡的。（受訪者23）

　　＊優點就是畫面很好看，紙傘都很有藝術氣息。（受訪者26）

　　＊我感動的地方是，小時候都是用紙雨傘，現在卻沒人使用，紙雨
　　　傘是不好用，被淘汰成走入藝術。藝術的境界就會有曲高和寡的
　　　現象，所以能把這藝術加以變化成多樣，不只是雨傘，也可以將
　　　紙傘用於布置家庭，多方應用。（受訪者27）

　　＊看到傘很漂亮，色彩鮮豔，一直在創新。（受訪者24）

　　＊呈現好的東西，也有帶出手工，怎麼去測量、怎麼製作。（受訪
　　　者25）

　　美濃紙傘走向精緻藝術化在所難免，在製作過程著墨許多，讓人留下深刻印象，但報導內容或能更多元化，如增加人的因素、人和傘的對話或故事。

　　以師父長繭的手帶入製傘過程，應可讓觀眾不只是看到現象面，也能透過艱辛失敗的情節，讓觀眾更加感動。而在報導處理上，有受訪者認為處理稍嫌平順，就是因為平順，缺乏高潮，有些可惜。至於老東西應該加入新功能與新用途，幫助產業持續下去，則是受訪者普遍的期待，因此對該影片的主題有更多的期許。

　　另外，在訊息設計上，應適度增加相關交通與商家資訊，讓報導更加完整；關於紙傘的保存與推廣方法，也可透過報導詳述，增加觀眾參訪購買的意願。

　　＊比較制式化地在介紹，就是少了感動——人心的元素。可以增

加製作紙傘的人,增加製傘師父與傘之間的對話,增加故事性。
（受訪者28）

＊傘是很漂亮,好像在講做傘工廠有創新,畢竟一家工廠不等於所有美濃紙傘,只知道是一把很漂亮的紙傘。影片沒有介紹到美濃紙傘的內涵。（受訪者21）

＊只把美好那面呈現,都沒有提到做失敗的部分,要怎麼毀掉。是不是做傘也會受傷,有歲月的累積才能製作給大家。（受訪者25）

＊要引起我去參觀,沒告訴我地點在哪裡。所呈現的內容是紙傘手工,完全依照古代傳承下來的,若是買回家又該如何保存?（受訪者22）

四、「藝文：客家安徒生」

1.影片摘要

　　介紹客家有聲童書創作者張捷明,其被譽為「客家安徒生」,創作種類相當多元,包含童書與科幻小說等,十多年來得到許多獎項肯定。當初會投入童書創作,只是為了兒女教學,創造一個語言學習的環境,兒女在客語學習的表現上也十分優異,更在童書中加入兒女的創作。張捷明堅持重新創作客家童話故事,而非採用以前的題材,打造客家的童話王國。

2.受訪者意見

　　影片以「客家安徒生」作為標題，想像力十足，一開始就很具吸引力。尤其主角談及透過母語教學和繪畫拉近與兒女之間的關係，以及與客家文化的聯繫感，題材新鮮具感動力。

　　主角本身在插畫上表現傑出，對客家文化推廣用心良苦，可說是百分百貼切該系列報導之主軸，不僅可激勵對客家文化推廣有心之人，也能對其他族群想認識客家文化的人，提供一個透過閱讀童話交流的歡樂管道。該報導的優點主要為：(1)肯定母語教學的用心和使命感。(2)呈現親子關係的互動以及族群傳承的用心。

　　　　＊很多故事來自於安徒生，讓我們得到很多快樂童年。現在客家
　　　　　族也有一個安徒生，他一定也很用心為小朋友寫作很多好聽、好
　　　　　玩，能引起動機，用很有趣的方式引起小孩學習意願。（受訪者
　　　　　27）

*看到父親對子女的愛，還有注重傳承。也強調時代在改變，語言變得很重要。在興趣學習中找到快樂。（受訪者24）

*片子在闡述張先生為了推廣客家話，所以製作客家童謠童話給小朋友看。（受訪者22）

題目設計相當吸引人，但在內容和拍攝畫面連結上，受訪者多數認為應該與歡樂連結更強一些，取景應增加小孩笑臉，吸引觀眾喜歡。如果可以增加作家經歷與背景介紹，增加觀眾對作家的認識，尤其是作家得獎的作品及經歷，會讓整個影片更顯出說服力。

此外，報導中強調作家重視孩子的母語傳承，但實際上怎麼做，閱讀中如何討論，可以透過畫面說故事，多加入親子互動訴求，以增加片子感動性。

*標題是客家的安徒生，但沒有說明為何叫客家安徒生。如果從後面介紹，有點隱約知道原來他也是童話創作者，但不是所有童話創作者都有資格被稱為安徒生，之所以被稱為安徒生，是否有特別經歷、得過哪些獎、受過哪些肯定，讓他得到這個稱號。（受訪者21）

*影片跟題目關聯性不強烈。可以知道張先生在從事母語教學，利用故事讓學童提升興趣學習母語。整片好像在倡導客家母語的風行。（受訪者25）

*影片中沒有說到如何積極推廣，用什麼方法讓小朋友推廣，如何讓客家小孩朗朗上口。（受訪者23）

*裡面寫的安徒生，還有很多跟童話故事有關，但歡樂、兒童，無法連結起來。整部片呈現很沉悶，無法讓我跟兒童、歡樂學習客家文化產生連結性。感覺小孩不開心，是被迫學習客家文化，可能與小孩臉上表情有關。（受訪者28）

參、對政府推廣認識客家文化之建議

一、專家場

1. 政府推廣客家文化精神面，主題應從族群文化出發，最終目的是促進族群融合，而不是突顯族群優秀性。

在取材上，應從民間庶民文化或生活風格切入，而非宣揚政府德政。至於精神面向，應透過深度溝通來呈現文化厚度，而非強化客家刻板印象。此外，政府在文化推廣上要有長期規劃思維，不同時段應該有不同功能定位，也可思考關於標案受限於法令，如何在節目製作上，能夠達到延續性與逐漸深化。

> *肯定客委會忠實呈現客家面貌在地生活，今天看得這幾集多了很多客家認識，過去講的都是桐花、擂茶、三山國王、山歌，但今天節目看到不同元素，忠實呈現客家多元面貌，深入人文和產業，這是很好的作法。（受訪者52）

> *第一，要清楚影片的定位，我想主要對象應該是非客家族群。第二，政府標案都沒有延續性，如果換別的公司來承接，應該要思考委託製播的延續。第三，到底這節目是給族群人士收看，還是要給非族群人士來弘揚族群文化，如果是要給非客家族群，不用每集都有諺語、客家標準色，可以輕鬆一點。（受訪者51）

> *出發點要做客家文化突顯，結束還是要做族群融合，現在社會走向多元且互相尊重，彼此認識再尊重，很難去分割文化，應該是相互融合，並突顯特色。（受訪者53）

> *我感受客委會推廣客家文化的階段已是成熟期了，非客家族群對客家文化已有初步認識，粗淺溝通已經過去，這一百集的任務應該是做深度溝通。政府的標案因為有法規規定，所以在標案過程中大家都是從頭開始的淺度溝通，政府要思考不同推廣階段的任務。（受訪者54）

2. 內容要用故事行銷切入，避免hard selling。

在節目的規劃上，傳播學界受訪者建議內容要用故事行銷切入，避免hard selling。在媒體的運用上，不同媒體應該要賦予不同功能，並盡量朝向活潑與年輕化。再者，所有文宣應整合運用，非單獨呈現。至於受限於採購法，所以在文宣處理無法維持連貫調性，應該要想辦法解決。

> *ICRT請外國人與客家女生學習客家話，主持過程很活潑，未來推廣時，用不同呈現方式，鼓勵年輕人肯定自己客家人定位。（受訪者58）

> *客委會應該要從語言走向文化才能深耕。透過故事行銷的方式會比較容易，有了故事就很容易感動人。「感動石客」都是透過非客家人認識客家文化，是很好的。（受訪者56）

> *在故事呈現上能否用一個客家阿嬤、閩南阿嬤、外省阿嬤，他們是朋友，一起出遊用生活故事、消費來呈現不同想法。也可以類推，用中年人與年輕人的gap差異。異中求同，同中求異，重要是彼此融合。（受訪者53）

3.一百集應該集結成冊出版

有傳播學界受訪者強烈建議節目製播一百集後，不應該就此放棄或閒而不用，應該集結成冊或另作發行打算，或剪輯精華版在其他媒體上曝光，例如：網路或放到youtube上提供點閱觀賞，也可做成教材。如此可以讓資源統整不會造成浪費，另方面也能讓好的文化內容繼續傳承下去。

> *講客委會在中長期規劃要思考資源整合，譬如放在youtube或網站置入，客委會要好好整合，避免經驗無法傳承。（受訪者56）

> *除了擂茶、客家桐花以外，對客家文化的認識應從哪裡切入，是思考一百集主題的重點。這幾集講到歷史很吸引我，這些概念是對客家族群的尋根，還有非客家的融合概念，串成300分鐘，可以作為客家教材。（受訪者54）

＊客委會近幾年推出很多活動，電影也是客委會出錢贊助，客委
　會累積這麼多品牌可以做深化與延伸的作用，結合在活動做執
　行。相信感動石客只是開始，後續可以延伸很多創意，主持人做
　完一百集後就變成文化代言人。我期望其他標案都可以仿照這樣
　形式，走出客家電視臺，在其他媒體關心客家事務。（受訪者5
　7）

＊客家文化、歷史到底是什麼？不同區域文化必不一樣，一定要讓
　客家人認同這是客家文化與精神，至於呈現方式應該要尊重外部
　專家。跳脫電視媒體，是否用遊戲、動畫來多元呈現客家文化，
　讓年輕人樂意接觸？（受訪者53）

＊這些影片做整體性利用，可以出光碟或出書，放在youtube網
　站，建立關鍵字，幫助民眾認識客家文化。（受訪者52）

二、臺北場

1.應釐清客家文化推廣的目的與對象

　　客家文化推廣的曝光率挺高，受訪者均有接觸的經驗。但客家文化的推
廣，受訪者普遍建議不需要刻意強調客家族群與他者的差異，對於客家文化推廣
的目的與對象應該釐清。除了針對客家族群本身認同性的強化外，對非客家族群
推廣客家文化的誘因要確認，是要提升族群社會地位？還是促進臺灣不同族群間
的融合？應要把握大方向，在政策上才可以聚焦使力。

　　（以下個別發言引述，略）

2.親身接觸與媒體宣傳並重

　　倘若認為推廣客家文化有必要性與急迫性，應考慮用直接參與、親身接觸的
方式會比較好，譬如增加族群互動、多辦活動。應該有配套措施，才能培養動
機。例如：推廣之後，取得認證有什麼幫助？

3.題材要創新，不刻意強調客家刻板印象

　　如果要透過文宣活動，建議題材選擇要創新，不要刻意強調客家刻板印
象。用年輕人、比較精緻方式呈現，主題不要只有桐花，題材選擇要創新。內容

需要與生活連結，要活潑，處理過程不要強調客家，而是自然融入。透過故事性推廣，讓人比較容易接受。在媒體選擇可使用大眾媒體，如廣播，還有偶像行銷。

三、臺中場

1.受訪者肯定客委會近年的努力

　　客家文化在臺灣的推廣，行之多年，堪稱所有族群中最積極、展現強大凝聚力、持之以恆的代表。客委會的廣告或相關客家文化推廣活動，在各種活動或電影院、電視節目中經常可見，單獨成立之客家電視臺，也是客家族群精神指標之一，受訪者不管來自哪個族群，對於政府客家文化大多認為已經做了很多，甚至躍居各族群之首。整體而言，客委會近幾年的努力應予以肯定。

　　但針對日常所見有關客家文化之官方作為宣傳，受訪者建議不應該只有在選舉期間強調客家文化，應落實平常期間的文化推廣；另一方面，政府對其他族群文化的推廣和保存，應該要相對予以加強，以免招致厚此薄彼的批評。

2.應從生活面著手，非客家族群比較容易接受

　　在客家文化推廣內容上，受訪者提出應該避免流於表象，或者刻版印象的不斷重複，客家人的傳統美德固然應該突顯，但也要減少過度強調某些個性，以避免產生負面印象和混淆。

　　在傳播訊息設計上，應該有易得性，跟生活連結，非客家族群比較能接受，從美食、旅遊來著手。換言之，在訊息上，一方面應有易得性，事實上也應有深度呈現，才能讓客家族群贏得尊敬、尊重，可以消除刻板印象。整個傳播過程不要掉入一鄉一特色的窠臼裡面，反而增加對族群認識的窄化。此外，不同語系族群應予以尊重，公平呈現。

3.推廣客家文化應具多元傳播的概念，將客家電視臺視為全民的電視臺來製播節目

　　在傳播的管道與概念上，受訪者建議，推廣客家文化應具多元傳播的概念，各種平臺，包括電視、網路、舞臺劇、廣告、電影等都可以使用。至於客家電視臺的定位問題，多數認為是良好工具，但應跳脫族群電視臺的概念，變成推廣客家文化的電視臺，不僅對客家族群本身發聲，凝聚認同感，更應將眼光放

遠、視野拉高，將客家電視臺視為全民的電視臺來製播節目，才能真正將客家文化推廣行銷出去。所以，相關的客語節目都應有字幕，增加不同族群相互瞭解，增加非客家族群對客語的學習動力。

四、臺南場

1.應擺脫對客家的刻板印象，不僅是只有藍衫、硬頸等形象

　　從教育著手，加強多元文化學習，例如：河洛文化與各族群文化有融合。擺脫對客家的刻板印象，不僅是只有藍衫、硬頸等形象。建議參考「好客文化」有趣廣告，提供學習客語的管道和節目贊助，吸引不管是客家人或非客家人，只要有興趣的人一起投入。

2.應使用多元行銷策略

　　應使用多元行銷策略，擺脫客家的刻板印象，透過文化創意產業、節慶行銷、旅遊節目，做廣泛訴求。

3.善用廣電媒體，思考客家電視定位

　　媒體選擇上，電視、網路、廣播、電影頻道都是合適媒體，應善用之。此外，應思考客家電視臺的定位問題，應捨族群電視臺定位，明確定位為推廣客家文化的電視臺！

五、花蓮場

1.受訪者對政府在客家文化推廣的努力，表示高度肯定

　　整體而言，受訪者表示，在客家文化推廣上，看得到政府努力，給予高度肯定。特別是客家電視臺成立後，不管是客家或非客家人都可透過電視節目，更加瞭解客家文化與生活風俗，網路的發達也帶動客家文化推廣的便利性。報刊與雜誌上有關客家旅遊文化的介紹，不僅成功吸引觀光人潮，也有助於各地客家文化的行銷宣傳。

2.政府也應該相對重視其他族群，多元文化呈現

　　對於客家文化推廣，受訪者認為還可精益求精，尤其客家文化在政府強力支持下，認為政府也應該相對重視與其他族群的平衡感，建議教育單位或一般大眾傳播節目，應該採取多元文化呈現，包括原住民文化都有公平呈現機會，不該

只強調中原文化。其次,對客家電視臺均抱持期待,希望節目內容可以更生活化和趣味化,而且觀眾不該只設限於客家族群,應調整角色,讓非客家族群也喜歡看,並且看得懂。所以在語言運用方面,應該考慮其他族群需求,加上字幕或國語解說,有助於增加彼此理解。

3.傳播內容不應侷限客家文化的刻板印象

媒體上有關客家文化的內涵介紹,受訪者則認為應消除客家文化的刻板印象,不該只是藍衫或麻糬,應呈現多元客家文化,加入其他新的元素,例如:在音樂或美術創作上,客家人表現也有許多傑出之作。

客家文化的古蹟,可適度帶入相關旅遊節目中,不過礙於電視節目有規定不能有商業行為,相關文化的推廣也受到限制,政府法規上應思考適度的鬆綁。客家文化推廣應該有長期的思考,在母語教學上應往下扎根,普遍設立及補助薪傳師,活絡教學品質。

肆、對八大電視製作「感動時刻」之建議

一、專家場

1.學者肯定八大投入與用心

針對八大製播之「感動時刻」客家文化推廣單元,傳播學界受訪者一致認為這是吃力不討好的事情,在有限的經費下要盡可能動員、進行深度報導,且受到每集截稿的壓力,還需策劃出一百集兼具深度、廣度的報導內容,實屬不易,八大電視臺能夠執行達到一定品質,已經是媒體表率,專家均給予正面肯定。因此,也呼籲客委會應考量文化節目深化與延續的重要性,思索在現行法規下如何在標案限制下,也能討論和用心的媒體繼續合作的可能性。

2.學者就題材與技術提出具體建議

就題材面來說,專家提出幾點建議:(1)倘若時間有限,就鎖定單一主題聚焦報導。(2)既然稱為感動時刻,每一集應該要有一個元素來呼應感動的主題。

就技術面來看,統整專家意見歸納出:(1)在片頭或片尾應該加入副標題,石怡潔的客家體驗,瞭解「石客」的意思。(2)主播介入比較少,應該要多涉入,不該只有片尾的幾個字。(3)最後要有一個字幕,當集的相關資料可連結到

網址。(4)一百集為完整單元，可輯冊出版。

二、臺北場

1.要小題大做，呈現特色，並與生活連結

在題材上，受訪者建議：(1)要小題大做，呈現特色。當地區沒有特色，就要找重點來深入報導。(2)跟生活連結，與觀眾有切身性與需要性。(3)不要只報導現在，可增加變遷性，故事性要豐富。除了從客家角度，可改由其他族群來看客家電視臺或節目進行思考。

2.時段應固定化，在新聞之後、氣象之前播出

在播出時段上，建議：(1)時段固定化，在新聞之後、氣象之前播出。(2)多露出在八大其他頻道。播出形式上則建議(1)可拉長時間，3分鐘太短。(2)似乎可成為單獨節目來呈現。(3)增加片頭片尾曲。另外推廣建議贈獎，增加收看誘因。而且贈獎要跟被報導對象連結，譬如看旅遊節目則搭配送出餐券和旅遊，發揮相乘相輔效果。

3.加強節目行銷

節目本身宣傳相對不足，可邀請名人與偶像推薦，或網路平臺行銷；另外，客家名人及偶像，也是很吸引人的題材，藉由他們的故事強化連結客家精神，深入解析客家文化在其生活與事業上的助力。

三、臺中場

1.調整播出長度，以增加節目深度

「感動時刻」定位受到新聞報導型節目限制，時時面臨時間與深度的拉鋸，有些影片令人感覺不夠豐富，或者有些缺憾。因此，受訪者大多主張增加節目深度，不要因為時間限制，以及為了配合節目的節奏，或過於強調畫面美感，反而讓深度不足。

2.以「人的故事」呈現節目張力

人的故事總是吸引人的，因此，短時間的新聞報導更應具備張力，不論深度或張力，都應該要有人的感動。影片應以人為主軸，增加故事性。而且不單僅著墨於主角的說法或鏡頭，也應帶入更多與其他人互動的感動或生活面向，如此可

以讓觀看者更融入情境。至於拍攝技巧方面，攝影時增加臉部特寫，帶有笑容愉悅的感覺。

3.應貼近生活，緊扣介紹對象與客家文化之間的關聯性

　　「感動時刻」為一系列規劃型節目，除原新設定的四大主題外，每一集的題材應該貼近生活，緊扣介紹對象與客家文化之間的關聯性，且契合不同族群觀眾生活經驗，像旅遊節目可以加點美食介紹和交通資訊等，提供觀眾前往探訪的便利性。另外，節目長度可適當增長，並透過其他管道加強節目宣導，增加曝光率及收視率，將好節目多多推廣。

四、臺南場

1.主軸應明確，以一條主線發展

　　主題方面，建議採取單一主軸方式，在3、4分鐘內以一條主線發展，不要處理太多題材。此外主題選擇，客家元素應該再加強，加入客家歷史，跳脫傳統對客家文化的印象。題材要有故事性，故事性不夠就不要。

2.題材選擇要結合新聞議題與時效性

　　播出時段建議不必在新聞時段播出，可穿插在節目之間出現，可爭取更多曝光率。題材與時段應該配合，例如：週五播出旅遊單元。

　　此外，不要推銷主播個人，在整個題材選擇上要結合新聞議題與時效性，要有系列性單一主題，必要時可以切成幾個系列性來呈現。

五、花蓮場

1.強化節目宣傳

　　受訪者對於「感動時刻」傳達善的理念與正面意涵，給予高度評價。因此，希望節目播出安排上，可以有更多元的思考，廣為宣傳，提供更多觀眾觀看的機會。建議在節目長度上，不同長度有不同處理方式。

2.時段應固定，以培養收視習慣

　　受訪者認為，精心製作的節目只放在新聞時段短暫播出，實在可惜，建議應該有固定單元，就像「點燈」節目，從溫馨角度切入容易吸引人。而且播出時間應該要固定，不該隨機出現在新聞節目。

在主題上，應該與令人感動的新聞事件緊扣。不過每天新聞變化大，執行上也許有難度。在內容呈現上，有故事性且聚焦，並能針對某一主題深入發揮，且有系統的劃分單元主題。

伍、結論與建議

一、結論

八大電視公司之「感動時刻」客家文化推廣影片，係接受行政院客家委員會委託而製播，自2010年8月16日至12月31日期間，於八大電視公司八大一臺新聞時段播出，基本屬性為政府宣導片，而非單純的紀錄片，但八大製作團隊已降低政府宣導意涵，而以接近紀錄片的方式呈現，誠屬不易。

從理論而言，政府宣導片與「純」紀錄片的拍攝與呈現顯著不同，政府宣導片是呈現政府觀點，紀錄片是呈現拍攝者觀點，但在政府的宣導片，政府觀點絕對是凌駕拍攝者觀點。

以目的而言，政府宣導片是為政府領袖、政策或政績宣傳，紀錄片常帶有濃厚的「反省」意涵，偏向對弱勢者的支持，或不正常現象的揭發。

以手法而言，政府宣導片常是報喜不報憂，呈現單向或官方的現實（reality），而紀錄片則是正面意見與反面意見並陳，拍攝者的角度可以是中立的觀察者（neutral observant），也可以是參與的鼓吹者（participant advocator）。

表7.3.1 政府宣導片與紀錄片之差異

比較點	政令宣導片	紀錄片
角色	參與的鼓吹者，但常偽裝為中立的觀察者。	中立的觀察者，或參與的鼓吹者。
觀點	政府觀點	拍攝者觀點
目的	宣傳	反省
切入角度	報喜不報憂； 一致的觀點； 相同的聲音。	正反意見並陳。

八大電視公司之「感動時刻」客家文化推廣影片，跳脫以往政府宣導片窠臼，以庶民、生活、人性、關懷角度切入，在無形中親切介紹客家的人、事、地、物，不但呈現客家傳統元素與價值，更創新了客家「新」形象——客家不僅只有擂茶與桐花，還有藝術家與爵士樂手，其呈現方式普遍獲得出席座談會之民眾與傳播學者肯定。

整體而言，經全國北、中、南、東各一場，傳播學者專家一場，共五場座談會，討論估計二十部「感動時刻」影片後，可形成如下之結論：

1.民眾肯定政府在客家文化推廣的努力

受訪民眾表示，在客家文化推廣上看得到政府努力，贊助電視臺播出「感動時刻」之類的節目，透過人、事、地、物的介紹，讓非客家族群瞭解客家文化與生活風俗，有助於提升族群間的認知，進而促進族群和諧；並透過客家旅遊景點的介紹，成功吸引觀光人潮，帶動地方繁榮與產業發展，更有助於客家文化的行銷宣傳。

2.學者肯定八大的投入與用心

針對八大製播之「感動時刻」客家文化推廣影片，傳播學界受訪者一致認為，在有限的經費下，經由企劃構想、聯繫動員、採訪拍攝，以達到深度報導要求，且每週有五次密集播出，製作團隊的截稿壓力可以想像，有如此的表現，實屬不易。

學者認為，八大電視臺「感動時刻」作品已達一定品質，不若一般政府宣導片鑿痕斑斑，應予以高度肯定。因此，受訪學者也呼籲客委會，考量節目深化與延續性，應思考與用心媒體繼續合作的可能。

3.達到創新客家形象之傳播效果

非客家族群對客家文化的認知是藍衫、麻糬、擂茶、桐花、硬頸等形象，但八大「感動時刻」系列影片中所呈現的，不只是上述的元素，而是展現客家的新面貌——陶藝家、爵士樂手、女性企業家、畫家，多面向介紹各行各業發展的客家朋友，以及透過堅毅的盲人歌手、同心創業的夫妻、對品質堅持的小吃店老闆、堅守崗位的鐵道員，在在都呼應了祖先「篳路藍縷，以啟山林」的精神。這

些新題材、新角度的切入，讓非客家族群觀眾更加認識客家文化。

4.「人」的故事勝於旅遊與美食

　　八大「感動時刻」系列影片包含旅遊、人物、藝文、美食四大主題，在受訪二十支影片中，只要主角的故事感人，這支影片受到的評價就高，顯示「人」的故事是影片受感動的元素，這也給政府單位，以及客委會、八大一個重要啟示——宣導片沒有「人」，就沒有「感動」。

二、製作建議

1.「小題大作」鎖定單一主題聚焦報導

　　採取單一主軸方式，明確主題，以一條主線發展。影片長度有限，在3、4分鐘內不可能處理太多題材，建議應該聚焦某個主題，小題大作，呈現深度以突顯特色。

2.增加更多故事性

　　風景與美食，觀眾只能望梅止渴，唯有「故事」能帶來立即感動。以傳播效果而言，「故事」最具Impact（衝擊力）。陶藝家「蕭立應」的影片之所以受到好的評價，主要呈現主角對理想的堅持——放棄教職全力投入藝術創作，但在描述其奮鬥過程，若能更著墨與家人互動轉折的故事，則更為精彩。此外，美食要跳脫非凡窠臼，主角或食材的「故事化」是唯一的途徑。

3.老題材要有新角度

　　南庄、北埔都是觀眾熟悉的老題材，老題材不是不能報導，而是要有新角度，新角度可以是人、事、物的「小題大作」，豐富故事性，如「北埔擂茶」加入歷史典故，就是一個好例子；為避免「炒冷飯」，製作團隊要努力開發新景點。此外，在旅遊單元，旅遊資訊不妨加強，以協助產業發展。

4.增加主持人在影片的參與

　　影片應增加主持人的參與，主持人在影片介入畫面不多，應該要多涉入。此外，「石客」並非是一個有意義的詞句（term），因此以諧音方式，把「感動時刻」稱之為「感動石客」並不適當，反顯牽強，倒不如在片頭或片尾加入副標題「石怡潔的客家體驗」，更能突顯主持人在影片中的角色。

5.改進製作細節、增加傳播效果

除了以「人的故事」呈現節目張力外，在取景角度與攝影方式也可以更具張力，不僅單純呈現主角的說法，鏡頭也應帶入主角與其他人互動的畫面，如此可以讓觀眾有「參與」的感覺，更可融入情境。此外，可增加臉部特寫畫面，縮短觀眾與主角距離。同時應有字幕，片尾也應可連結到網址。

6.時段應固定在新聞之後、氣象之前播出

播出時段上應固定化，本研究建議在新聞之後、氣象之前播出，除了培養觀眾的收視習慣外，也可避免招致「新聞置入」之議。

三、對政府之建議

1.推廣客家文化應有多元傳播思維

推廣客家文化應具多元傳播、多元行銷的概念，擺脫客家的刻板印象，透過文化創意產業、節慶行銷、旅遊節目，廣泛訴求，並將客家元素融入生活之中，而非是在「櫥窗」展示的樣板。

2.應思考客家電視臺的定位

在全國的座談中，有多位受訪者提及客家電視臺的定位問題。客家電視臺到底應是客家朋友的族群電視臺，還是應該扮演推廣客家文化的電視臺？受訪者建議，客家電視臺應捨族群電視臺定位，明確定位為推廣客家文化的電視臺！將客家電視臺視為全民的電視臺來製播節目，如此對推廣客家文化、提升客家地位方有助益。

第四節　個案討論「司法院〈家有Mr. J〉戲劇節目：民衆焦點團體座談」

壹、導讀

本研究對象為司法院為提升民衆正確、實用法律知識，委託臺灣電視公司製作「家有Mr. J」戲劇節目。

由於討論影片每集有30分鐘，且討論影片有三部，因此無法在座談會播放，所以於座談會二週前寄送受訪者，請其先行觀看，並特別交待觀看時秉持「平常心」，如同觀賞一般電視戲劇節目或DVD影片，不必特別注意，研究者期待受訪者在自然情境（natural setting）接受訊息，以排除霍桑效應影響。

在方法上，除使用焦點團體訪談外，尚使用量表測量，但並非態度量表，而是認知量表，座談會逐一播放剪輯之影片，以協助受訪者回憶影片內容，然後進行問卷評量，再議題討論。問卷內容為當集法律知識之測驗，以觀察具體之傳播效果。

此外，儘管是實務性的傳播效果評估，但研究者仍以學理詮釋受訪者的評論，如受訪者高度肯定此劇之傳播效果，認為題材貼近真實生活，劇情流暢、溫馨生動，知識的傳播深入淺出，即以之歸納為知識傳播，可用「劇情置入」方式，以彌補知識差距（knowledge gap）效應之結論。受訪者對傳播功能的討論，研究者歸納為Wilbur Schramm之「守望」、「決策」、「教育」、「娛樂」基本傳播功能。

受訪者所提出之建議，如對後續影集主題、劇情內容的建議，以及傳播對象可擴大為「中學生」或「外傭外配」的建議，均極具建設性，足供委託單位參考。

貳、個案

司法院「家有Mr. J」戲劇節目：民眾焦點團體座談[*]

鄭自隆

摘　要

本研究透過焦點團體座談，以瞭解觀眾觀看臺視公司「家有Mr. J」影集後，法律知識透過電視影集擴散之效果、民眾對使用戲劇節目介紹法律知識之評價，以及對節目改進之建議。研究結果發現：

1. 受訪者均能回答所提之問題，建立正確法律認知，顯示本影集符合預定傳播目標、效果，應予肯定。

2. 透過本影集提升民眾法律認知，符合媒體之「守望」（瞭解複雜社會現象）、「決策」（知道尋求法律協助之管道）、「教育」（提升民眾法律知識）、「娛樂」（劇情生活化，具娛樂效果）等傳播功能。

3. 以生活型態（life style）演出，貼近民眾經驗認知，沒有呈現知識差距效應（knowledge gap effect），受訪者無論是研究所或高中教育程度、年長或年輕、上班族或家庭主婦均能接受。

此外，本研究建議：
1. 劇情內容方面，可以有旅遊糾紛、信用卡盜刷處理、電信費率糾紛、交通事故處理、外傭或外配法律問題、網拍購物糾紛等議題。

2. 實際演出優於旁白口述，因此複雜觀念或法條，應以實際演出呈現，而非只有旁白口述；此外，片尾應加入法律資訊網址。

3. 民眾法律知識之建立，必須長期建立，為發揮傳播之涵化效果（cultivation effect），本劇宜持續長期播出。

關鍵詞：法律資訊、電視影集、司法院、臺視

---

[*] 整理自鄭自隆（2013），《司法院「家有Mr. J」戲劇節目：民眾焦點團體座談》，委託單位：臺灣電視公司。

壹、研究旨趣

一、研究目的

　　司法院為提升民眾正確、實用法律知識，委託臺灣電視公司製作「家有Mr. J」戲劇節目，Mr. J是法律系研究生——嘉凱的部落格，記載著幸福里生活周遭，所發生的法律真實案例；J是Judiciary（司法），代表司法正義的意涵，也象徵嘉凱夢想成為律師的熱忱，由於這份伸張正義的熱忱，也讓他成為幸福里的小小法律顧問，解決了里民在生活中，所碰到的法律疑難，把司法正義之聲，遍傳幸福里的各個角落。

　　本研究係透過質化的焦點團體座談方式，以瞭解民眾對此戲劇之看法：

1. 法律知識透過電視影集擴散之效果；
2. 民眾對使用戲劇節目介紹法律知識之評價；
3. 對節目改進之建議。

二、研究方法（略）

1.方法簡述

2.日期與地點

3.主持人與受訪對象

三、進行方式

　　1. 討論影片有三部「小志最困難的選擇」、「IVY的明星夢」、「阿滿姨的人氣料理」，並於座談會二週前，將「家有Mr. J」第一、二、三集寄送受訪者，請其先行觀看，並特別交待觀看時秉持「平常心」，如同觀賞一般電視戲劇節目或DVD影片，不必特別注意。

　　2. 11月22日當天 18:30受訪者報到用餐。

　　3. 19:00 主持人簡短說明研究目的與進行程序。

　　4. 接著逐一播放剪輯之影片後（協助受訪者回憶影片內容），先進行問卷評量，再議題討論。

　　5. 21:00結束討論。

四、討論題綱

第一集「小志最困難的選擇」

問卷題

1.影片中小志的父親，透過什麼樣的方式和管道，解決他的債務問題？

2.在監護權官司中，新家事事件法，特別注重哪一方的意見表達權利？

3.影片中小志的父母，透過什麼管道和平協調親子的監護權？

4.司法規費，金額在多少以下，可以在超商繳納？

5.官司判決前，父母任何一方可否將小孩送出國？

討論題

1.新家事事件法，對於未成年的小孩有什麼保護措施？

第二集「IVY的明星夢」

問卷題

1.性侵害被害人一站式服務，在執行驗傷及筆錄流程，有什麼特色？

2.為何性侵害案件，採不公開審理的方式進行？

3.什麼是交互詰問？

4.什麼是訴訟救助制度？

5.什麼是遠距訊問？

6.什麼是開庭進度查詢？

討論題

2.法院在審理性侵害案件，對於被害人，在開庭時有什麼保護措施？

第三集「阿滿姨的人氣料理」

問卷題

1.非法下載的音樂會侵害什麼權？

2.合法下載的音樂，若要在公開場合播放，需經過誰的同意？

3.什麼是三級二審？

4.智慧財產法庭較其他法庭人員不同，多了一位技術審查官，其職責為何？

5.什麼是法律扶助制度？

討論題

3. 何謂「營業祕密」？

綜合討論

4. 用戲劇節目介紹法律知識，是否適當？您認為「家有Mr. J」影集符合哪些傳播功能？

5. 您希望增加哪些法律知識的介紹？

6. 整體而言，對「家有Mr. J」影集內容有什麼建議？

7. 對「家有Mr. J」影集行銷與推廣，有什麼建議？如何讓民眾看到這個影集？

貳、研究結果與發現

一、傳播效果與評論

　　（僅列舉第一支影片「小志最困難的選擇」作為說明，「IVY的明星夢」、「阿滿姨的人氣料理」之討論，略）

1. 劇情簡介

主題：監護權／債務清理

　　茉莉一如往常，帶著同事美麗的小孩──小志，回到家中上家教課，小志向家教老師──嘉凱透露，即將又再面臨難擇的親子選擇題……。

　　小志的媽媽（美麗）三年前與丈夫離婚，歷經一場監護權爭奪戰，最後小志的監護權歸爸爸。如今小志的父親，即將再婚，加上又有財務的危機，致使美麗想要再度爭取小志的監護權；而小志父親因為想要爭取小志的監護權，決定勇敢出面與他的債務銀行協商，試圖解決債務問題……

　　親子關係像是看不見的繩子，仍舊緊緊著彼此……，難道選擇任何一方，親子關係就會破裂不復？選邊站的親子選擇題，再度降臨在小志身上，讓小志再度回到那年──與父母分離、家庭失溫、破碎、苦痛難忍的時光，也因為父母親又要打監護權官司，內心裡開始焦慮起來，課業一落千丈，在學校也出現脫序行為……

　　小志家錯綜複雜的情節，因為嘉凱和里長伯一家幫忙下，緩和監護權官司，一觸即發的緊張氣氛，到底「家事法新制」與「債務協商機制」可以幫助他們什麼呢？

2. 法律知識評量

(1)影片中小志的父親，透過什麼樣的方式和管道，解決他的債務問題？

表1 受訪者評量彙整

受訪者編號	性別	年齡	答對	答錯
A1	男	42	V	
A2	男	56	V	
A3	男	50	V	
B1	女	20	V	
B2	女	25	V	
B3	女	31	V	
B4	女	40	V	
B5	女	54	V	

　　無法支付信用卡卡債的人，應透過什麼樣的方式和管道解決債務問題，受訪者都明確知道可透過調解，以協商債務。

　　在此集中，其重點置於家事事件法之宣導，卡債協商只是順便帶到，但受訪者都明確知道透過調解，可以協商債務，一方面顯示數年前「卡奴」議題引起社會關注，政府之「卡債協商」宣導，深植印象；另方面也彰顯「切身性」之議題，較容易引起觀眾關注。

(2)在監護權官司中，新家事事件法，特別注重哪一方的意見表達權利？

表2 受訪者評量彙整

受訪者編號	性別	年齡	答對	答錯
A1	男	42	V	
A2	男	56	V	
A3	男	50	V	
B1	女	20	V	
B2	女	25	V	
B3	女	31	V	
B4	女	40	V	
B5	女	54	V	

　　由於全片都以小志為主軸，受訪者都清楚在監護權官司中，新家事事件法，特別注重保障未成年人之「表意權」，傳播效果明確。

(3)影片中小志的父母，透過什麼管道和平協調親子的監護權？

表3　受訪者評量彙整

受訪者編號	性別	年齡	答對	答錯
A1	男	42	V	
A2	男	56	V	
A3	男	50	V	
B1	女	20	V	
B2	女	25	V	
B3	女	31	V	
B4	女	40	V	
B5	女	54	V	

　　片中演出小志父母對小志監護權，從爭吵到取得共識，係透過調解以取得協議，所以受訪者都明確暸解爭議中之雙方可透過調解，以協調親子的監護權，傳播效果明確。

(4)司法規費，金額在多少以下，可以在超商繳納？

表4　受訪者評量彙整

受訪者編號	性別	年齡	答對	答錯
A1	男	42		V
A2	男	56	V	
A3	男	50		V
B1	女	20	V	
B2	女	25		V
B3	女	31	V	
B4	女	40	V	
B5	女	54	V	

片中以口述方式，司法規費服務金額在新臺幣2萬元以下者，即可就近至便利商店繳款，由於沒有演出，且對不須法院服務者，缺乏切身性，所以不會特別注意，傳播效果受到影響。

(5)官司判決前，父母任何一方可否將小孩送出國？

表5　受訪者評量彙整

受訪者編號	性別	年齡	答對	答錯
A1	男	42	V	
A2	男	56	V	
A3	男	50	V	
B1	女	20	V	
B2	女	25	V	
B3	女	31	V	
B4	女	40	V	
B5	女	54	V	

　　過去常發生父母一方在官司判決前，即將小孩送出國以逃避交付子女，而法院卻無法可管，常成為新聞事件。此次新法中規定，官司決定前，法官得命令當事人暫時禁止攜未成年子女出國，有條件地限制未成年人隨特定人出境，未來小孩被強行拖走的情況，不太可能發生，由於與新聞事件呈現對比，因此受訪者印象深刻。

3. 議題討論
議題：新家事事件法，對於未成年的小孩有什麼保護措施？

　　家事事件新增專業審理、程序不公開、社工陪同、遠距視訊審理、程序監理人、家事調查官、專業調解、擴大可以合併審理的事件範圍、暫時處分、履行勸告等新制度，讓法院可以結合社工、心理、輔導、精神醫學、調解等領域的專業資源來處理家事事件。包含：
　　　・注重保障未成年人的「表意權」
　　　・在法庭外陳述，不一定非要「法庭上面對面」

．可暫時禁止攜未成年子女出國

．「暫時處分」，離婚訴訟期間，監護權雖尚未確定，仍有日常問題必須解決，不能等到官司確定再處理，法官可指定小孩在訴訟期間的學費、補習費由誰出、由哪方暫時扶養，確保小朋友權益。

．新增「家事調查官」，能在訴訟期間協助調查，幫助當事人有效舉證；「程序監理人」可替未成年人處理訴訟程序，也就是幫小朋友跑法院，減少小朋友奔波於法庭，程序監理人由法官選任。

討論結果發現，受訪者提到對未成年的小孩有什麼保護措施，有以下三項：

．可不用出庭，絕大部分受訪者均提到孩子可以不必親自出庭，可在法庭外陳述；

．不可任意帶小孩子出國，也有多位受訪者提到；

．有社工人員協助。

其餘「暫時處分」、新增「家事調查官」、「程序監理人」均無提及，顯示以電視劇傳達法律知識必須「抓大放小」，不能鉅細靡遺；看電視劇是低涉入感（low involvement）行為，注意力不會集中，因此在短時間提供大量資訊並不適當。

二、知識傳播評價

1. 知識傳播

受訪者高度肯定此劇之傳播效果，認為具如下之優點：

．生活化，題材貼近真實生活；

．溫馨生動；

．劇情流暢；

．知識傳播深入淺出。

從學理而言，本劇有三項意義：

(1)彌補知識差距效應

法律知識艱澀，因此傳播時常呈現知識差距效應，亦即年輕、高社經地位者

容易吸收，同一素材對年長、低社經地位者、家庭主婦卻艱澀難懂，但本劇並無此現象，無論是研究所或高中教育程度，年長或年輕、上班族或家庭主婦均能接受。

(2)流暢之生活型態演出

本劇之所以能彌補知識差距效應，主要是以生活型態（life style）演出。在電視廣告表現型態中，生活型態演出是最容易吸引注意的方式，而本劇劇情流暢，演員稱職，深受受訪者肯定。

(3)知識傳播可用「劇情置入」方式

「置入」看起來像廣告，但在學理上不視為廣告，置入（placement）就是在電影、電視畫面中出現某一商品，這個商品可能是純擺設道具，也可以是演員使用的物品，而要置入商品必須付費給電影或電視製作單位。好萊塢電影早就有商品置入，情報員龐德所使用的手錶、汽車、喝的酒都是刻意置入的商品。同樣的，在韓劇中女主角用的手機、男主角圍的圍巾、男女主角約會的咖啡廳也是刻意置入的，廣告主的目的就是期待觀眾在不經意、低涉入感的情況下，累積對商品的印象，也就是下意識的效果（subliminal effect）。

「置入」可用於商品宣傳，但亦可用於知識傳播，法律知識本就艱澀難懂，因此使用劇情置入以提升國民法律素養是極適當行為，也不違反傳播倫理或法律規定。

2. 傳播功能

經討論後，受訪者認為「家有Mr. J」影集符合「守望」、「決策」、「教育」、「娛樂」等基本傳播功能：

「守望」：可以瞭解複雜社會現象；
「決策」：知道尋求法律協助之管道；
「教育」：提升民眾法律知識；
「娛樂」：劇情生活化，具娛樂效果。

參、節目改進建議

一、期待主題

　　受訪者以自身生活經驗，期待「家有Mr. J」影集可以演出下列主題，以提升民眾法律知識：

- ・旅遊糾紛法律問題；
- ・信用卡盜刷處理；
- ・電信費率糾紛；
- ・交通事故處理；
- ・外傭或外配法律問題；
- ・網拍購物糾紛；
- ・家暴處理；
- ・惡鄰法律問題；
- ・消費者保護；
- ・詐騙集團處理。

二、內容建議

　　受訪者肯定本劇表現方式，認為具發展潛力，應持續製作，以發揮傳播效果，綜合受訪者之建議，可以歸納為下列三項：

1. 傳播對象

　　受訪者建議此劇之傳播對象，可擴大為「中學生」或「外傭外配」，為使外傭外配瞭解我國法律，可在片尾以越南語、印尼語、英語字卡，簡述該集法律重點。

2. 劇情內容

　　受訪者建議：

- ・不要太專業，如三級二審；
- ・要有切身性，應與生活有關聯；
- ・片名「家有Mr. J」，Mr. J之意義未交代；
- ・法條陳述應自然且口語化；
- ・在適當內容處，加入「密碼」或「通關密語」，以有獎徵答方式，吸引觀眾注意；

‧內容有述及，情節就應交待，如里長買到山寨玩偶、阿滿姨店裡播放未具公播權之音樂，均缺乏後續交待。

3. 製作技術

　　受訪者針對製作細節，提出建議：

　　‧片名「家有Mr. J」天空標太搶眼；

　　‧片頭人物不突出；

　　‧片頭使用報紙無意義；

　　‧複雜程序可用CG說明；

　　‧可以有伏筆，吸引觀賞下一集；

　　‧片尾應加入法律資訊網址。

三、推廣建議

　　針對節目推廣，受訪者建議：

　　‧片尾加入有獎徵答；

　　‧播出時刻可改善；

　　‧台視應有頻道廣告；

　　‧在里鄰大會播出；

　　‧使用公車、捷運廣告；

　　‧網路無償下載；

　　‧與其他電臺結盟播出，如原住民臺可配族語播出；

　　‧善用社群行銷，建立粉絲頁。

　　受訪者之建議，有些確實可行，如組織粉絲、善用社群行銷，或提供原住民臺改配族語播出，均可擴大傳播效果。

肆、結論與建議

一、結論

　　針對臺視公司「家有Mr. J」影集之前三集，透過焦點團體座談，本研究歸納以下三項結論：

1. 符合預定傳播目標、效果應予肯定

　　無論從問卷評量或議題討論，受訪者均能回答問題，建立正確法律認知，顯示本劇內容生活化，題材溫馨，貼近眞實生活，且劇情流暢演出生動，符合原先設定傳播目標。

2. 提升民眾法律認知、善盡教育責任

　　受訪者認爲「家有Mr. J」影集符合「守望」（瞭解複雜社會現象）、「決策」（知道尋求法律協助之管道）、「教育」（提升民眾法律知識）、「娛樂」（劇情生活化，具娛樂效果）等Wilbur Schramm所謂之基本傳播功能，委託單位（司法院）提升民眾法律認知，製作單位（臺視公司）則善盡媒體社會責任，均應予肯定。

3. 製作細緻劇情用心、避免知識差距

　　以生活型態演出，貼近民眾經驗認知，所以沒有呈現知識差距效應，受訪者無論是研究所或高中教育程度、年長或年輕、上班族或家庭主婦均能接受。

二、建議

1. 劇情內容

　　‧可發展之內容，可以有旅遊糾紛、信用卡盜刷處理、電信費率糾紛、交通事故處理、外傭或外配法律問題、網拍購物糾紛等議題，此均爲民眾關切且常見之議題。

　　‧劇情不宜複雜，也不能塞入太多法條，以免無法吸收。

2. 製作技術

　　‧實際演出優於旁白口述，因此複雜觀念或法條，應以實際演出呈現，而非旁白口述。

　　‧片尾應有伏筆，以吸引觀賞下一集；

　　‧片尾應加入法律資訊網址；

　　‧爲使外傭外配瞭解我國法律，可在片尾以越南語、印尼語、英語字卡，簡述該集法律重點。

3. 長期播出

　　民眾法律知識之建立，必須長期建立，為發揮傳播之涵化效果（cultivation effect），本劇宜持續長期播出。

CHAPTER 8

德菲法

第一節　方法

壹、意義

德菲法（Delphi method）是統合專家意見以形成共識的決策行為，其起源是1950年藍德公司（Rand Corporation）接受美國國防部的委託，集合各領域專家意見，以預測需多少顆原子彈才會使美國完全癱瘓的研究；Delphi一詞命名是取自古希臘馬可波羅神廟的「德菲神諭」（Delphi Oracle），有預測未來之寓。

簡單的說，德菲法是一種把團體溝通程序結構化的方法，有面對面如焦點團體討論的腦力激盪優點，但避免強勢受訪者主導意見的形成；也使用問卷調查法，受訪者不用面對面，不過其他專家的平均意見與自己勾選的意見，在下一次調查會並陳，讓受訪者思考要不要調整自己的看法，如此周而復始施測，最後取得共識，這種共識也就是專家社群相互主觀性（intersubjectivity）。

這樣的決策過程，可以避免焦點團體討論可能的樂隊花車效果（bandwagon effect）或群體極化效應（group polarization），有助於決策品質提升。換言之，藉由調查的匿名性（anonymous），德菲法可以保有專家群體決策的優點，但避免了成員面對面的溝通干擾；不過，施測耗時，一次調查往返可能需二週以上，形成共識需有3-4次調查，進度不易控制。

德菲法的問卷施測，可以使用面訪、郵寄問卷（含網路傳遞），研究對象也

都是「人」，不過和調查法還是有些不同：

表8.1.1　德菲法與調查法之比較

比較項目	德菲法	調查法
研究對象	人	人
方法意義	質化精神、量化方法	量化研究
測量工具	問卷； 受訪者可增加題項，以納入下一次測量。	問卷
測量頻率	多次（Panel study）	單次；但Panel study可多次。
資料蒐集	面訪、郵寄問卷	面訪、電訪、郵寄問卷
抽樣方式	立意； 判斷抽樣	隨機
受訪者共識	需要；建立學術社群共識。	不需要
樣本數	視研究需求與規模而定，十餘位至數十位不等。	1,067
樣本特性	同質性（相同領域之專家）	異質性
概化能力	具概化能力	具概化能力

・研究方法意義：調查法是標準的量化研究，但德菲法雖然使用問卷調查，也使用簡單統計（平均數、四分位差），但卻不能歸為調查法，而是「質化精神、量化方法」。

・測量工具：調查法使用的是問卷，德菲法也是使用問卷，但德菲法歡迎受訪者增加題項，並納入下一次測量，對其他受訪者作調查，亦即受訪者可以參與問卷建構。

・測量頻率：調查法是單次訪問（one-shot survey），除非是Panel study，否則不會有多次調查；而德菲法就是Panel study——對同組樣本，以相同問卷反覆施測，並容許受訪者參照其他專家看法修正意見。

・資料蒐集：調查法可使用面訪、電訪、郵寄問卷，但德菲法絕對不能使用電訪，電訪需立即反應，且無法看到上次其他專家平均意見與自己的意見選

項，因此並不適合。此外，由於需要思考，所以應由受訪者自己填答，不宜由訪員詢問。

　·樣本來源：調查法的抽樣方式，要求隨機（母體中每一個體均有被選中之機會），而且樣本數要達到有意義的1,067人；德菲法當然沒有「母體」概念，既以專家為對象，當然由「立意」產生，屬非隨機之判斷抽樣（judgment sampling），樣本數則視研究需求與規模而定，十餘位至數十位不等。

　在傳播領域，很多研究生以德菲法建構模式來撰寫論文（見表8.1.2：應用德菲法之碩士論文舉例），其題目選擇可供參考。[1]

表8.1.2　應用德菲法之碩士論文舉例

研究生	論文	畢業學校	年度
馬方哲	影響網路廣告量之因素建構	銘傳大學 傳播管理研究所	2001
戴文玲	臺灣網站流量稽核指標之建構	銘傳大學 傳播管理研究所	2001
蘇欣儀	電視媒體品牌權益衡量指標之建構	銘傳大學 傳播管理研究所	2002
趙孟誼	電視競選廣告效果評估指標之建構	中國文化大學 新聞研究所	2003
林清彬	影響電視媒體廣告經營策略因素之指標建構	中國文化大學 新聞研究所	2003
江佳陵	電視新聞臺主播形象指標之建構	世新大學 傳播研究所	2004
翁世洋	政府公關活動規劃衡量指標之建構	世新大學 傳播研究所	2004
謝采寧	處理危機公關之指標建構	中國文化大學 新聞研究所	2006
汪俐	電視戲劇節目行銷策略指標之建構	中國文化大學 新聞研究所	2006

---

[1] 表8.1.2之應用德菲法碩士論文，皆為鄭自隆教授指導。

盧燕萍	客家電視臺非新聞性節目呈現客家文化內涵指標之建構	國立政治大學 傳播學院在職專班	2009
曾明浩	廣告消費者洞察量表初探	國立政治大學 廣告研究所	2009
林威儒	以大型活動建構城市品牌之評估指標研究	國立政治大學 廣告研究所	2009
陶雅育	企業博物館公關功能指標之建構	世新大學 公關廣告研究所	2010
游智雯	多層次傳銷企業內部刊物公關功能指標之建構	中國文化大學 新聞研究所	2010
曹百薇	商圈管理知識地圖之建構	中國文化大學 新聞研究所	2011
沈盈吟	高科技產業公關服務範圍之研究	國立政治大學 傳播學院在職專班	2013
蔡佩旻	廣告代理產業未來營運模式之鑾測	國立政治大學 傳播學院在職專班	2014
傅秀玉	財經談話性節目關鍵要素之研究	國立政治大學 傳播學院在職專班	2014
胡馨文	觀光工廠文創化指標之建構	國立政治大學 廣告研究所	2015

貳、執行

一、方法選擇

與其他研究方法一樣，必須由研究目的來思考解決問題的方法，適合選擇德菲法的題目會有這些條件：

1. 專家意見：必須由專家決策，而不是採集一般民眾的意見；
2. 面向廣泛：所研究問題的面向，不但主題廣泛，更涉及正反方不同思辨，必須反覆討論，不是幾場焦點團體座談可以形成共識；
3. 議題具爭議性：必須對議題有爭議性（argumentative topics），方適合以德菲法取得專家共識。若議題取向均趨向同一方（正向或負向），恐會形成

「一言堂」，使用德菲法未必合適。

4. 無法面對面討論：可能時間限制、避免衝突，或專家人數太多，邀集會議有其困難；

5. 必須匿名：避免某些專家強勢引導，形成沉默螺旋效應，所以必須個別以問卷調查方式進行，不讓專家面對面討論。

德菲法的研究流程和一般傳播研究類似，不過有「反覆施測、取得共識」的機制。當第一次施測，專家意見沒有共識時，可以執行第二次施測；第二次施測的問卷，則同時展示其他專家的平均意見與該受訪專家勾選的意見，讓受訪專家思考是否要調整意見，以與其他專家一致，當然亦可堅持自己看法；如此反覆施測，直到建立共識或確定沒有共識爲止。

此外，若是題項太多，無法形成具體結論時，可將最後一次的結果，進行因素分析（factor analysis），將數十個題項，歸納爲數個構面，更能清晰描繪出研究結論。

更考究的研究，也可將有共識的指標，或歸納後的結論構面，找一至二個個案，進行個案研究，以瞭解其實務運用之可行性，同時亦可檢視指標或結論構面之效度，不過個案研究步驟並無絕對必要。

德菲法之研究流程，請參閱圖8.1.1：德菲法研究流程。以下則就問卷設計、確認受訪者名單、問卷調查、穩定度、因素分析、結論撰寫逐一說明。

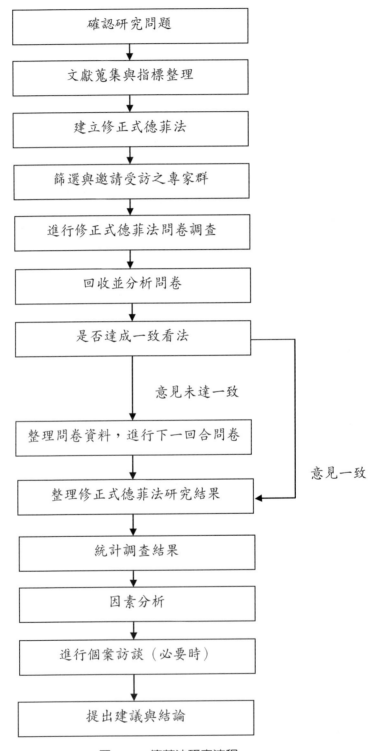

圖8.1.1　德菲法研究流程

二、問卷設計

傳統德菲法第一回合的問卷為開放式、面訪，設定方向由受訪專家自由填答，俟回收後，再由研究者就專家意見，整理歸納為結構性調查問卷（structured questionnaire），始進行第二回合調查。

但此法繁複，且在第一回合未必能蒐集完整概念，或各專家意見甚至會有衝突，研究者難予取捨；因此，目前多數研究的作法都是省略開放式問卷施測的步驟，直接由研究者廣泛閱讀文獻與蒐集資料，彙整各家看法，經過前測修改後，直接發展出結構式問卷，作為第一回合的調查問卷，這種方法稱為「修正式德菲法」（modified Delphi method）。

問卷指標之建構以有理論依據為佳，如林威儒（2009）《以大型活動建構城市品牌之評估指標研究》，政治大學廣告研究所碩士論文。其研究背景是亞洲重要城市紛紛搶辦大型活動，2008年有北京奧運、2009年有臺北世界運動會與高雄聽障奧運會、2010年有上海世博會、臺北花博。當城市籌辦大型活動時，應有什麼評估指標？因此，其研究目的是「發展出有利於觀察、規劃、分析、評估城市品牌導向之大型活動策略的指標體系，以作為未來城市品牌導向之大型活動策略規劃與分析之參考。」

該論文根據文獻，認為以大型活動建構城市品牌必須有策略性、符號性、關係性、效益與存續性等構面，每一構面再建構若干指標，合計六十八項指標，每項指標均有理論依據，符合學位論文之期待：

編號	指標	操作性定義	理論基礎
1	趨勢分析	界定此類大型活動之發展與規劃上之趨勢	Baker & Cameron (2008)
2	競爭者分析	界定主辦城市在辦理大型活動時主要的競爭對象	Baker & Cameron (2008)
3	在地社群的態度	策略規劃的考量因素包含當地居民及企業，對於辦理大型活動的態度	Ashworth & Kavaratzis (2007) Baker & Cameron (2008)

4	在地文化	策略規劃的考量因素包含當地文化、價值觀和生活型態	Baker & Cameron (2008) Kavaratzis (2009)
5	全球市場	發展策略時,考量與國際競爭的重要性	Baker & Cameron (2008) Rainisto (2003)
6	市場區隔	策略規劃時涵蓋了參觀者的統計資料以及界定,並區隔了主要的目標市場	Baker & Cameron (2008)
7	城市品牌利益	界定不同的對象參與大型活動的利益	Baker & Cameron (2008)
8	基礎建設	規劃將透過該大型活動改善的城市基礎硬體建設	Baker & Cameron (2008) Kotler et al (1993, 2002) Kavaratzis (2009)[2]

　　雖然如同一般學術或學位論文,德菲法論文一樣「要從理論出發,最後再回到理論」,但是很多德菲法的題目都是蠻實務性的,必須直接由實務面的現象觀察,去建構討論指標,而無法依賴理論的彙整,如題目是討論臺灣電視臺公關部門的業務範圍應是如何 —— 電視產業公關部門服務指標之建構。

　　臺灣電視產業結構與競爭狀態和他國不同,因此他國的研究論文未必可以依樣畫葫蘆,甚至臺灣每家電視臺因定位不同,公關部門的業務範圍也不同。因此,這個題目的第一回合指標,除參酌文獻外,更應蒐集臺灣大型電視臺目前公關部門的業務項目,納入第一回合問卷,以詢問專家意見。

　　如沈盈吟(2013)《高科技產業公關服務範圍之研究》,政治大學傳播學院在職專班碩士論文,也是實務導向的論文,其問卷指標,除參考自文獻外,也是事先蒐集大型高科技公司目前公關部門業務項目,納入指標進行討論,其指標如下:

---

[2] 此為部分指標之說明,該論文引述之文獻,不列入本書參考書目,若需參閱,請逕查該論文。

表8.1.3　第一回合專家問卷

高科技產業 公關服務範圍之指標評估	重要程度 1非常不重要－7非常重要						
	1	2	3	4	5	6	7
1. 不定期爲員工舉辦福利活動							
2. 分析科技產品及服務的市場區隔性							
3. 出版企業內部刊物，提供予員工相關資訊							
4. 安排高層主管與媒體餐敘							
5. 規劃科技產品的促銷活動							
6. 建立跨產業間的企業合作關係							
7. 建立與其他科技產業的合作關係							
8. 政治遊說							
9. 爲媒體規劃專題報導							
10. 爲新上市的科技產品命名							
11. 產業新聞分析							
12. 科技產品或服務置入廣告或媒體							
13. 參加政府舉辦之展覽							
14. 參加校園活動							
15. 處理消費者對科技產品或服務品質之建議							
16. 安排媒體餐敘							
17. 善用社群網站積極建立對外的公共關係							
18. 尋找適合的企業贊助對象，並規劃內容							
19. 提供媒體國內科技產業之未來發展趨勢							
20. 提供媒體國際科技產業之未來發展趨勢							
21. 提供媒體體驗最新的科技產品或科技服務							
22. 發布產品或產業類新聞稿							
23. 管理內部溝通交流平臺，並保持溝通效力							
24. 蒐集分析國內相關產業資訊							
25. 蒐集分析國內相關產業資訊							
26. 蒐集企業間的重要併購案							
27. 蒐集國內重要政策並分析其對產業的影響							

28. 蒐集國際重要政策並分析其對產業的影響					
29. 提供員工產業相關新知					
30. 編印企業年報					
31. 編纂公司簡介					
32. 執行企業廣告					
33. 舉辦股東說明會					
34. 舉辦產業研討會以及科技專家座談會					
35. 舉辦新品上市記者會					
36. 邀請股東參觀企業，以瞭解運作狀況					

德菲法的評量，常使用李克特七等分量表（Likert 7-point scale），其中「7」代表非常同意；「6」代表很同意；「5」代表同意；「4」沒意見；「3」不同意；「2」很不同意；「1」非常不同意。

此外，必須提醒的是，指標有爭議性方適合以德菲法取得專家共識，若指標取向均趨正向，使用德菲法未必合適。

三、確認受訪者名單

德菲法的受訪者必須是該領域的專家，名單可視研究範圍而挑選，有些研究會同時涵蓋產、官、學界，有些會以產業、學界、媒體為範圍，完全依研究目的而定。

前引林威儒（2009）的論文，分別訪問16位學界、媒體界與廣告公司的受訪者。前引沈盈吟（2013）的論文，主題是高科技產業的公關服務範圍，因此該研究選擇的是，服務於科技產業界之公關人員、公關公司主管，以及主跑科技線之媒體記者、大學公關學者，專家群計業界11人、公關公司2人、媒體2人、學界3人，合計受訪專家18人。

四、問卷調查

將每一份回收的問卷經過統計方法分析，以圖表的形式呈現，並於下次的回

卷內容中，提供予專家群相關資料：四分位差、平均數以及上一回合專家所填之答案，作爲下一回合填答之參考數據。

第二回合以後的問卷，呈現方式和第一回合不同，每一題目必須包含三個部分：

　　‧題目；
　　‧上一回合所有專家選項之平均數、四分位差，以及該受訪者的選項；
　　‧此回合，該受訪者所欲選擇的選項。

第二回合以後的問卷設計，如下範例：

高科技產業公關服務範圍之指標評估	上一回合問卷結果			此次評估
	平均數	四分位差	您的評估	1非常不重要～7非常重要
1. 不定期爲員工舉辦福利活動（例如：員工餐敘、員工旅遊等）	3.11	1.75		
	5 2 5 1 2 3 0 1 2 3 4 5 6 7 專家意見分布			1　2　3　4　5　6　7 □　□　□　□　□　□　□
2. 分析科技產品及服務的市場區隔性	5.67	1.00		
	1 0 0 2 3 6 6 1 2 3 4 5 6 7 專家意見分布			1　2　3　4　5　6　7 □　□　□　□　□　□　□

「平均數」代表重要性的程度，在七等分的量表中，平均數≧5，可以表示「重要」，納入保留題項。

所謂「四分位差」（quartile deviation），又稱四分位離差，即反映了中間50%數據的離散程度。四分位差愈小，代表專家群的意見愈集中。當四分位差

≦.60時，表示專家群的意見達到高度一致性。四分位差介於0.6 到1.00 之間，表示專家群對該題項達到中度一致；若四分位差大於1.00，表示專家群對該題項未達到一致共識。[3]

如何由「平均數」與「四分位差」，來判斷選項的留或刪？

．當平均數≧5，且四分位差≦.60，表示「題項重要」且「具專家群共識」，則此題目納入保留，不必列入下一回合施測。

．當平均數≧5，且四分位差＞.60，表示「題項重要」但「不具專家群共識」，則此題目列入下一回合再施測，以評量是否保留。

．當平均數＜5，且四分位差＞.60，表示「題項不重要」且「不具專家群共識」，則此題目列入下一回合再施測，以評量是否剔除。

．當平均數＜5，且四分位差≦.60，表示「題項不重要」但「具專家群共識」，則此題目直接刪除，不必列入下一回合施測。

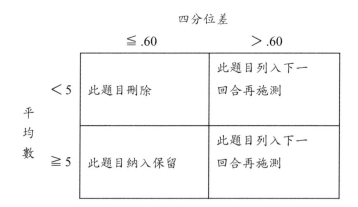

圖8.1.2　德菲法題項重要性與一致性判斷圖

當執行完整施測流程後（通常為三至四次），就必須彙整統計表，以呈現施測結果，前引沈盈吟（2013）論文為例，（部分）統計表如下部分：

3　Faherty, V. (1979). Continuing social work education: Results of Delphi survey. *Journal of Education for Social Work,* 15(1), 12-19.

題號	指標內容	第一回合結果			第二回合結果			第三回合結果		
		重要程度	四分位差	一致性	重要程度	四分位差	一致性	重要程度	四分位差	一致性
1	不定期為員工舉辦福利活動	3.11	1.75	未達一致	2.83	1.50	未達一致	2.78	1.5	未達一致
2	分析科技產品及服務的市場區隔性	5.67	1.00	未達一致	6.06	0.50	一致			
3	出版企業內部刊物，提供予員工相關資訊	4.61	1.38	未達一致	4.39	1.38	未達一致	5.00	0.375	一致
4	安排高層主管與媒體餐敘	6.28	0.50	一致						
5	規劃科技產品的促銷活動	6.06	0.50	一致						

五、穩定度

當部分題項未達意見一致標準時，亦可以將專家意見的整體穩定程度作為評估的依據。穩定性的判定標準，可依兩回合的統計結果中，由每一題項的改變為判斷，若改變意見的總體專家人數比例在15%以下，即可達穩定的標準，可將其結果視為專家一致的共識。

六、因素分析

德菲法使用因素分析，是將涵蓋層面廣泛的題項，透過統計彙整，以少數幾個構面因素來解釋一群有相互關係的變數，以達到資料簡化，並歸納摘要的目的。前引沈盈吟（2013）論文為例，從專家意見獲得一致之三十四項公關服務之指標作為變數，進行因素分析統計，以歸納出整體指標的完整構面。

該論文經因素分析，自三十四個變項中歸納出九個因素群（構面），可以解釋88.818% 的變異量；因素分析所形成構面，愈後面解釋能力（解釋變異量%）低，為避免構面過於瑣碎，只要截取累積解釋變異量至70%的構面即可。

　　以前引沈盈吟（2013）論文爲例，經因素分析雖歸納爲九個構面，但至第六個構面累積解釋變異量已達77.272%，第七至第九構面解釋變異量分別爲4.728%、3.625%、3.625%，可謂解釋力微小，因此該論文只要取至第六個構面即可。

　　每個構面必須重新命名，命名原則是取一個可以涵蓋該構面的所有題項意義的名字，以前引沈盈吟（2013）論文爲例：

　　因素一「產品行銷」：依因素負荷量包含「提供予媒體國內科技產業之趨勢以及未來發展」、「爲新上市的科技產品命名」、「提供予媒體國際科技產業之趨勢以及未來發展」、「科技產品或服務置入廣告或媒體」、「管理企業內部上下溝通之交流平臺，並保持其溝通效力」、「邀請股東參觀企業內部，瞭解運作狀況」、「蒐集企業間的重要併購案」及「規劃科技產品的促銷活動」等八項，按照其內涵命名爲「產品行銷」，可以解釋24.248%的變異量。

　　接著因素二至因素六，該論文命名如下：
因素二「產業發展」
因素三「企業宣傳」
因素四「媒體溝通」
因素五「產品應用」
因素六「危機管理」

七、結論撰寫

　　最後根據構面命名，再與理論對話，並修飾文字，前引沈盈吟（2013）論文爲例，擬定高科技產業公關服務範圍包含：

・提供專業知識，強化產品行銷
・分析市場環境，發掘產業契機
・展示企業價值，描繪發展願景
・整合企業資源，鞏固媒體關係
・結合研發成果，擴大產品效益
・審視環境變化，解除危機威脅

第二節　個案討論「企業博物館公關功能指標之建構」

壹、導讀

　　成立企業博物館屬企業公關的範疇，企業博物館是為特定企業經營，用以展現品牌歷史、突顯商品價值的博物館，是企業公關的一環，除與外部公眾（external public，消費者）做品牌與商品溝通外，對內部公眾（internal public，員工）則有激勵與承諾功能，宣示企業永續經營的決心。

　　此論文是討論企業博物館公關功能，早期企業博物館主要是企業文物的保存與展示。現在企業博物館的規劃必須以公關的角度來審視，思考如何與消費者做品牌定位的溝通。因此，論文以公關角度切入，蒐集文獻，歸納出三十二項企業博物館之衡量指標，再以七等分量表，評量該指標重要的同意程度，以瞭解專家群對研究主題的意見與態度。

　　經三次問卷調查後，初步建構的二十七項指標，再以因素分析，歸納出九個因素構面，由於在第七個共同因素的解釋變異量已達73.721 %，故本論文萃取出企業博物館公關功能的七大共同因素，並以之形成結論。

　　本論文有三項優點：
　　‧取材創新，具實務應用意義，對企業博物館確有參考價值；
　　‧指標周延具理論基礎，執行中規中矩，完全依研究方法逐步撰寫；
　　‧結論歸納具抽象性，有概化能力（generalization）。

貳、個案

企業博物館公關功能指標之建構

研究生：陶雅育
畢業學校：世新大學公共關係暨廣告研究所在職專班
學位：碩士
畢業年度：2010
指導教授：鄭自隆 博士

壹、緒論

一、研究背景與動機（略）

二、企業博物館（略）

三、研究目的

1. 建構企業博物館公關功能指標

整理歸納與企業公關功能相關的文獻之後，將所得之測量量表，以德菲法的方式進行調查，瞭解受訪專家對於本研究指標的認同程度，作為問卷修正與分析的依據，探討專家群所認同的企業博物館公共關係之功能項目。

2. 以因素分析進行指標之分類

利用因素分析將問卷所得之指標，依結構性的相似性分組歸類，讓分析的過程有效率，有助於正確解讀分析本研究所得之結果，以建構專家群認定的企業博物館公共關係之功能。

3. 以特殊個案檢視指標

篩選出四家臺灣具有指標性代表的企業博物館，透過與專家的深度訪談，進行對實務運作的瞭解，以及受訪者對於本研究主題的看法與建議，強化所測得的指標意義。

貳、文獻探討

一、企業公共關係（略）

二、企業博物館之企業形象功能（略）

三、企業博物館之溝通功能（略）

四、企業博物館之銷售功能（略）

參、研究方法

一、德菲法

選取施測之對象，為具備博物館公關或行銷推廣之實務經驗之專業人員共計24位，在第三回合問卷的進行中，樣本流失2位，皆因業務繁忙無法繼續參與研究，因此完成全程問卷調查的專家小組的成員為22位。

問卷是依據有關企業公關功能的文獻彙整結果，歸納出三十二項企業博物館之衡量指標，再以李克特（Likert Scale）尺度量表，評量該指標重要的同意程度（7代表非常重要，依序類推到1代表非常不重要，共七個選項），編製成結構性問卷，以瞭解專家群對本研究主題的意見與態度。

指標	指標說明
1.建立企業形象	企業博物館應可以建立良好企業形象
2.提高企業與品牌的知名度	企業博物館應可以增進企業與品牌之知名度
3.建立領導品牌之形象	企業博物館應可以建立領導品牌之形象
4.建立產業領導地位	企業博物館之設置可建立產業領導地位
5.塑造品牌印象	企業博物館應會加強消費者對品牌的印象
6.強調企業專業性	企業博物館的設立可以強調企業的專業性
7.贊助公益活動	企業博物館贊助公益活動是回饋社會的表現
8.履行企業社會責任	企業博物館是履行企業社會責任之行為
9.培養社區關係	企業博物館應與當地的社區建立良好互動關係，以提升組織形象並凝聚地方向心力
10.增進員工溝通	企業博物館應可增進員工對企業的瞭解，進而提高對企業的滿意度以及凝聚力
11.建立宣傳管道	企業博物館應可以作為產品宣傳之管道
12.強調產品獨特性	透過企業博物館的物件展示，應可突顯產品特色
13.媒體關係的運用	企業博物館應加強媒體的報導
14.維持品牌的曝光	企業博物館應可以讓企業的品牌維持長期的曝光
15.提高產品品質信任感	透過企業博物館的互動，應可以增進消費者對產品品質之信任感
16.促進新機會的產生	藉由企業博物館公關的運作接觸相關公眾，可以找出新的機會，例如：新市場、產品、方法

17.訂定符合大眾利益之政策	企業博物館應可以促使公司釐訂符合大眾利益的政策與作業，以獲取社會大眾的支持
18.建立企業與產品產生的認同感	企業博物館可以讓大眾對企業與產品產生認同感
19.增進產品對生活的意義之瞭解	企業博物館使消費者瞭解產品對生活的意義，引導消費者排定欲求的順位
20.回應社會之期望	企業博物館應可以使組織更瞭解社會對該公司的期望
21.歷史的傳承	企業博物館可以展示企業歷史傳承
22.影響特定消費者團體的態度	設立企業博物館可以影響特定消費者團體對組織的態度
23.活動的舉辦	企業博物館應常舉辦特別活動，加深消費者對品牌的連結
24.加強員工訓練	增強員工公共關係的意識，有助於企業博物館對內之良好形象
25.宣示企業價值與觀點	設置企業博物館可以宣示企業價值與觀點
26.提高股東投資的意願	設立企業博物館，應有助於股東長期投資的意願
27.供應商關係的經營	設立企業博物館可增進與供應商之關係
28.經銷商關係的維護	設立企業博物館可增進與經銷商之關係
29.解除對產品的誤解或不良之印象	透過企業博物館與消費者的互動瞭解，可以避免消費者對產品之誤解或不良之印象
30.產品教育	提供產品知識以供消費者參考
31.創造新的消費習慣	企業博物館可以創造新的消費習慣
32.協助產品的銷售	企業博物館的展示有助增加非新產品的魅力，可擴大現有需要層次或為低迷的銷售活動促銷

二、深度訪談

　　本研究選取白蘭氏健康博物館、黑松飲料博物館、郭元益糕餅博物館、國泰玻璃廠，四家國內具有產業代表性的企業博物館相關人員進行面對面訪談；其目的在比較受訪者的實務操作，以檢視本研究所建構之指標；再者，瞭解專家對於本研究主題的意見與建議，以加強量化指標之運用。訪談題綱如下：

　　1. 請問貴博物館的經營理念與目的為何？
　　2. 請問貴博物館的設立，是否有助於傳播品牌的價值? 可否就此說明？

3. 請問您認為博物館的成立，是否對產業大環境的整合有幫助？是否有透過博物館來瞭解社會對企業的期望，藉以訂定策略？

4. 請問貴博物館如何建立及維持與當地的社區關係？

5. 請問貴博物館如何經營與媒體的關係？

6. 請問您認為博物館的設立，是否發揮了傳遞產品知識的功能？

7. 透過博物館的體驗，是否有助於產品的銷售？

8. 企業博物館的設置，對於企業內部的員工有何幫助？對外部的參觀者來說，是否能達到幫助他們進一步瞭解該產品在生活中的意義與重要性？

9. 您是否有要補充的意見或對於未來發展的想像。

肆、研究結果與發現

一、修正式德菲法問卷分析結果

本研究經由文獻整理，歸納出三十二個符合研究問題及目的之指標，以此三十二個初步指標為基礎，建構出第一回合之結構性問卷。在每回合修正式德菲法問卷回收之後，進行各題項的四分位差、平均數以及眾數的統計分析。四分位差愈小，顯示專家群的意見趨向一致，可視為專家群的意見達高度一致，大於0.5則表示意見有較大的差異；若平均數小5.00，則視為重要性不足，故刪除題項。

在第一回合問卷中，已有十六項指標達到專家意見的一致性，故予以保留；未達專家小組一致共識的題項也有十六項，其中「提高股東的意願」、「供應商關係的經營」、「經銷商關係的維護」三項測得的指標重要性不足，故予以刪除。另有1名受訪者提出，DIY的參與是與顧客建立良好互動的重要方式，因此第二回合的問卷中，增列了「DIY參與」的題項，以徵詢專家們的意見。

第二回合問卷再就十七個題項未達成專家一致性共識之指標，再度進行意見調查。所得統計結果顯示，有「贊助公益活動」、「履行企業社會責任」、「增進員工溝通」、「強調產品獨特性」、「活動的舉辦」五題項，仍未達專家一致性共識，因此必須進行第三回合問卷。

依據第二回合未達一致性共識的五項指標，編製成第三回合問卷，再進行專家小組的意見調查。進行三次問卷調查後，初步建構了二十七項指標。

二、因素分析

本研究經由因素分析後歸納出九個因素構面，由於在第七個共同因素的解釋變異量已達73.721％，故因素分析之結果能相當程度地代表原有資料，因此本研究萃取出的七大共同因素如下：

因素一：「契合經營理念」

包括「加強員工訓練」、「影響特定消費者團體的態度」、「促進新機會的產生」、「強調企業的專業性」、「歷史的傳承」、「解除對產品的誤解或不良之印象」、「宣示企業價值與觀點」、「強調企業的專業性」，故命名「契合經營理念」。

因素二：「傳播品牌價值」
因素三：「迎合環境趨勢」
因素四：「加強社區關係」
因素五：「延伸企業影響」
因素六：「傳遞相關知識」
因素七：「擴大體驗行銷」

三、個案討論

本研究依修正式德菲法進行三次問卷調查，共有二十七項指標獲得專家的共識以及達到標準值。爲印證本研究建立之指標的適用性，故選取4位國內具有產業指標性之企業博物館的專業人員進行面對面訪談，以深入瞭解公共關係在企業博物館運作之實況，以及所扮演之角色與功能。

（訪談內容、略）

伍、結論與建議
一、結論
1. 契合經營理念

企業的經營必須讓一般大眾與內部員工清楚瞭解其理念與方向，而透過博物館可以發揮全面性的傳遞告知的功能。當大眾皆收到清楚的企業訊息，對產品或品牌有充分的認知與認同之後，才能提升對企業整體有良好的評價與形象。

2. 傳播品牌價值

品牌的價值是綜合許多有形與無形的資產計算而成，如企業的商譽、形象、顧客認同與忠誠度等，如能產生正面的效果，則有助於價值的提升。企業博物館的設立具有長期品牌曝光的優勢，民眾的參觀也就是自主性地接觸品牌，比起強迫性的訊息接收，令人更容易接受。參觀的過程中，讓消費者直接認識企業生產的過程、歷史的沿革、對社會的貢獻，以對品牌的內涵產生認知，進而認同而去建立自己的品牌價值。

3. 迎合環境趨勢

企業會藉由企業博物館來建立指標的地位，而通常這些企業都是該產業的領導者，對於產業環境比較具有敏銳的觀察以及前瞻性，透過博物館的展示，可預測未來之趨勢，甚至是領導趨勢的走向，由此可知博物館的設立對於企業或產業面有進行趨勢預測整合之功能，如松下電器公司強調新科技的家居展示館，就是呈現未來生活走向的例子。

4. 加強社區關係

企業博物館可善用本身的資源，參與社區事務，主動爭取居民的好感，這是一種長期且隱定為企業宣傳的管道。具體而言，企業博物館應同時扮演社區博物館之角色，充分利用文化資產，結合產業文化，如宜蘭的七星柴魚博物館，基於要保存當地的漁業文化，結合社區所成立的展示場所；以及風格獨特的宜蘭酒廠甲子蘭酒文物館，因為當地是紅麴在臺灣的發源處，所以就以紅麴作為研發的產品，也成為博物館的特色之一。

5. 延伸企業影響

媒體是企業宣傳最常使用的工具，如果能獲得愈多專題的報導，也代表有更高的曝光度。企業博物館是企業發展中回饋社會的一環，當媒體的議題觸及企業的社會責任或公益報導時，企業博物館經常可成為媒體報導的議題，或是媒體優先諮詢的對象，而成為新聞的主要來源，因此可以掌握發言權，以塑造領導地位。

6. 傳遞相關知識

企業博物館的功能是在傳遞知識之後介紹文化，藉由企業博物館所展示的產

品演化過程，也是在傳遞一種生活的風格。因此，企業博物館運作應如一般博物館，有常設展、專展（主題展）、輪展，以增加一般大眾對企業整體有深入瞭解的機會。

7. 擴大體驗行銷

體驗式的行銷方式爲消費者創造一種身歷其境的經驗歷程，企業博物館也就是一種體驗式的行銷，消費者自願性的去接觸與瞭解產品，親眼看到生活中的產品如何被製造，在體驗的過程中透過與商品的連結互動，刺激所誘發的思維認同或購買行爲。

二、研究討論

在第二章的文獻探討之中，根據公關學者們提出的論點，彙整出企業博物館的公關功能，分別歸納爲「企業形象」、「溝通」、「銷售」三大功能，研究的結論則以此三項的功能，檢視利用因素分析所提出的八項共同因素面向。

三、建議（略）

第三節　個案討論「以大型活動建構城市品牌之評估指標研究」

壹、導讀

「城市行銷」（city marketing）是一個不算太老的觀念，80年代方有這個名詞出現，其出現的原因在於城市競爭，因為交通方便、資本流通產生國家內部城市間的競爭，而全球化更帶來國家與國家間城市的競爭。

城市競爭直接關係到主政者的政治前途，民主國家的城市首長都有選舉壓力。以臺灣為例，面對四年一次的首長選舉的殘酷爭逐，地方首長無不以辦活動、放煙火來提高城市與首長個人能見度，不但「一鄉一特色」，而且幾乎天天有活動，據說在臺灣「平均每三天就舉辦兩項活動」。所以臺北，2009年有世界運動會、2010年有花博，以及2016年有世界大學運動會、2017年有世界設計之都。

本論文是透過德菲法，建構以大型活動建立城市品牌之評估指標，先由理論建立指標，再由專家學者以德菲法篩選指標，最後佐以深度訪談，作成結論。本論文有二項特色：

理論扎實：作者認真review文獻，發展「策略性構面」、「符號性構面」、「關係性構面」、「效益性與存續性構面」四大構面，共六十八項指標，每一指標均有理論依據。此外，第五章之文獻討論，亦很精彩。作者勇敢將研究結果與大師（建立城市品牌指標之S. Anholt）對話，學術或學位論文就是要「從理論出發，最後再回到理論」，因此「與理論對話」是必要的。

構面分別因素分析：因素分析的目的是萃取、歸納、整併題項，由於指標高達六十八項，四大構面之每一構面均有十至二十餘項指標，因此每一構面分別進行因素分析，如此不會打散原有依理論所建構之構面，是聰明的作法。

貳、個案

以大型活動建構城市品牌之評估指標研究

研究生：林威儒

畢業學校：國立政治大學廣告研究所

學位：碩士

畢業年度：2009

指導教授：鄭自隆 博士

壹、緒論

一、問題意識（略）

二、研究目的

　　本研究並非針對個別大型活動提出單一的效果評斷，一方面是因為許多行銷元素的效果是隱而未顯的，且影響時間難以估計，整體而言不易衡量。另方面效果的衡量與初始的「目標設定」有關；也就是說，在論斷效果之前需要瞭解的是「目標」為何？以何種根據來設定這樣的目標？才能夠以合理且一致的脈絡來評估與分析「效果面」的成就，同時影響未來策略的規劃。

　　因此，本研究由「以大型活動建立城市品牌」之面向，切入大型活動行銷與城市行銷等主題。首先對於過往地方行銷、城市行銷、城市品牌、大型活動行銷等相關文獻與研究進行回顧整理，釐清以「城市」本身作為行銷主體時，相關的理論觀點，並聚焦於策略端，試圖瞭解城市行銷與城市品牌發展之關鍵要素，與重要的城市品牌架構，建立以城市品牌長期發展為主要導向之大型活動應具備的策略性思維。

貳、文獻探討（略）

一、城市行銷的內涵

二、城市行銷策略規劃

三、打造城市品牌

四、以大型活動建構城市品牌

註：本論文理論探討，極為扎實，值得參考。

參、研究設計

一、研究架構

　　本研究以Baker與Cameron（2008）對於地方行銷關鍵因素的分類為基礎架構，重新由文獻中抽取出相應內容。採取「策略性構面」、「符號性構面」、「關係性構面」、「效益性與存續性構面」四個構面，作為以大型活動建構城市品牌之評估指標的主要分類，試圖涵蓋「情境分析及長期規劃思維」、「溝通的內容與形式」、「參與群體的關係網絡」、「整體效益與存續發展」等，前述文獻所提及的諸多指標與成功要素，並以之發展出相應於大型活動的操作性定義，建立初步評估指標。

二、建立初步評估指標

　　歸納文獻，用「策略性構面」、「符號性構面」、「關係性構面」、「效益性與存續性構面」為主要構面，各別發展指標，計得：

　　　策略性構面：十八項指標

　　　符號性構面：二十一項指標

　　　關係性構面：十六項指標

　　　效益性與存續性構面：十三項指標

　　　共六十八項指標

三、修正式德菲法（略）

四、實施專家意見調查

　　本研究擬定專家群為16人，涵蓋媒體、行銷傳播領域之學術界的學者專家與產業界的實務專家。

肆、資料分析

一、專家問卷調查

　　本研究針對16位人士進行專家問卷調查，在共計三個回合的來回施測後，每個回合皆達到100%的回收率。

　　在第一回合的專家問卷中，六十八項自相關文獻抽取之觀察指標已有四十二項指標之四分位差小於0.5的統計標準，表示已達到專家意見的高度一致性。而第二回合問卷即針對其餘二十六項「未達成專家一致性共識之效益指標」，再

度進行意見調查。而第一回合中,並未有專家針對問卷裡的觀察指標提出修改建議,故第二回合問卷並未針對指標的內容方面作任何修正,僅加入每項觀察指標於第一回合調查之統計結果,如「重要程度的平均值」、「重要程度之四分位差」、「專家意見分布」,以及「您上回所評定的重要程度」等,提供專家們參考的依據,再次評估各觀察指標之重要程度,為指標的選取提供具有專家共識性之基礎。

經過兩個回合之專家問卷調查後,六十八項自相關文獻抽取之觀察指標已有六十一項指標達到專家意見的高度一致性,故針對其餘七項「未達成專家一致性共識之觀察指標」,再度進行第三回合之專家意見調查。

第三回合專家問卷結束後,全數指標皆達成專家共識之統計標準。

二、因素分析

本研究針對「策略性構面」、「符號性構面」、「關係性構面」、「效益性與存續性構面」等四個主要構面,分別進行因素分析,以萃取每一構面共同因素。

此四個構面透過因素分析,共計取出十六項以大型活動建構城市品牌之評估指標,並重新指標命名。

註:

德菲法須進行因素分析的原因,是萃取、歸納、整併題項,以形成結論,不致分散失焦。本論文每一構面均有十至二十餘項指標,因此每一構面分別進行因素分析是OK的,而且也不會打散原有依理論所建構之構面,值得參考。

不過若整個論文指標題項,只有二十餘項,且未事先分置構面,就不宜如此處理。

三、訪談結果

本研究將策略性、符號性、關係性、效益性與存續性等構面,每一構面均分別進行因素分析,形成初步結論後,再以深度訪談方式,訪問2009世界運動會組織委員會基金會執行長許釗涓、2009臺北聽障奧運籌備委員會基金會執行長

林國瑞、臺北市觀光傳播局綜合行銷科科長蕭君杰，題目爲半結構式：

1. 就此構面所涵蓋之指標而言，若發展爲實際執行的方案，您認爲指標背後可能涉及的執行困難爲何？

2. 就大型活動的實際籌辦而言，潛在的影響因素與決策的主要考量爲何？

伍、結論與建議

一、研究結論

本研究以修正式德菲法爲基礎，先就城市行銷、城市品牌之相關文獻進行回顧，並從中建立初步評估指標，經過媒體、行銷傳播領域的學者與產業人士的調查與篩選後，將其結果進行統計與分析，最後歸結出四大構面，共十六項大型活動評估指標。並藉由大型活動籌辦單位之半結構式的深度訪談，以其實際籌劃經驗爲基礎，協助本研究探索指標組成的策略架構背後可能潛在的影響，經綜合德菲法與深度訪談之研究結果，本研究歸納結論爲：

1. 範疇界定——城市品牌導向之大型活動策略架構，含十六項指標：
- 界定全球趨勢、創造本地機會
- 建立城市願景、規劃長期藍圖
- 回應文化價值、重塑城市景觀
- 分析外部競爭、傾聽內部意向
- 衡量城市利益、評估環境影響
- 確立城市定位、打造身分認同
- 展現城市形象、人性生活品質
- 整合推廣素材、創新溝通形式
- 運用聯合品牌、鞏固國際地位
- 政府主導規劃、專業團隊參與
- 展現領導魄力、靈活資源整合
- 公私部門協力、深化合作關係
- 組成多元團隊、獨立決策流程
- 連結規劃執行、三方分享知識
- 創造差異價值，誘發群眾口碑
- 滿足市民期待、緊密聯繫社群

2. 價值積累——全球格局、在地觀點的形象與關係發展

透過大型活動的籌辦，城市產生可向國際發聲的時間點與機會點，拋出的議題和符號訊息都有傳遞的可能，加上媒體的推波助瀾，使得參與的形式和內容上，具有更多的彈性，故應將籌辦大型活動視為累積城市品牌資源的機會，以全球性的格局審視自身城市的定位，調整資源的配置來符合其競爭地位欲創造之價值。再回歸地方本身，挖掘出能夠引發共鳴的特色以及內部人民的認同，持之以恆地進行資源的累積，全面與國際接軌，進而強化國際競爭力。

3. 籌辦組織——連結策略發展、運作籌辦與人才培育

由於大型活動籌劃面與組織面的情況複雜，經驗的承繼以及人才的培育都是主辦城市重要的任務。活動組織的管理雖由組織內部成員組成，不過當活動執行完畢後，若城市政府沒有活用第三方的相應機制，來確保經驗的存續方式及知識管理的辦法，很容易讓寶貴的經驗成為無關痛癢的書面報告。

而本研究也從訪談得知，大型活動的相關課程也將陸續籌辦，提供了學習大型活動辦理的途徑，也透過教育來經營更多有興趣的籌辦人員種子。除了設計出適合主辦城市的活動籌辦組織外，後續的學習、人員的長期培養都是重要的經營方向，唯有嚴謹看待才能使得運作人力資源體系順利建立。

二、文獻討論與研究建議

1. Anholt（2006）建立了一套可以評估城市品牌的架構：品牌六角，由存在感（Presence）、地方環境（Place）、潛力（Potential）、活力（Pulse）、人情味（People）、基礎建設的完備（Prerequisites）所組成，並依此方法創造了 Anholt-GMI City Brand Index，希望藉此有效地評估品牌化活動的有效性。

本研究於實施過程中，透過專家學者的評估，進一步將城市透過大型活動所傳遞的城市形象著重於人情味、國際潛力以及高生活品質等方面。另外，也引入品牌在形象面之外，同樣重要的關係面向，提高整體評估指標在理論基礎上的完整度，並且各自發展出相關的評估指標，以健全指標體系。

2. Cai（2002）的架構中，將地方視為觀光地點，認為品牌化是以品牌元素組合、品牌身分認同、品牌形象建立三者所形成的核心，所決定的遞歸過程

（recursive process）。品牌元素包含了屬性、情感性、態度等使得品牌聯想開始產生的要素，而這些聯想以及行銷組織所創造的行銷傳播計畫，建立了欲投射的形象，並且增強了品牌身分認同。

本研究所發展之大型活動評估指標，除了著重於該研究聚焦的形象、身分認同層面，顯示出確立城市定位，並且發展相應形象、打造身分認同，並且注重媒介溝通型式和推廣素材的統合外，也關注品牌建構之關係面向，涵蓋組織面的觀點，注重不同利益關係群體的連結，希望可以更為全面性的理解以大型活動建構城市品牌所應包含的指標項目。

註：

本單元之文獻討論極為精彩，學術或學位論文就是要「與理論對話」──從理論出發，最後再回到理論。

由於篇幅限制，只列舉二項文獻討論，有興趣者請自行參閱該論文。

第四節　個案討論「廣告代理產業未來營運模式之蠡測」

壹、導讀

　　由於網路資訊流通以及廣告主全球化策略,使得商品與價格資訊透明,因此品牌化(branding)將成為主流,企業對消費者的溝通將透過參與及互動,廣告不再是廠商唯一的選項,廣告產業面臨經營困境。

　　本論文是實務導向的論文,作者為廣告公司高階主管,面對廣告產業經營困境,因此思考此方向的題目,作者以Alexander Osterwalder與Yves Pigneur所著《*Business Generation*》(華文譯為《獲利世代》)之營運模式(Business Model)為基礎,透過德菲法,蒐集專家意見,以建構新的營運模式。

　　本論文有三項特色:
　　1. 經由德菲法,以建構營運模式,是新的嘗試。
　　2. 作者以其產業服務經驗,將專家群分為三類:相關度高之廣告代理商專業人士、相關度中之廣告行銷專業人士、相關度低之媒體代理商專業人士,包含廣告產業由核心至外圍,是極務實的選擇。
　　3. 由於每一構面題項並不多,因此沒有使用因素分析篩選歸類,而是以四分位差來檢驗一致性程度,作為挑選的依據,這也是正確的選擇。

　　時代在變,廣告主選擇代理商考慮的是「功能別」,而不是「業務別」。如新手機要告知新功能,可以是電視廣告,也可以是開記者會的媒體公關,也可以找網路寫手寫「開箱文」形成話題。當廠商決定「戰略」後,就會去找具「戰術」專長的公司、工作室,甚至個人,不會全交由廣告代理商打點。傳統廣告代理商面對廣告主branding的需求,要有什麼新思維、新改變方能脫穎而出或永續經營?廣告代理商的運作,似乎在中心價值、營運規模、客戶選擇、作品(文本text)產出,都應該有一些調整與改變,方能面對數位時代挑戰,這篇論文或許可供參考。

貳、個案

廣告代理產業未來營運模式之簷測

研究生：蔡佩旻

畢業學校：國立政治大學傳播學院在職專班

學位：碩士

畢業年度：2014

指導教授：鄭自隆 博士

壹、緒論

一、研究動機與目的

　　廣告代理產業是為了服務其他產業而生存，其目的在於協助廣告主善用有限的資源，使廣告發揮最大效益，以提高商品或服務的消費量。而廣告代理商的經營成果，與廣告主對廣告代理商服務的滿意程度有關，故以往的研究多以探討廣告效果評估為主，較少以廣告代理分析為主題。

　　然而，由於相關的碩士論文多出自商學院，因此在引用相關理論的產業過程中，最後所關注的，依舊是以經營管理層面為主要探討。因此，本研究希望以Business Model為理論架構，並配合產業專家意見，以探討廣告代理商未來發展。

二、臺灣廣告產業發展回顧（略）

三、產業面臨問題（略）

貳、文獻探討（略）

一、經營策略

二、關鍵因素

三、營運模式

　　《*Business Generation*》（華文譯為《獲利世代》）作者Alexander Oster-walder與Yves Pigneur提出營運模式（Business Model），描述組織如何創造價值、傳遞價值給顧客，並且從中獲利。

　　營運模式，就是描述一個組織如何創造、傳遞及獲取價值的手段與方法，此營運模式包含九項關鍵因素，此九個元素又可區分為四個區塊：

‧中心價值（core value）：即企業的價值主張（value proposition）；

‧投入端：含關鍵合作伙伴（key partner）、關鍵活動（key activities）、關鍵資源（key resources）；

‧產出端：含顧客關係（customer relationships）、通路（channels）、客群區隔（customer segments）；

‧金流：含成本結構（cost structure）、收益流（revenue streams）。

　　本論文根據臺灣目前廣告代理產業經營策略現況，並依營運模式圖，藉以繪製出目前廣告代理產業之營運模式：

‧顧客區隔（CS）：廣告主
‧價值主張（VP）：整合行銷策略
‧行銷管道（CH）：成功案例
‧客戶關係（CR）：廠商關係
‧營收模式（R$）：佣金制為主
‧關鍵資源（KR）：團隊作業
‧關鍵活動（KA）：比稿
‧關鍵夥伴（KP）：媒體代理商
‧成本結構（C$）：人員薪資

KP 關鍵夥伴	KA 關鍵活動	VP 價值主張	CR 客戶關係	CS 顧客區隔
媒體代理商	比稿	著重整合行銷策略	廠商關係	廣告主
	KR 關鍵資源 團隊作業		CH 行銷管道 成功案例	
C$成本結構 人員薪資		R$營收模式 佣金制度		

本研究根據上述參考文獻之內容，提出初步課題及反思：

・廣告產業收費制度是否可朝向標準化？目前常見競爭手段：價格競爭、非價格競爭、未來是否還存在？

・比稿制度的氾濫，造成遴選廣告公司的偏頗，未來廣告主選擇廣告公司的方式，是否會改變？

・傳統大眾媒體生態的改變，是否會影響廣告代理產業的動盪或衝擊？而新興媒體的出現，是否會為廣告代理產業帶來一線生機？

・在廣告產業生產流程的改變下，廣告產業是否會逐漸整合？還是專業分工？與媒體服務公司與廣告公司的關係，是否會從目前競爭關係轉變成合作關係？

註：

上述模型為待檢驗之模型，如何檢驗？即透過德菲法的專家討論，德菲法的題項，即根據上列的課題及反思發展。

參、研究方法

一、方法概述

本研究邀集14位廣告行銷媒體相關之資深專家參與本研究，每位專家均在該產業工作經驗達十年以上，專家人數之配比如下：

相關度高	相關度中	相關度低
廣告代理商專業人士	廣告行銷專業人士	媒體代理商專業人士
8位	4位	2位

二、指標建構

本研究依上述九大構面發展指標：

・顧客區隔（CS）：七項指標

・價值主張（VP）：十七項指標

・行銷管道（CH）：六項指標

・顧客關係（CR）：七項指標

・營收模式（R$）：十項指標

・關鍵資源（KR）：三項指標

· 關鍵活動（KA）：九項指標
· 關鍵夥伴（KP）：七項指標
· 成本結構（C$）：十二項指標

本研究合計發展七十八項指標，以關鍵活動（KA）爲例，所建構之九項指標如下：

構面	指標
關鍵活動（KA）：爲確保營運模式可行，企業必須執行之最重要項目。	43.廣告公司需經營企業形象。
	44.廣告公司需宣揚獨有技術。Know How
	45.廣告公司朝專業發展比多元發展更重要。
	46.廣告公司進軍國際是重要目標。
	47.廣告公司培養指標性人物是重要的。
	48.廣告公司需重視人員數位新知培訓。
	49.跨產業的結盟（如：網路行銷公司）對廣告公司是重要的。
	50.參與比稿是取得客戶最直接的方式。
	51.面試是目前廣告主遴選廣告公司的一種方式。

肆、研究結果與發現

一、修正式德菲法問卷結果（略）

二、指標驗證

以營收模式（R$）爲例，營收模式係從顧客區隔中所獲得的現金收入之模式，經德菲法檢驗，專家一致性共識之指標如下：

指標內容	一致性程度
30.廣告公司計費方式，應保持彈性。	高度一致性
31.廣告公司依廣告主的不同產業型態屬性，制定代理商服務收費不同。 例如：內衣業、通路業等。	中度一致性
32.廣告公司依廣告主所需的服務項目，制定代理商服務收費Fee。	高度一致性
33.廣告代理商服務收費，應從總體廣告承攬額中抽取佣金AC。	中度一致性
34.廣告代理商服務收費，應考量廣告主銷售績效標準。	中度一致性

35.廣告代理商服務收費,應以固定服務費,額外加上廣告主績效獎金。	高度一致性
36.廣告代理商服務收費,應制定單支廣告片的標準創意費用。	高度一致性
37.廣告代理商服務收費,平面設計製作費不應媒體量多寡而收費不同。	高度一致性
38.廣告代理商服務收費,應制定數位媒體類之收費標準,例如:微電影腳本發想。	高度一致性
39.開闢本業以外之營收項目,以增加營收,對廣告公司來說是重要的。	高度一致性

小結:奠定完整收費標準,使制度回到常軌

　　廣告代理商收費之傳統方式為付廣告承攬額%的佣金,但於廣告產業面臨廣告額新低的困境,不少代理商打破原有的遊戲規則,廠商採取殺價比稿之競爭方式,以壓低利潤爭取代理,使得廣告產業陷入收費標準困境。在外在環境多變的時代,廣告代理商仍應極力推廣公正、公平、透明之收費標準,使收費制度回到常軌。

伍、結論與建議

一、結論

　　經指標驗證後,歸納如下之結論:

　　策略性選擇客戶,建立檢視客戶系統

　　洞悉消費行為改變,因應數位潮流變化

　　建立高知名度,提高指名度

　　建立客戶正向關係,提供優質廣告諮商

　　團結齊心,共同制定合理的收費標準

　　迎接數位時代,是危機也是轉機

　　深耕品牌經營,增加正向口碑

　　主導性不再,專業分工來臨

　　微利時代來臨,人員規模經濟化

　　並由結論,修正目前廣告代理產業營運模式,建構新的營運模式如下:

KP 關鍵夥伴 產業將朝極專業分工趨勢發展	KA 關鍵活動 參與活動，創造廣告公司的能見度	VP 價值主張 洞察消費者需求的不凡見解	CR 客戶關係 作廣告主的專業廣告諮商	CS 顧客區隔 多方發展，瞭解並能掌握客戶
	KR 關鍵資源 迎接數位時代，創意空間大		CH 行銷管道 多元創造接觸客戶管道	
C$成本結構 人員制度朝規模經濟建立			R$營收模式 奠定完整收費標準，使制度回到常軌	

二、限制與建議（略）

CHAPTER 9

深度訪談法

第一節　方法

壹、意義

　　深度訪談法（in-depth interview）是教育、社會工作、人類學常使用的方法，此方法係透過研究者對受訪者的訪問，做成記錄形成報告，以歸納爲結論，是典型的質化研究，因此和其他質化研究一樣，研究結果的概化能力有限。

　　在教育、社會工作、人類學的領域，深度訪談法通常會配合觀察法（observation method）的執行，觀察法無論是參與觀察或非參與觀察，均可使用非結構式問卷，對受訪者進行深度訪談，以充實研究內容；不過在傳播領域，深度訪談法被認爲是「專家諮詢」，不會特別配合觀察法，但還是仍然使用非結構式問卷。

　　傳播領域使用深度訪談作爲主要研究方法，通常是主題創新或冷門，瞭解這領域只有少許的專家，需要深入探討，以作爲探索性研究（pioneering study），或撰述報人、廣告人行誼，當然就以當事人的訪問爲主要資訊來源；但作爲輔助研究方法，深度訪談法幾乎可以搭配任何研究方法使用，如調查法、內容分析法、德菲法、文本分析。

表9.1.1　深度訪談作為輔助研究方法

主要研究方法	深度訪談作為輔助研究方法之運用
調查法	1.問卷設計前之諮詢 2.調查結論之詮釋
內容分析法	詮釋內容分析結論，以描繪現象或說明原因。如： 吳國安（2010）研究臺灣電視廣告歌曲的演變，以內容分析結果訪問廣告歌曲創作人，由其深入詮釋研究發現。
德菲法	詮釋研究發現，以描繪現象或深化結論。如： 林威儒（2009）以德菲法建構城市大型活動指標，指標完成後，請相關受訪者詮釋是否可檢驗其執行之個案，以評量研究效度。
文本分析	由當事人或關係人、旁觀者，詮釋個案文本之分析觀察；如研究網路Kuso，主要研究方法是文本分析，但可將深度訪談作為輔助方法，訪問Kuso創作者，以深化結論。

　　此外，雖然深度訪談法和調查法的研究對象都是「人」，不過二者在精神上和執行面，還是有些不同：

　　・研究方法意義：調查法是標準的量化研究，深度訪談法雖然有問卷，但卻是質化研究，研究結果只是針對特定個案，不具備推論到其他現象或個案的概化能力。

　　・測量工具：調查法使用的是問卷，不過因受訪者眾多，為求統計方便，會使用結構式問卷。深度訪談法也是使用問卷，不過是「非結構式問卷」，是大方向的問題，研究者可在訪談中，就受訪者的回答，增加題目，或改變題目方向。

　　・測量頻率：調查法是單次訪問（one-shot survey），除非是Panel study，否則不會有多次調查；而教育或社會工作領域的深度訪談，可能對同一受訪者有二至三次的訪問。不過傳播領域，除非問題複雜或為報人、廣告人立傳，否則訪問一次即可。

　　・資料蒐集：調查法可使用面訪、電訪、郵寄問卷，但深度訪談，由於訪問時間長，並不適合使用電話訪問，唯一的資料蒐集方法，就是「面訪」。

・資料分析：調查法必須使用統計檢定，每一題項會做描述性統計，自變項與應變項也會交叉分析，以檢驗其差異或關聯；但深度訪談法的資料，必須依賴研究者的功力，由其主觀判斷、沙裡掏金。

・樣本來源：調查法的抽樣方式，要求隨機，而且樣本數要達1,067人，如此方具統計上的推論意義；但深度訪談法的受訪者來自研究需要的立意判斷，受訪人數亦無硬性規定，而是視資訊飽和度（information of saturation）而定，當後續受訪者已沒有新資訊、新觀點時，表示資訊已飽和，可以不用再增加新的受訪者。

表9.1.2　深度訪談法與調查法之比較

比較項目	深度訪談法	調查法
研究對象	人	人
方法意義	質化研究	量化研究
測量工具	非結構式問卷	結構式問卷
測量頻率	可單次或多次	單次；但Panel study可多次
資料蒐集	面訪	面訪、電訪、郵寄問卷
資料分析	研究者主觀判斷	統計檢定
抽樣方式	立意；判斷抽樣	隨機
樣本數	不一定，視資訊飽和度而定	1,067
概化能力	侷限	具概化能力

在傳播領域，很多研究生以深度訪談法建構模式來撰寫論文（見表9.1.3：應用深度訪談法之碩士論文舉例），其題目選擇可供參考。[1]

表9.1.3　應用深度訪談法之碩士論文舉例

研究生	論文	畢業學校	年度
李國川	臺灣廣告市場〈媒體集中購買〉制度之研究	銘傳大學 傳播管理研究所	1998

---

[1] 表9.1.3之應用深度訪談法碩士論文，皆為鄭自隆教授指導。

羅詩誠	〈美濃反水庫〉運動對抗雙方博奕策略之分析	中國文化大學新聞研究所	2001
柴信一	臺灣平面媒體發行量稽核之推動與執行：日本經驗之借鏡	國立政治大學廣告研究所	2002
王惠敏	2000年總統大選採訪記者對選舉事務之態度分析	國立政治大學廣播電視研究所	2003
李瑋聆	2001年立法委員選舉聯合競選文宣之構成——臺北市北區民進黨籍候選人聯合文宣形成之參與觀察	中國文化大學新聞研究所	2003
張百志	臺灣廣告代理商制度之建立——六〇年代廣告產業回顧	中國文化大學新聞研究所	2003
林志青	政治造勢活動之企劃與效果研究：以〈世紀首航〉個案為例	中國文化大學新聞研究所	2003
顏孝蓉	社會變遷與電視廣告、品牌行銷研究：以〈歐香咖啡〉為例	中國文化大學新聞研究所	2003
方怡芬	新商品品牌管理與廣告策略研究：左岸咖啡館個案	中國文化大學新聞研究所	2004
陳冠樺	臺灣電影推廣策略研究	國立政治大學廣告研究所	2005
廖立茹	科技記者與公關服務業人員對線上媒體關係認知之差異性研究	國立政治大學廣告研究所	2005
羅富龍	候選人設置競選總部之選擇因素研究	中國文化大學新聞研究所	2006
方巧文	新聞專業義理再思考——報紙消費生活新聞處理之探討	中國文化大學新聞研究所	2007
洪婉臻	公民新聞學專業義理：挑戰與建構	中國文化大學新聞研究所	2008
吳俐瑤	品牌長期管理與廣告表現之關聯性：〈黑松沙士〉個案研究	中國文化大學新聞研究所	2008
許玉芳	電視數位化後收視率調查機制之研究	國立政治大學廣告研究所	2009
劉昭卉	大型競選造勢活動研究：1996-2008四次總統選舉個案	國立政治大學傳播學院在職專班	2010
王智佳	電視頻道全時刻廣告性節目之分析：節目型態與法規	國立政治大學廣播電視研究所	2010

張涵絜	電視新聞動畫化之倫理研究：眞實再現？	國立政治大學 新聞研究所	2013
黃婷華	消費者仇恨與品牌選購：認知不和諧	國立政治大學 廣告研究所	2014
楊燦瑜	政治KUSO創作者：動機與展演	國立政治大學 廣告研究所	2015

貳、執行

一、方法選擇

與其他研究方法一樣，必須由研究目的來思考解決問題的方法，傳播研究選擇深度訪談法的題目會有這些條件：

1. 受訪者有限：不能以調查法方式進行，或即使使用調查法，亦不具統計推論能力。

2. 不適合面對面討論：可能時間限制，邀集會議有其困難；或受訪者立場分歧、尖銳對立，無法以焦點團體討論方式進行。

3. 研究面向尚無定論：當研究面向分歧，學界並無共識，可先透過深度訪談法，以聚焦面向，如同傳統德菲法的第一回合的問卷，常以開放式問卷、面訪的方式，以蒐集意見；換言之，深度訪談法很適合初探性研究（pioneering study），作爲大型研究的引導或前測（pre-test）。

4. 研究對象必須爲當事人或關係人：當研究對象必須爲當事人或關係人時，深度訪談法是唯一的選擇，如研究報人行誼、廣告人事蹟，當然就要訪問當事人或關係人。

二、訪問對象

深度訪談法的訪問對象，侷限爲當事人、關係人、旁觀者。除此之外，都是路人甲、路人乙，不宜列爲訪問對象。當然不同研究主題，就會有不同的當事人、關係人、旁觀者。

　　所謂當事人，指直接與事件有關的人。關係人為與事件有間接關係，或影響事件發生，及受事件影響的人。旁觀者（observer）則指與事件無關，但可提供觀察意見或具評論能力的人，如：

・某候選人選戰策略研究
當事人：該候選人，與其文宣人員、競選總幹事；
關係人：對手陣營相關人員，或主跑該候選人與對手之媒體記者；
旁觀者：傳播、廣告、政治相關學者。

・爭議性商業廣告
當事人：廣告主、承辦廣告公司相關業務與創意人員；
關係人：競品相關人員、播映該廣告之電視臺業務人員、裁罰之NCC承辦官員，或主管官署人員（如醫藥廣告之於衛福部）；
旁觀者：學者、消費者。

・爭議性政策行銷電視廣告，如2012年之「經濟動能推升方案」、2015年之「募兵廣告」，都是爭議性政策行銷廣告。
當事人：政府承辦人員，以及創意發想者、承辦該廣告之代理商、製作公司；
旁觀者：學者、民眾。

・候選人設置競選總部之選擇因素
當事人：候選人、競選總幹事；
關係人：房東、贊助者；
旁觀者：學者、風水專家。

・公民記者專業義理
當事人：公民記者、與支持公民記者之媒體（如公視）；
關係人：傳播學者、其他媒體；
旁觀者：閱聽公民記者報導之民眾。

表9.1.4　深度訪談法訪問對象之當事人、關係人、旁觀者舉例

研究主題	當事人	關係人	旁觀者
競選策略	候選人； 文宣人員	對手陣營相關人員； 媒體記者	學者
爭議性商業廣告	廣告主； 廣告公司人員	競品相關人員； 媒體業務； 主管官署人員	學者； 消費者
爭議性政策行銷電視 廣告	政府承辦人員； 廣告公司人員； 創意發想者		學者； 民眾
候選人設置競選總部 之選擇因素	候選人； 競選總幹事	房東；贊助者	學者； 風水專家
公民記者專業義理	公民記者； 媒體	學者； 媒體	民眾
報人行誼	該報人	同事； 長官； 採訪對象； 親友、家人	學者
廣告人傳記	該廣告人	同事； 媒體； 客戶； 親友、家人	學者

陳冠樺（2005）《臺灣電影推廣策略研究》，政治大學廣告研究所碩士論文，因研究包含《天邊一朵雲》與《一代劍王》的推廣，因此當事人訪問的是：

・王琮，《天邊一朵雲》副導演兼製片
・郭南宏，《一代劍王》導演
・饒紫娟，中央電影公司影片宣傳組組長兼海外組組長（發行單位）
而旁觀者，則訪問 2 名學者。

陶雅育（2010）以德菲法建構企業博物館公關功能指標，指標完成後訪問白蘭氏健康博物館、黑松飲料博物館、郭元益糕餅博物館、國泰玻璃廠，四家國內具有產業代表性的企業博物館相關人員，以檢視本研究所建構之指標；這4位受訪者屬「當事人」。

　　林威儒（2009）一樣是以德菲法建構城市大型活動指標，指標完成後訪問2009世界運動會組織委員會基金會執行長許釗涓、2009臺北聽障奧運籌備委員會基金會執行長林國瑞，此2人屬「當事人」；臺北市觀光傳播局綜合行銷科科長蕭君杰，為市府支援單位，屬「關係人」。

三、訪問頻率與時間

　　教育、社會工作、人類學等領域會使用深度訪談法，通常會針對同一受訪者訪問三次，每次90分鐘，每次間隔三至七天[2]。傳播領域的深度訪談，除非是問題複雜，或是為報人、廣告人立傳，記述其行誼，當然一次訪問不能竟其功，必須安排多次；否則通常若問題與方向清楚，一次搞定。

四、訪問內容

　　訪問題目當然使用非結構問卷，題目設計要注意以下的原則：
　　‧題目必須契合研究目的，與研究目的無關的都應剔除，不要橫生枝節，無法聚焦。

　　‧針對不同對象，應有不同題目，對當事人、關係人、旁觀者的題目應有區分，不可一個題目問到底。

　　‧必須有讓受訪者揮灑的空間，而不是單純回答Yes或No，如讓官員評論廣告是否違規、違法，不能只問此廣告是否違規、違法？必須請其以法規、公序良俗為觀點，評論此廣告是否適當？其個人法律見解為何？

　　‧以題目誘導受訪者提出更多的記憶或觀點，如報人行誼或廣告人傳記的深訪，必須先廣泛蒐集受訪者資料，以單一事件的提醒，讓受訪者說出來龍去脈，並從受訪者的回答中，衍生新的題目，方會精彩。

　　‧不怕有衝突的問題，有衝突方能激發新的想像。有爭議性的議題，亦應詢問受訪者意見，以蒐集正反面觀點，如此亦可讓研究不致淪為「一言堂」，只有

---

[2]　李政賢譯（2009），《訪談研究法》，臺北：五南。

片面論述，成為宣傳品。

　　・不可問ABC，深度訪談不是「教學／請益」，不是問what，而是問how與why；90年代末期媒體集中購買制度引入臺灣，帶來廣告產業結構性的改變，有研究生以媒體集中購買對廣告主、廣告公司、媒體的影響為題目，此題目就是現在來做也是不錯（已經執行二十年了，總該回顧檢討了），在當時當然也是好題目，不過不應該問受訪者「何謂媒體集中購買」。什麼叫做媒體集中購買，訪問者在擬定研究主題時，就必須自己先弄清楚。

　　吳國安（2010）《臺灣電視廣告歌曲的演變：1967-2009》碩士論文，除使用內容分析外，尚以深度訪談，訪問4位專業人士：侯志堅（歌曲創作人）、胡如虹（歌詞創作人）、陳樂融（音樂創作人）、黃韻玲（音樂創作人），針對高記憶度／高知名度電視廣告歌曲，進行質化的深度探討；訪問題目是：
　　　・流行歌曲與廣告歌曲之比較；
　　　・電視廣告歌曲創作之要素；
　　　・有線電視開放前後，電視廣告歌曲創作之比較；
　　　・此外，亦請受訪者就小美冰淇淋、三陽野狼125、黑人牙膏、台灣人壽台灣阿龍等四支電視廣告歌曲進行評論。

　　林威儒（2009）的城市大型活動指標建構論文，以半結構式深度訪談，主要聚焦在兩個題目的討論：
　　　・就此構面所涵蓋之指標而言，若發展為實際執行的方案，您認為指標背後可能涉及的執行困難為何？
　　　・就大型活動的實際籌辦而言，潛在的影響因素與決策的主要考量為何？

　　陳冠樺（2005）的電影推廣策略論文，關照面向廣，因此問題較多；若無法在一次90分鐘問完，就應分次訪問：
1. 策略組成要素之範圍構面
(1)可否請您略微說明目前電影的發行流程？
(2)對於這部電影的推廣（行銷方式）是共同討論，抑或掌握在片商（發行者）手裡？
(3)請問這部電影的定位為何？目標消費者為何？

2. 策略組成要素之目標與目的構面

(4)請問這部電影所使用的推廣方式有哪些？

(5)請問您覺得所使用的行銷包裝方式，是不是有傳達到電影所要傳達的？（或是這些組合的考量點為何？）

(6)請問您覺得這些方式中，有沒有是特別為這部電影所設計的，或是與一般電影推廣不一樣的方式？

3. 策略組成要素之資源布署構面

(7)請問在整個宣傳推廣過程中，大概有多少人員布署？分配的狀況是如何？

(8)請問整個電影行銷預算大約是多少？分配的狀況是如何？

4. 策略組成要素之競爭優勢構面

(9)請問您覺得就競爭者而言，哪部電影的定位和包裝與這部電影相似？

(10)請問您覺得就這部電影而言，它在同類型市場上最大的特色為何？

5. 策略組成要素之綜效構面

(11)請問在這次的行銷案中，有沒有特別使用某些國際或國內媒體？

(12)請問您使用這些媒體的主要考量因素為何？

(13)請問這部電影有無其他造勢活動或置入性行銷？

五、訪問人數

很多研究生搞不清楚，深度訪問到底要問多少人，才會符合效度的要求？通常有個簡單的判準──資訊飽和度（saturation of information）。

所謂資訊飽和度，係指當新的受訪者的回答，並沒有超越舊的受訪者的答案範圍時，表示所獲得的資訊可能已達飽和，如訪問到第5位受訪者時，其答案均包含在前4位受訪者的答案中，表示資訊蒐集已達飽和，可能不會有超出所蒐集資訊的範圍，訪問即可停止。

因此，這也涉及訪問對象的排序，應該愈「強」的排在愈前面，如此方愈容易達到資訊飽和度。

六、訪問技巧

訪問技巧因人而異，對同一受訪者，由不同的訪問者依相同的問卷訪問，所產出的報告很可能有很大的差異，導致研究者信度（reliability）的疑慮，訪問技巧是最大的因素。執行深度訪談要注意下述的訪問技巧：

・傾聽：傾聽就是尊重，研究者要以同理心傾聽受訪者的發言，多聽少講，避免打斷受訪者。若有不解之處，為避免誤解，可請受訪者再講一次，以呈現傾聽的誠意。此外，為表示研究者對受訪者的尊重，應擇要做筆記。

・觀察：如果受訪者是當事人，主題又涉及爭議性，研究者必須特別注意對非語言訊息（non-verbal message）的觀察，如語氣、身體語言、眼色、視線，以分辨何者為內在聲音（inner voice）、何者為外在公開聲音（outer or public voice），不要將受訪者外在聲音視為其真正想法，必須再追問下去。

・追問：追問是follow up受訪者前一個問題而衍生新的問題，研究者認為受訪者的回答不夠詳細或避重就輕時就應追問。追問可針對細節，細節常可以展現事實真相。

・聚焦：除了問題必須緊扣研究目的，在訪問過程中也應隨時注意受訪者的回答是否離題，很多受訪者都是漫遊者（rambling respondent），回答不著邊際，研究者必須隨時注意拉回主題；不過有時失焦時，反而可以找出新方向、新觀點，但這視研究者的功力而定。

・筆記：筆記也是訪問技巧，除了表示對訪問的重視外，深度訪問的資料記錄，筆記比錄音重要。筆記是研究者在接受訊息的瞬間，認為是重要而記錄的，絕對是直覺而珍貴的資訊。若依賴事後聽訪問錄音，則已失去臨場感覺，很難再「沙裡淘金」。

七、報告撰寫

報告要同時展現「研究者的觀察」與「受訪者的觀點」，研究者的觀察是對訪問結果的歸納，以及研究者的評論，在報告中以「新細明體」呈現。受訪者的

觀點是摘錄受訪者的重點談話，以「標楷體」呈現，並向左內縮。對受訪者談話的引述，不宜一次超過一頁，過長的引述，無法展示受訪者談話重點，也弱化研究者的歸納與評論角色。受訪者的訪談逐字稿，應整理後，置於「附錄」。

陳冠樺（2005）《臺灣電影推廣策略研究》，政治大學廣告研究所碩士論文，分析臺灣電影自日治時期迄今的推廣策略，使用歷史研究、文獻佐證，與學者、資深導演的訪談，其論文寫作方式，係將文獻資料與訪談結果交叉呈現論證：

・戰後電影推廣
戰後初期，戲院每天派人騎著掛有電影廣告的三輪車穿梭於街頭巷尾，以人聲宣傳當日的精彩電影。當他們的廣播與歌聲飄盪在大街小巷時，引來市民的傾聽，有時也引來一群小孩的追逐，從而擴大電影聲浪，也點綴了臺灣的街頭景象（葉龍彥，1995）。

另外，街頭海報在車站、市場、學校、工廠附近，處處可見。有些戲院的海報甚至會張貼至鄰近鄉村，讓電影訊息能傳及偏僻地區。李泳泉說道：

> 50年代臺語片的推廣，一是靠「廣告人」，像《兒子的大玩偶》男主角一樣，有些地方會用人或走路、或騎腳踏車、或騎三輪車去宣傳。若是遇到想好好推的臺語片，有時候就會請演員登臺，所以掃街時演員就會坐在三輪車上面，一路用大聲公，甚至敲鑼，告訴大家這個鎮上最近會放什麼影片。若是規模較大的，就會出現好幾部三輪車，演員會在上面跟大家招手。但一部影片推出時，最起碼都會找人做廣告，或騎腳踏車宣傳。除此之外，大概就是靠預告片和看板，看板在當時就是設置在固定地方，像公園或其他公共場所就會有電影看板，然後什麼戲院放映什麼電影，海報就會張貼上去（李泳泉訪談，2005/04）。

這個請演員登臺的宣傳手法，稱之為「隨片登臺」，在50年代很風行，噱頭十足，電影明星除了可以和觀眾近距離接觸之外，也會演唱電影中的主題曲來炒熱氣氛，陳清河也談及：

在50年代尚未推行國語政策,而且臺語片也沒有浮濫拍攝之前,臺語片是很興盛的,那時的推廣方式很簡單,就是「隨片登臺」,將演員找去各地,在放映前隨片登臺,製造一些熱鬧氣氛,並接受民眾歡迎,不管是老人家想看凌波也好或白蘭小姐,皆完全出自一種追星心態。那時電視尚未出現,所以沒有電視廣告,只有在電影院才有預告片可看。最重要的一點就是「宣傳車」策略,變成說在戶外有宣傳車到大街小巷宣傳,室內就以隨片登臺的方式宣傳。那時也有刊登報紙廣告,內容主要以什麼戲院放映什麼電影為主,但真正發揮功能的還是宣傳車,算是一種戶外的行動媒體(陳清河訪談,2005/04)。

郭南宏以他親身經驗談到:

臺語片的廣告方式不出廣播電臺、三輪車、宣傳單、記者招待會、報紙等(郭南宏訪談,2005/04)。

・50年代臺語片的興起

將臺北市加上全臺灣省的票房收入,臺語片《雨夜花》的收入是比國語片《海棠紅》還要高的,一躍成為當年國片賣座冠軍。若考量當初主演《海棠紅》的是知名影壇藝人李麗華,但《雨夜花》女主角卻是初入影壇的新人小雪,便可知道當時觀眾對臺語片這個新片種是如何熱烈地捧場了。探究臺語片之倏忽興起,李泳泉說道:

臺語片會興起的原因主要是很多觀眾只能聽得懂臺語,一開始的幾部臺語片像《薛平貴與王寶釧》很受歡迎。另外,臺語片也造就了幾位大明星像金玫、白蘭,在臺語片正熱的時候,不管怎麼拍都會有人看,等於說每部片都有它的基本觀眾群,而且那時除了舞臺劇、歌仔戲外,電影算是城鎮中較穩定的唯一娛樂(李泳泉訪談,2005/04)。

1957年臺語片的年產量已過半百,就當時臺語影界的技術基礎與相關人才而言,未嘗不是一樁奇蹟。此外,外省人士主持的臺語片公司也比本省片商多。從另一個角度來看,外省人拍臺語片,一方面當然是臺語片受歡迎,一方面則是國語片寥寥可數。那個時代,因為語言隔閡問題,臺語片與日語片觀眾

遍布全國；國語片的觀眾群大半集中在臺北市。國語、粵語片的主要片源來自香港，國產國語片僅有官營片廠每年三、五部政策導向的影片而已（李泳泉，1998）。昔日外省人觀看電影應多是鄉愁使然，至於臺灣觀眾，看電影是農忙過後、工作之餘的消遣，是布袋戲、歌仔戲、日片的延伸，是生活的一部分。於是儘管攝製條件不如官營片廠，臺語片猶能在土法煉鋼、自求多福的景況下蓬勃發展起來，之後官營片廠如中影，亦無法抵擋潮流而拍了一些臺語片。

八、研究倫理

深度訪談法涉及受訪者之意見與態度表達，歷史資料的呈現更可能涉及隱私，因此必須顧及下列的研究倫理：

‧明確告知研究目的：所告知之研究目的必須真實，不可隱瞞或誤導。

‧取得同意：取得受訪者口頭或書面同意受訪。

‧告知研究成果發表之型態：告知受訪者，研究成果會在何時、何地、以何種型式發表，其訪問內容在研究成果之角色與分量如何。

‧尊重受訪者是否「匿名」的決定：由受訪者決定發表時是否「匿名」。

‧是否「審稿」：受訪者是否有審閱訪問資料（reviewing interview material）之權利，應事先告知或協議。

‧訪談資料「保密」：訪談資料是否「保密」，逐字稿是否完整呈現於報告「附錄」，應事先告知或協議。

第二節　個案討論「電視新聞動畫化之倫理研究：眞實再現？」

壹、導讀

　　古典新聞學對新聞的第一個要求就是「正確」與「眞實」，但新聞產製實務過程中，卻是有些場景無法眞實重建（如凶殺案、災難事件），這時媒體把畫面做了模擬，以動畫呈現，這是「眞實重現」抑或「製造新聞」？有沒有違反新聞倫理？

　　這是臺灣電視新聞因高度競爭，所產生的現象，值得討論也應該討論，針對這樣的題目，調查法、內容分析、文本分析無法解決，德菲法也不能展現研究深度，於是深度訪問法成了唯一的選擇。

　　這篇論文除了方法選擇正確外，尚有幾項優點：

　　・理論基礎堅強：分別以新聞眞實、新聞產製與守門、新聞專業倫理，以及相關研究作爲論文討論基礎，避免將深度訪問淪爲泛泛之談；
　　・以眞實個案引導討論：以五個眞實電視動畫新聞爲討論引導，不是讓受訪者憑空想像「盍各言爾志」，無法聚焦；
　　・訪問扎實：有13位受訪者，含5位記者、3位動畫師、3位新聞臺主管、2位學者；訪問問題清晰，論文所摘錄受訪者談話，具體明確。
　　・結論具概化能力：符合好論文要「從理論出發，最後再回到理論」的要求，結論抽象化，關照面（scope）大，具概化能力，足供實務參考。

貳、個案

電視新聞動畫化之倫理研究：真實再現？

研究生：張涵絜
畢業學校：國立政治大學新聞研究所
學位：碩士
畢業年度：2013
指導教授：鄭自隆 博士

壹、緒論

一、研究動機（略）

二、研究目的

　　本研究預計以深度訪談法，進一步探索電視動畫新聞所帶來的真實爭議與影像倫理認知問題。研究目的有二：

　　　　‧探討電視新聞使用動畫呈現之意義。

　　　　‧找出新聞資訊轉換成動畫後，可能存在的影像倫理問題。

貳、文獻探討（略）

一、新聞真實之建構

二、動畫新聞的產製與守門

三、新聞專業倫理

四、相關研究

參、研究問題與研究方法

一、研究問題

　　隨著時代的演進，動畫繪圖與電視新聞的媒合，發展出一種新的新聞論述模式，也是一種不同於以往的真實建構方式，此種新興媒體現象為新聞倫理專業帶來衝擊與挑戰，亦促使新聞倫理成為一重要而迫切的討論議題。是故根據上述討論，本研究發展出以下研究問題：

研究問題	理論意義
研究問題一：動畫繪圖於電視新聞中之呈現意義為何？	「再現」只是近似於真實，卻不是百分之百的真實，其隱含的指涉意義已經被改造而有所不同；對於真實世界，媒體也往往再現出不同意義。

研究問題二：當新聞報導從文字轉換成動畫，在製作過程中有哪些環節需要特別注意？	過去研究發現若是新聞更真實生動，能較輕易地主導人們的社會判斷，原因在於圖像記憶比口說更容易被提取，思緒跟著動畫敘述走。
研究問題三：哪些因素會影響新聞工作者或學者對動畫新聞的看法？	新聞事實必須是社會認可與允許的事實，它是價值與道德倫理互相編織成的動態網絡，而新傳播科技改變了傳統媒體的守門人角色，連帶使新聞倫理內涵產生模糊地帶。
研究問題四：新聞工作者或學者對動畫新聞的影像倫理理解有何差異？ 研究問題四之一：新聞工作者或學者對動畫新聞的影像倫理態度為何？ 研究問題四之二：此種實踐新聞的新方法，帶來哪些新聞倫理的改變？	對新聞倫理的判斷，攸關對新聞論述方式的理解與道德考量，因此，長期的邏輯思維與判斷體系是重要的評價依歸，亦反映著新聞實作的主要思考。

二、研究方法

　　使用深度訪談法，訪談題目依研究問題而發展：

研究問題一：動畫繪圖之意義

　　1. 您認為動畫繪圖應用於電視新聞中，造成哪些新聞呈現上的改變？在整體新聞報導中，應該扮演怎樣的角色？

　　2. 與過去傳統的動畫報導方式相比，就您的觀察，壹集團強調的感官主義作風，對其他媒體業者產生何種影響？

研究問題二：製作之考量因素

　　3. 您認為報導社會新聞相關題材時，哪些會是閱聽人所關注的焦點？

　　4. 為了還原事發過程，而把文字描述繪製成可見的動畫影像時，有哪些地方需要特別注意？遇過最困難的狀況為何？（僅新聞工作者回答）

　　5. 主要由誰決定何時該使用動畫？意見有所歧異時，如何處理？（僅新聞工作者回答）

研究問題三：對動畫新聞之觀點

　　6. 您覺得目前所任職的新聞台和其他新聞台，對動畫使用的要求有何不同？（僅新聞工作者回答）

　　7. 就您個人而言，對新聞真實的理解及標準為何？認為動畫使用對新聞專

業的挑戰有哪些？

8. 怎樣的新聞報導會認為是負面報導？動畫報導包含哪些元素會比較容易影響閱聽眾？（僅學者回答）

研究問題四：新聞倫理

9. 對於動畫新聞的播放，您認為對新聞事件中的當事人或閱聽眾會有何影響？主要爭議點是？

10.針對不同類型的社會新聞（如凶殺、性侵、霸凌、自殺等），您對動畫的影像倫理要求有無差異？這些動畫如何處理比較適宜在電視新聞播出？

11.面對動畫新聞所再現出來的影像衝擊，您個人的關懷面向為何？對於動畫新聞的未來發展有何建議？（僅學者回答）

12.如果未來使用動畫新聞成為主流，您是否擔心電視新聞的主體性不再？新聞專業倫理該如何堅持實踐？

研究對象

在受訪對象的選擇上，深度訪談具備質性研究的精神，挑選受訪者時不以隨機抽樣找出最具代表性的樣本，更著重在依研究問題和資訊豐富性挑選合適的受訪對象，因此本研究總共完成十三份訪談，依序分為四大部分：5位記者、3位動畫師、3位新聞臺主管、2位學者。受訪者編號以年資為順序，五年為分界，從A開始排序，英文字母愈前面，代表年資愈長，尤其受訪的新聞工作者都參與過不少社會新聞的3D動畫使用，因此更能深入地分享相關實務經驗，以回應本研究的影像倫理問題。

訪談日期從2013年4月15日開始至2013年5月15日，在訪談前，研究者會先表明身分，以及研究目的與大綱，讓受訪者對本研究有概略的認知，能快速進入訪談主題蒐集資料，訪談時間從0.5小時到2小時不等。

討論標的

動畫新聞為運用3D技術，把整個事件轉換為動畫，強調真實的物質空間，甚至完全模擬事件中的角色身形與場地位置，以連續的動態影像傳遞事件的始末。本研究以立意取樣方式，選取五則動畫新聞作為討論標的：

・臺大校園有憂鬱症病史女性學生，在課堂上亮出水果刀對著老師揮舞；

・中山大學大二男生穿著性感女裝、曲身倒臥在淋浴間內死亡；

・屏東男大生性侵女大生，被判處五年徒刑；

・大三女學生遭到外籍學生嗆聲，說：「妳死定了」！

・十一個月大的小男嬰，被阿嬤瘋狂砍殺了十八刀。

肆、研究結果與發現

一、動畫新聞呈現之意義

　　本節以製碼策略、新聞重建、簡化資訊三個面向討論，以製碼策略為例，本研究提及：

　　影響新聞產製最大的部分會是新聞取向，根據文獻指出電子媒體本身的製作流程，使得電視新聞造就出特別的新聞角度；也就是說，視覺影像主宰著新聞敘事的走向，所謂分析式或理性式的新聞敘事已經式微（王泰俐，2011）。學者M表示，訴諸感官主義的動畫新聞，所有視覺形式的呈現，不論是後製影像或者是特效效果，主要的考量都在於「刺激感官收視經驗」，因此，呈現新聞事件的真實面，未必是考量的重點，他進一步指出：

　　　　好像大家都覺得煽色腥就是新聞收視率保證，才會有市場，然後整個新聞導向包含一般新聞的下標或者其他的部分，都會朝向小報化方向去發展，我覺得這個是最大的影響。其實，根本跟媒體產業的未來發展有關，壹集團本身強調小報化的新聞手法是沒有錯，但除了小報化之外，它還有別的東西，那這個是它其中一項，它進來之後，臺灣原來的很多其他媒體業者就因此亂了陣腳，搞不清楚自己的市場定位，盲目朝著感官主義和小報化的風格去製作新聞，而且只學這個東西。（學者M）

二、新聞動畫化之處理過程

　　本節以編輯室內部控管與新聞價值判斷的內化、產製的溝通與落差、新聞查證之角色三個面向討論，以編輯室內部控管與新聞價值判斷的內化為例，本研究提及：

從受訪結果，新聞台內部主管、記者、動畫師普遍表示，動畫新聞的製作與內容呈現，歷經的是一個團體思考的守門過程，如同Berkowitz（1990）指出，新聞內容是由團體動態形塑而成，有許多關卡必須靠編輯台上的各個守門人一起進行團體思考，進而產製出最後的動畫新聞成品。記者B和C皆表示，在動畫新聞的產製環節當中，上層長官在無形之中會影響到記者處理動畫新聞報導時的切入角度和新聞價值判斷：

> 新聞要不要用到動畫，有時候是長官決定，有時候是記者自己決定，有經驗的長官或有敏銳度的記者，他們很容易就可以判斷這則新聞裡面要不要做動畫，看新聞的重大性或特殊性來決定，畢竟每則裡面都做動畫也沒必要，所以要挑過。（記者B）

> 記者還是看長官決定為主，假設你今天的新聞不是很重要，就沒必要去擠壓到另外更為重要的新聞去發動畫，因為動畫師能製作的時間都受到壓縮，不是短時間內就能處理完成的，動畫師會依照記者給單的先後順序來製作，發比較早他才有時間製作，如果凶殺命案跟吵架糾紛兩件新聞比起來，凶殺案會比較有新聞的梗，就會選擇以製作凶殺動畫為優先，留給比較重要的新聞，總之情況都要回報給長官，讓長官掌握狀態。（記者C）

三、對動畫新聞的觀點

本節以不同議題的影像要求、新聞真實的流失、收視率競爭與觀眾需求三個面向討論，以不同議題的影像要求為例，本研究提及：

電視新聞挑選報導主題時，以能刺激閱聽人感官經驗的新聞為主，尤其與災難、犯罪、性與醜聞相關的新聞，更是經常結合動畫技術來模擬事發經過。受訪者普遍表示，相對其他類型新聞的動畫使用比例，社會新聞類型使用上的確較為頻繁，就像記者C所說：「社會新聞的確常用到動畫，黨政新聞比較少去用，不然就是生活新聞關於科普方面的，像病毒感染途徑也是會去使用。整體來說，就是為了補畫面的不足性。社會新聞好看的點，不外乎就是哭啊、吵架啊、罵人啊，可以做成很具有聲光效果的動畫，掌握到這些基本元素，就是觀眾愛看的新聞報導。」也就是說，受爭議較多的社會新聞更偏好以動畫重建整個事發過

程，替代和置換無法取得之新聞事件內容，但主管I表示，這樣的報導取向也引起不少輿論抗議：

> 大家為什麼把這個東西給吵出來，因為動畫使用碰了最敏感的議題，也就是社會新聞去做還原，把看不到的畫出來，像災難報導去做動畫大家不會覺得奇怪，即使有做錯的地方，因為觀眾會期望看到動畫呈現，讓他們能快速理解掌握災情，但是其他社會議題在動畫使用方面，譬如說A打了B，或一個刀劃下去再追逐，這些東西真的滿危險的，因為好像在憑空揣測，這個東西不但會誤導觀眾，也會誤導偵辦方向。（主管I）

四、新聞倫理之檢討

本節以新聞專業的傷害與挑戰、內容走向與規範二個面向討論，以新聞專業的傷害與挑戰為例，本研究提及：

> 在目前新聞產製流程以及時間壓力下，記者不可能去仔細探究每個新聞事件的細節、學者M表示，記者太容易貪圖方便行事，只要能應付長官的要求就先去做，他說：「記者自己身為新聞人怎麼可以有便宜行事的想法，現在先這樣做，反正我有目擊證人，所以我沒有錯，這個是沒有道理的，因為你明明也知道目擊證人有侷限之處，連警察也未必全部相信目擊證人的說詞，記者還用現成的，這都是因為記者太容易原諒自己，常常就是說我要應付長官的需求，那長官叫我怎麼辦只好照辦，要不然就是我時間很趕啊，沒有辦法就得這樣呈現。」對此，主管I與學者L也抱持同樣的看法，認為新聞工作者為了完成工作任務，常常會用便宜行事的心態來製作新聞：

> 動畫新聞製作也常這樣，我告訴你什麼就丟過去，不干我的事，最後把關的人如果是菜鳥，沒有反省的能力，草草了事，那麼傷害就造成了，每個人警惕性都太低，大家心態都這樣，以後怎麼做出好新聞，我們都無法培養更多好的人去救新聞界，只是害新聞界更差吧！（主管I）

> 記者老是覺得他們有去問一些東西，就盡到責任了，那就不要呈現第一人稱，呈現如果是第一人稱就是有問題，如果動畫新聞呈現的是第三人稱角度就沒有問題，第三人稱和第一人稱是完全不一樣的，第一人

稱是新聞當事人的角度，第三人稱是以旁觀者的角色來描述，你如果以
第三人稱去講一些當事人的對白是可以的，第一人稱就是不行，因為你
不是當事人。（學者L）

伍、結論與建議

一、結論

　　本研究藉由深度訪談，描繪動畫影像在電視新聞上的表現方式，如何影響新
聞呈現的意義、真實再現的轉變，以及動畫產製流程中的關係運作，又是如何衍
生影像倫理問題，研究結論歸納整理如下：

・動畫的重建／再現過程，反映感官主義
・虛擬的再現，未必呈現資訊原貌
・多層次守門的干擾，影響新聞真實性

二、新聞倫理再思考

　　從動畫新聞的製作來看，本研究者認為其未來發展走向，可以朝以下幾個方
面進行可行性探討：

・動畫新聞的呈現只是輔助閱聽眾認知理解的呈現手法，而這種手法必須建
立在客觀、真實和專業倫理的基礎上，作為新聞報導的有益補充。所以在使用動
畫新聞時，必須對該事件有深入瞭解和採訪，以此為依據來完成報導。同時在虛
擬的畫面內容中增加提醒標示，讓觀眾知道動畫新聞的內容並不代表事實本身；

・在議題報導方面，容易引起爭議、反感的社會新聞內容應有明確限制，與
個人隱私無關的，無血腥、色情、暴力或類似低俗可能引起負面社會效果的內
容，不適宜用動畫來模擬現場過程；

・堅持新聞原則與專業培訓，相關的新聞工作者要形成團隊合作精神，在動
畫新聞產製過程中，彼此應不斷進行溝通協商，並通過培訓加強專業和倫理教
育，這樣才能在競爭的媒體市場裡，堅定自我的新聞專業理想，以提高整個團隊
的水平與新聞品質。

三、研究限制與建議（略）

第三節　個案討論「消費者仇恨與品牌選購：認知不和諧」

壹、導讀

本論文是古典傳播理論「認知不和諧」（theory of cognitive dissonance）的討論，這個理論大意是：當我們面臨兩個認知（或認知與行為）不一致而產生衝突時，必須誇大所選擇的認知的優點，同時突顯所放棄認知的缺點，以消除內心的不和諧。

當所熟悉的兩個或兩個以上的認知相衝突，或被迫在兩個同等喜歡的事物做選擇時，內心會產生矛盾、天人交戰，而引起認知的不和諧；如父母離婚的小孩，被迫在爸爸或媽媽間作選擇；即將買屋的人，面對A的地段、B的學區、C的造型，猶豫難決，當為小孩上學而選擇B時，勢必要捨棄A的地段優勢與C的建物造型，選擇一個，就得放棄另兩個的長處與優點。

如何解決這種內心衝突？不管如何選擇，最後必須說服自己，自己的選擇是對的。當選擇A放棄B時，必須誇大所選擇A的優點，抑壓或刻意忽略A的缺點，同時誇大或突顯B的缺點，忽視B的優點，以消除內心的不和諧。

本論文就是以「不喜歡韓國，卻使用韓國手機」為例，討論當「認知」與「行為」產生衝突時，內心如何消除不和諧：
認知：不喜歡韓國
行為：使用韓國製手機

處理這樣的題目，實驗法或許也可以，不過實驗內容（treatment）會有假假的感覺，無法達到自然情境（natural setting）的要求。因此，以深度訪談找來一群「不喜歡韓國，卻使用韓國手機」的受訪者，請他們談談內心掙扎的心路歷程，是最適當的方法。

深度訪談不能只有「談」，詮釋受訪者的談話必須有理論基礎。本論文使用消費者我族主義（consumer ethnocentrism）、來源國效應（country of origin effect）、消費者仇視（consumer animosity）為基礎，來討論消費者的認知不和諧，顯示了作者的理論功力。

貳、個案

消費者仇恨與品牌選購：認知不和諧

研究生：黃婷華
畢業學校：國立政治大學廣告研究所
學位：碩士
畢業年度：2014
指導教授：鄭自隆 博士

壹、緒論

一、研究動機（略）

二、研究背景（略）

研究問題與研究目的

　　「韓流」興起後，臺灣學術論文不乏討論臺灣、韓國兩國間各項產業的比較，亦有諸多篇章討論「哈韓」所產生的新型態消費行為。使用量化分析者，普遍以「消費者我族主義」、「來源國效應」、「國族主義」、「產品屬性」、「產品知識」等，討論上述變項是否影響消費者態度及其購買意願，部分則以「消費者仇視」探討臺灣、中國大陸和日本三者之間的關係；使用質化研究者，則多以「框架」、「接收分析」、「流行文化」、「迷群」等，討論臺灣「哈日」、「哈韓」等現象。

　　本研究嘗試以質化作法，試圖以L. Festinger的「認知不和諧」理論為基礎，探討「消費者仇視」（國族主義）和「手機購買」（消費行為）之間的關聯性，為臺灣此獨特消費現象提出解釋性說法。

貳、文獻探討（略）

消費者我族主義

來源國效應

消費者仇視

認知不和諧

參、研究方法

研究問題與對象

研究問題：

1. 臺灣人在長期「仇視」韓國情況下，何以韓國手機市占率仍居高不下？同時，在「反韓」情緒高漲和「愛用國貨」的框架下，是否影響消費者購買意願和態度？

2. 在「韓狗」、「不愛國」等汙名化框架下，仍使用韓國手機產品之消費者如何在此框架下做出反動、反思，及其購買原因為何？

3. 藉由「認知不和諧」理論，探討消費者在面臨消費者仇視和消費行為兩者間衝突時，如何調適其內心產生的「失諧感」？

研究對象：

本研究討論在反韓框架下，對韓國抱有強烈敵意和仇視態度，卻仍使用韓國手機之消費者，進行約莫1-2小時之深度訪談，瞭解10位受訪者其在「消費者仇視」下的購買行為和其「認知不和諧」的程度與排解方式。

深度訪談法
訪談題綱：

1. 何以仇視韓國？
2. 何以在「消費者仇視」下，仍購買韓國手機？
3. 當您仇視韓國，卻又購買韓國手機時內心衝突如何，您如何解決？

肆、研究結果

一、消費者內心的失諧與妥協

受訪者在抉擇手機購買時，確實遭逢仇韓態度和偏好韓國廠牌手機所產生的失諧困擾。當強烈排斥韓國的情緒遇上由韓國產製之實用、功能、外觀、易用性等俱佳的手機攻勢時，內心勢必因消費者仇視態度引起心中矛盾衝突。而當失諧情緒產生，消費者為減輕失諧所產生的不適與不協調感，便會以改變信念（重新確認自身反韓意識：我是真的仇視韓國，還是我是被塑造出來的？）或行為（認為反韓 ≠ 不能購買韓國手機）來消除中介過程中的不一致，進而使其信念或行為得到合理的解釋，而達一致化（Festinger,1957; Lippa,1990）：

　　　　當初在購買時，衝突程度大約有7-8分。但我本身是比較理性取向的人，對韓國雖持有負面看法，但機械的使用上還是希望它能夠就是

壽命較爲長久，像三星它的CPU的處理器、規格都比HTC好，也比較不
容易當機，再加上當時網路評價等，綜合考慮下還是選擇買了三星。
（受訪者V）

我覺得機器這種東西本身是屬於生活使用上便利的考量，它本來就
有很多面向讓消費者去選購，如果它今天比國產的東西還要好，確實很
難避免不去使用。（受訪者V）

內心其實不會掙扎，一碼歸一碼。因爲本身是手機玩家，手機就有
超過二十五支，再加上以當時收入來說，會比較想購買高階手機，後來
習慣三星的介面，覺得它在易用性、品質上面都還不錯。（受訪者Y）

我覺得這是兩件事。感性上仇視，但是在理性上還是會以功能性作
爲主要考量，再加上它可以刷機，功能又很多，自定性高。（受訪者
L）

由上述受訪者自述過程可發現，當受訪者在面臨認知不和諧所導致壓力與心
裡不平衡時，爲消除內心失諧感，消費者選擇以「一碼歸一碼」的方式，區辨理
性與感性之間的情感差異，或將反韓卻購買韓國手機視作「兩件事」來看待，同
時也在折衷的過程中重新審視、歸咎自身的反韓意識和程度，認爲自己：「好像
也沒那麼討厭韓國嘛」，來爲購買行爲找到一個可以被解釋的理由。

而在認知不和諧折衷過程裡，亦不乏有如消費者F在選擇購買韓國手機後，
因無法忍受內心衝突和外在壓力，進而放棄使用韓國手機，轉而使用臺製手機的
案例，亦是唯一以改變行動，調解內心因信念衝突所產生不和諧的排解方式。

那算是我第一次拿韓貨的手機，我不算是很喜歡韓國，所以有點
掙扎。矛盾衝突大約有6、7分，覺得很不舒服，會覺得別人好像用異
樣的眼光。比如說像朋友有的人拿HTC，會說：「用iPhone沒關係，可
是用三星……」，朋友的冷言冷語會對我心裡造成影響，很不自在。
（受訪者F）

二、縹緲的國族情感與認同

臺灣島內的「臺灣」與「中國」意識型態之爭，一直是島內社會動盪不安的主要根源。這兩大分化的群體涵蓋族群與國族兩者概念，同時混雜了文化與政治的意涵，臺灣國族認同危機的產生因之而生。加以全球化趨勢的推波助瀾下，臺灣無可避免的如同其他新興國家，面臨全球性的激烈競爭。

過往「哈日族」在臺灣成形，曾引起專家學者們一致撻伐和社會對青少年認同感偏失的恐慌，文化帝國主義論述者更指出「哈日」熱潮，意味著一種帝國主義的重返、一種殖民經驗的再生，再度使臺灣受控於殖民的想像中。而如今，哈日風潮漸退，取而代之的是韓國以「韓劇」作為敲門磚，輔以現代化、強烈的時尚敏銳度，迅速地在短短十年期間，創造出獨特的「韓流」、「韓式美麗」和「韓式style」。然臺灣、韓國兩國特殊的國情、競爭關係，也使「韓流」在臺灣社會裡引發激烈震盪，激起陣陣正（擁韓）、反（反韓）浪潮，從而衍生成更為強烈、複雜的消費者仇視情緒。

> 從體育運動的比賽像愛國裁判啦，還有很多展現那些東西就是很明顯……，不是韓國人都不好噢，只是他們民族要去展現的那些東西，傷害到曾經幫助過他們的國家，就是：『對恩人（臺灣的政府跟人民，我們曾經提供協助，互稱彼此為兄弟的這些東西）不知感恩，還落井下石』，我覺得這樣是很可惡的。」（受訪者H）

三、從經濟破產到文化崛起

「韓流」興盛同時，卻也使臺灣民眾感到文化上的侵略和威脅，受訪者J針對此一現象，在訪問時便深刻表達出她在日常生活當中所遭遇的感受：

> 你看像我有朋友一直在網路上講些有的沒的，或po那些韓國明星啊，就真的覺得很不爽，要嘛你就滾回去韓國啊，不要給我講中文，有本事你就從今天開始就給我講韓文，研究也用韓文做，生氣，真的是覺得超煩的，所以我現在也不回他FB。還有，有事沒事也在那邊「歐爸」、「歐暱」，是不是你看了會不會膩！你板一打開都在討論什麼金秀賢，什麼「來自星星的你」還什麼鬼的，我真的很不瞭解，我覺得那已經到一種洗腦的程度你知道嗎？感覺好像你沒有看韓國的劇，你就

跟不上時代，我覺得韓流有點到太over的地步，我一直很不喜歡韓國就是因爲這樣子。像我表妹，她還因爲韓劇就去買跟裡面一模一樣的手機，超可怕的！

本研究從訪談過程中，證實了臺灣人在手機的持有過程中，翻轉了過去韓國的惡劣形象。受訪者M即明確表示，在他經深思熟慮購買韓國手機後，手機優異的功能表現，的確降低了他原先對韓國的仇視程度：

> 仇視程度會降低，喜好程度會提升。所以過去仇韓大約8-9分，用了三星S3後，仇視程度剩下4分。因爲，就是會欣賞他們（韓國）的態度，但這也是一個矛盾點，覺得他們（韓國）可以做到這樣，臺灣呢？

伍、研究結論與建議

一、結論與討論

結論：

1. 認知不和諧？工具理性大勝感性情緒

消費者情感層面，如國族情感認同、消費者我族主義、消費者仇視等，皆視爲影響消費者決策重要參考因素，但若將上述情感變項置入整體的決策考量中，可發現情感層面考量僅成爲消費者選購產品的末項考量旁枝，並不成爲影響其選購某項韓國產品之關鍵要素。

2. 來源國效應——強者愈強，弱者愈弱

受訪者訪談發現，若將「來源國效應」置於全球化的消費脈絡中來看，則呈現強者愈強，弱者愈弱的巨大磁吸效果，意即：愈強的國家可透過強大的國力，對周邊小國強行輸出其文化商品。同如依賴理論中「中心－邊陲」的概念，世界體系中占有強勢位置的強國會挾其政經優勢，以傳播科技單向地對邊陲國家輸入各種媒體文本和文化，接收國的人民不僅會依賴這些外來文化，還連帶影響其意識型態與世界觀，視爲一全球化消費下重要的文化依存課題。

3. 用文化修正刻板印象

　　即便「消費者仇視」確實對被仇視國家造成產品外銷壓力，然而隨著全球化時代來臨，消費者認同度亦隨著國際趨勢轉變而轉動，被仇視國家仍可藉由其強大國力和軟實力的輸出，扭轉消費者既存的刻板印象。單就以臺灣市場來看，國人雖普遍對韓國抱持負面仇視態度，但在「韓流」風行草偃下終究削弱國人對韓國產品的抵制程度，加以國人對韓國仇視包含多種複合情緒在內，更使「消費者仇視」在臺灣未成強烈氣候。

二、實務建議（略）

三、研究限制（略）

第四節　個案討論「政治KUSO創作者：動機與展演」

壹、導讀

　　網路的快速興起，不但影響我們的生活，人人向手機低頭、手機吃掉大部分的休閒時間，也影響媒體產業，形成媒體間的替代與襲奪；更影響到政治，2015年臺北市長選舉，網路刮起柯文哲旋風，網路主導新聞、新聞影響談話性節目，最後不但讓連勝文落選，也影響全臺縣市長選情，不能在臺北投柯文哲的人，就在自己的家鄉投民進黨，形成國民黨大崩盤，也帶衰2016年總統大選。

　　網路KUSO政治，始於2012年總統大選（參見本書第十章第二節：個案討論「網路KUSO政治：2012年總統大選個案研究」），但發揮顛覆性影響的是2015年臺北市長選舉，本節討論的個案就是討論這次的選舉，作者採用深度訪談法，訪問4位KUSO連勝文的創作者，瞭解其創作動機；深度訪談法是蠻難的質化研究，A、B、C三位研究者訪問同一個人，很可能產生A、B、C三篇觀點各異、深度有別的報告，研究者的選舉性理解（selective perception）當然會影響素材取捨與結論的歸納與形成。

　　作者是個用功而細心，但沒有特定政治傾向的女生，因此很適合用扮演中立觀察者（neutral observant）的角色，來寫這個題目，結論寫得很好：

　　·內容產製：KUSO創作者由大眾媒體選擇議題，反串候選人「分身」，使用符號重組、再製與再現方式，以攻擊該候選人表達立場。

　　·創作動機：創作者與當權者疏離，於是從網路閱聽人變成傳播者，是典型UGC（user generates content），並經由粉絲的掌聲得到滿足，不再是閱聽人的「使用與滿足」，而是傳播者的「創作與滿足」（creation and gratifications）。

　　·自我展演：KUSO是創作者政治認同的投射，會玩KUSO的人很多都有社會運動經驗，隱身媒體時，為保護自己避免社交障礙，會以匿名方式創作，所以網路kuso是「布袋戲」式的自我展演——只有檯面上的「史豔文」，而沒有背後操弄者「黃俊雄」。

貳、個案

政治KUSO創作者：動機與展演

研究生：楊璨瑜
畢業學校：國立政治大學廣告研究所
學位：碩士
畢業年度：2015
指導教授：鄭自隆 博士

壹、緒論
一、研究背景與動機
二、研究目的

　　本研究選擇2014年臺北市長選舉為個案，從政治KUSO作品內容連結創作動機以及自我展演目的，來探究政治KUSO對於權威政治的影響以及與創作者之間的關係：

　　・瞭解政治KUSO創作者之內容元素以及產製手法：透過訪談KUSO創作者以瞭解主題、嘲諷對象、創作手法等元素，分析當代政治KUSO作品的產製模式為何。

　　・探討政治KUSO創作者的創作動機：深度訪談KUSO創作者的創作歷程，探討政治KUSO的創作動機為何，並以使用與滿足理論分析之。

　　・瞭解政治KUSO創作者如何展演自我：透過與KUSO創作者面談的結果，剖析政治KUSO創作者的自我展演過程，如：展演目的、影響因素、預期結果等，並以自我展演理論分析之。

貳、文獻探討
一、KUSO創作
二、眾聲喧譁理論與狂歡化
三、KUSO創作動機
四、KUSO的自我呈現
五、討論指標建構

　　第二章爬梳政治KUSO作品相關的理論後，從KUSO創作模式、眾聲喧譁理論、狂歡節理論、使用與滿足理論以及自我展演理論，歸納出本研究討論指

標，可分爲三大面向：創作元素、創作動機以及創作與自我展演。

研究面向	討論指標	參考理論
創作元素	・KUSO創作的模仿對象爲何？	狂歡節理論 KUSO創作模式
	・創作手法爲何？ ・如何挑選創作元素？	眾聲喧譁理論 狂歡化理論
創作動機	・創作動機與目的爲何？ ・KUSO是否能滿足創作者的動機需求？ ・創作動機是否受到社會環境所影響？	使用與滿足理論 通便劑理論
創作與自我展演	・在KUSO作品中，呈現自我的目的爲何？ ・爲何選擇以匿名或非匿名方式呈現？ ・是否重視將KUSO作品的觀眾與其他展演領域（如：私領域）的觀眾作區隔？ ・影響自我展演的因素爲何？（如：網路氛圍、網友回應、觀眾期待）	自我展演理論

參、研究方法

一、研究方法選擇

本研究方法操作階段表

類目	第一階段	第二階段	第三階段
研究目的	從網路世界中，觀察文化活動與發展脈動。	主動參與線上活動，體驗社群成員的生活經驗。	結合線上觀察與線下訪談結果。
工作內容	大量蒐集與特定網路文化相關的資訊，並整理歸類。	持續蒐集資料，特別觀察具指標性成員，予以紀錄。	持續蒐集具指標性的成員資訊，且與該成員面對面訪談，將訪談結果與線上資料進行比對，歸納出結論。
研究者參與方式	潛水夫（僅觀察）	親身參與	觀察與訪談並進

二、研究設計

　　4位受訪者中，有3位是社群媒體facebook 粉絲專頁的版主，同時是KUSO創作者、發文者以及經營者（連勝芠、連勝丼、靠北勝文版主）；另1位爲繪製單

篇政治KUSO漫畫「鬼島海賊王」的創作者（夏阿特）。

肆、研究結果與發現
一、創作方式
1. 模仿特定人物

　　4位受訪者的KUSO方式一致都有使用「戲擬」（parody），將連勝文在公開行程或是官方網站上的言論及影像，透過搭配圖像和剪輯的創作方式來給予新的涵義，受訪者連勝芠甚至表示自己是模仿連勝文的角度來發言。

> 　　我會去揣摩連勝文的想法，也會從他的角度去想這些事情，把自己的想法加在裡面，讓大家知道其實政治這種東西可以用很愉快的心情去面對。（受訪者連勝芠）

　　由此可知，「戲擬」在KUSO創作中已經不只是「複製」現有的素材，更能夠模擬特定人物的角色特質，即便是「圖文」類的創作，創作者也要盡可能將連勝文的樣貌特徵呈現出來。若無法在看到作品的當下聯想到特定人物，該KUSO作品的共鳴度就不會太高。

　　創作者認為利用該人物本身的言談來諷刺自己是很重要的KUSO元素，以「自打嘴巴」的方式嘲諷特定對象，能顛覆過去政治人物形象以及話語的權威感，並且能提高作品的幽默感，同時也比較能自保、避免涉嫌妨害名譽。

> 　　他沒有說過的話不會去把他講出來，因為這樣其實就是犯法，就是會毀壞他的名譽。我其實有去考慮過法律這點，所以才沒有被他告，從頭到尾都會去想，貼一個文章或是改編影片有沒有觸犯到法律。（受訪者連勝芠）

2. 戲擬特定文體

　　經典言語或其他語言風格本來和政治或選舉毫無相干，卻在創作者的巧妙結合之下，產生「無違和」的幽默感。過去的國文課本皆由國立編譯館統一編定，因此全臺的國中生當時都曾讀過席慕蓉的「一棵開花的樹」，受訪者連勝芠以該課文為發想，將原文的「如何讓你遇見我，在我最美麗的時刻，為這，我已

在佛前求了五百年」改爲「在佛前求了五百元」，以諷刺藍營網軍酬勞五百元的
議題。

> 嘗試去結合連勝文講的話跟一些大家本來就很熟悉的東西，比方說
> 國文課本裡面有一個席慕蓉的詩「一棵開花的樹」，這幾乎是我們這個
> 年紀都一定知道的。（受訪者連勝丼）

本研究觀察了「連勝丼」粉絲專頁上述作品與網友之間的互動，發現創作者
並未在作品描述上揭露模仿的詩篇爲何者，但多數觀眾很快能掌握到被模仿的詩
詞作者是席慕蓉，並在該篇KUSO作品留言「你有想過席慕蓉的感受嗎 XD」、
「勝丼眞是充滿文藝氣質，上次古龍，這次席慕蓉」。

3. 以攻擊表達立場

本研究認爲，政治KUSO作品可以分爲「人身攻擊」類型以及「政策攻擊」
類型，前者以形容連勝文的身材像豬的創作爲主。本研究的受訪者大多認爲應儘
量避免以外型爲KUSO主題，也不應以辱罵的方式來KUSO。

> 我發現大家針對於政治這塊的東西很多都只有情緒性的字，像
> 「連勝文幹」、「連勝文神豬」，針對政治性的東西，就我的觀點，我
> 覺得你要講出眞的、有內容的東西……我會去做一些功課，不是只是出
> 於謾罵。（受訪者靠北勝文版主）

> 尤其是我對某件事情有點感冒，就是當然勝丼是有豬排的意思，可
> 是我從來沒有在任何一篇文章裡面說他胖、或是豬，打這些幹嘛啊！
> ……我覺得笑他是豬這件事情不是很厚道啦！（受訪者連勝丼）

但本研究在觀察了受訪者所經營的粉絲專頁後發現，儘管受訪者皆表示儘量
不要以人身攻擊爲KUSO方向，但仍有少數作品偏向這類的創作，以攻勢表達立
場。

4. 與主流政治疏離

註：以下單元，略。

二、UGC：從閱聽人到傳播者
1. 創作動機
2. 創作目的

三、自我展現
1. 觀眾回饋
2. 網路環境
3. 粉絲人數
4. 匿名保護

伍、結論與建議
一、結論
1. 內容產製
(1)由大眾媒體選擇議題
(2)反串「分身」
(3)符號重組、再製與再現
(4)以攻擊表達立場

2. 創作動機
(1)UGC：從閱聽人到傳播者
(2)與當權者疏離
(3)由掌聲得到滿足

3. 自我展演
(1)政治認同的投射
(2)由街頭到媒體
(3)「布袋戲」式的自我展演

二、建議

CHAPTER 10

文本分析

第一節　方法

壹、意義

　　所謂文本（text）是人類心智活動經由具象化過程後所呈現的內容物，可以是文字、圖像、影像、聲音，是觀察社會行動的指標之一。對傳播研究而言，文本就是新聞稿、電視新聞與節目影像、廣告作品、廣告腳本、競選傳單、戶外看板、劇本、電影影像、廣播稿……。

　　文本分析（textual analysis）是1970年代興起的文學研究方法，主張文本的意義是由文本與所處脈絡的關係而定的；也就是說，文本的意義由其所依存的社會脈絡來決定。文本分析即是將文學作品拆解，觀察其部分之間如何拼湊形成關聯，亦即經由文本的「部分－整體」重構與解構，以詮釋其意義，或瞭解作者創作動機。

　　換言之，文本分析就是探尋文本表面意義（denotative）之外的社會意義（connotative），以特定的理論為分析架構，對文本提出解讀與詮釋，探討作品「背後」、非外顯的意義，這個意義甚至可能是作者潛意識想像，或是真正想傳遞、但沒有說出口寫出來的訊息。

　　傳播訊息的分析可以分成量化內容分析（content analysis）與質化的文本分析，不同於內容分析的量化方式，文本分析更有「解讀」的意涵；也就是

說，量化內容分析是找出文本表象的脈絡，呈現自變項與應變項的關係，是研究What；但文本分析卻是挖掘內在、不為人知、無法一眼看穿的意義，是探索Why。

內容分析就是因為研究What——表象的意義，所以研究經驗經過數十年、無數篇文獻的累積，方法已經系統化，要求必須有大量、長期資料為支撐，經由系統抽樣，再以類目（category）為分析基礎，經統計檢定判定變項關係，形成結論。任何研究者只要照表操課，就會得到相同的結果，而研究結果也具概化能力——可依此抽樣分析的結果，推論到更大的母體。

但文本分析不一樣，不需要大量、長期的資料，甚至單一樣本也可分析（如一則電影、一本小說）。分析方法極為多元，可依不同理論或分析技術切入，研究者主觀意志可以選擇不同分析工具與詮釋方向，不過研究結果不具概化能力——只能詮釋此個案，不能推論其他。

二種研究方法之意義、資料時間軸、研究工具、概化能力完全不同，其分野請參閱表10.1.1：文本分析與內容分析法之比較。

表10.1.1　文本分析與內容分析法之比較

比較項目	文本分析	內容分析法
研究對象	物（傳播素材）	物（傳播素材）
方法意義	質化研究	量化研究
研究方法	多元研究方法	研究方法系統化；以類目（category）為分析基礎
資料之時間軸	當時、單次資料	長時期資料
抽樣方式	依研究目的，立意取樣	系統抽樣
樣本數	視研究需求與規模而定，即使單一樣本（如電影、電視節目）亦可	依系統抽樣取得，通常必須樣本數≧30，方具分析意義
資料分析	研究者主觀判斷	統計檢定
概化能力	無	有

貳、研究取徑

文本分析不是傳播領域「原創」的研究方法，而是「取經」自文學、哲學、語言學、心理分析、文化研究，所發展出的多元研究方法（Allen, 1987; Berger, 1989; Fiske, 1990; Stokes, 2003; Wuthnow et al., 1984；黃新生，1987）：

・符號學

符號學（semiotics）是分析「意義」的產生與交換，經由文本的符具（signifier），以探討其背後的符義（signified）。符具是文本外顯的文字、圖像、表情、動作，符義是文本符具的指涉，也就是傳播者試圖呈現的意義。

如電視新聞報導2位候選人，同樣是30秒的畫面，A候選人使用特寫，清晰呈現臉部的表情；B候選人卻是長鏡頭，看不到臉孔的表情；2位候選人鏡面呈現的差異，就是記者試圖呈現的符號意義——候選人鏡面是「符具」，不同符具帶來的「符義」是：A候選人是堅毅而親切的、與選民沒有隔閡、訊息是重要的；而B候選人卻是與選民疏離、沒有連結，所陳述的訊息是不重要的。

・神話結構分析

神話結構分析（myth structure analysis）是以儀式（ritual）、象徵（symbol）、兩元對比（binary opposition）三個元素拆解文本，為結構主義的分析方法。鄭自隆（2008）曾以神話結構分析政府資訊的電視置入呈現方式，研究對象是2004年11月5日某電視臺《李明依FUN電》節目之「失業—男人真辛苦」，節目長60分（含廣告時間），置入型態屬「專輯置入」，委託單位為內政部。

以神話結構分析，「儀式」是藉由固定或官式程序以神聖化行為，並賦予行為的正當性；儀式有類型、參與者、儀式時間與空間四個元素。儀式類型含公開儀式、禮節儀式、入會儀式、魔術儀式、淨化儀式、宗教儀式、崇拜儀式等七種類型（黃新生，1987）。此則電視新聞的儀式類型屬淨化儀式（purification），亦即經由電視的說明可紓解困境，不要用自殺或以不當方法宣洩壓力，只要使用男性關懷專線電話，即可得到支援，符合社會期待，內心得以淨化。[1]

---

[1] 參閱鄭自隆（2008），《電視置入——型式、效果與倫理》，臺北：正中。

表10.1.2　神話結構分析範例——《李明依FUN電》

儀式	類型		淨化儀式
	參與者	導師	兩性作家林萃芬、男性專線社工王碧華
		使徒	主持人、特別來賓（洪都拉斯、李祖寧）
		追隨者	現場20名來賓
	時間		—
	空間		電視
象徵	聖像		男性關懷專線
兩元對比	善		壓力紓解
	惡		自殺、憂鬱症、不當宣洩壓力方式
	中介因子		男性關懷專線

儀式的參與者有兩性作家林萃芬、男性專線社工王碧華，她們扮演「導師」或「天使」的角色，以引導現場來賓與電視觀眾，採取適當行為。主持人李明依與兩位特別來賓（洪都拉斯、李祖寧）則扮演「使徒」，屬幫腔的角色，以呼應「導師」的「教誨」。至於現場來賓與電視觀眾則是「追隨者」，追隨「導師」與「使徒」，以獲取資訊或矯正行為。

儀式的時間，指的是儀式進行日期、時段的象徵性，如元旦一定要升旗，民間「安太歲」一定要在農曆元月9日（玉皇大帝生日）或元月15日元宵節，即是儀式時間的神聖性，儀式時間在此節目處理並未被突顯。

空間指的是儀式進行空間的神聖化，如慈湖是國民黨新任高官、黨工表演「謁陵」的地方，因空間的神化而賦予參與者取得新職的正統性，或是高階官員布達、將領授階使用總統府禮堂，也是空間的神聖性。此節目所使用空間為電視，透過媒體賦予威望（prestige）的功能，而強化了論述的正確性。

「象徵」是人、事、物的聖像（icon）化、神聖化，經由象徵以建構合法性，並贏得尊敬。此則電視置入的聖像是「男性關懷專線」，因工作挫折而有自殺傾向或採取不當宣洩壓力方法的人，可以因使用男性關懷專線而得到「救贖」。

「兩元對比」是前與後、善與惡、進步與落伍的矛盾情境，並藉由中介因子（mediating factor）的介入以舒緩或消除困境。此則節目內容的「惡」，指的是因無法面對挫折而自殺、有憂鬱症，或以不當方式宣洩壓力；「善」指的是壓力紓解，可以過正常生活；這兩種情境是對立的、衝突的，要舒緩這種兩元對比的矛盾，中介因子就是「男性關懷專線」，使用救援電話，有了自殺傾向、憂鬱症，或以不當方式宣洩壓力而滿懷罪惡感的人，就得以紓解。

・敘事分析

敘事分析（narrative analysis）是俄國民俗學家Vladimir Propp（卜羅普）分析民間故事所創的分析方式，「故事」是由許多角色行動（act）所建構，於是將角色行動帶來的功能（function）作為分析單位，以分析「故事」。

Propp發現民間故事的敘事體有三十一個基本功能，於是將每一基本功能用一個字（符號）來代表（如θ代表「共謀」：受害者在不知情狀況下，幫助歹徒陷害自己；γ代表「禁制」：英雄被禁；……），以此來分析媒體文本，找出情節發展軌跡。

・公式結構

很多影音文本都有固定的情節演變，公式結構（formula structure）分析就是觀察媒體素材，經歸納為固定結構後，再用以推論至類似的節目。臺灣電視鄉土劇或「花」系列連續劇就是如此，豪門恩怨情仇，A女愛B男，但B男愛C女，於是A女就陷害C女，讓B男誤會C女，最後真相大白，C女回到B男的懷抱，A女遭到報應與處罰。早期被稱為肥皂劇的美國廣播連續劇，劇情就是有固定公式。

史上最長命的電影007故事結構也是公式化，「壞人」破壞世界和平，龐德奉命制止，龐德女郎一開始是反派角色阻撓龐德，後與龐德墜入情網，龐德陷入險境，龐德女郎拯救，壞人陰謀終不能得逞。因為結構固定，所以電影可以數十年維持其系列性，觀眾也沒有額外心理負擔，充滿娛樂效果。

在臺灣，不但瓊瑤電影、鄉土劇、偶像劇公式化，連電視新聞的呈現也很公式化。早期很多政府機關都以「買新聞」的方式，將政府資訊置入新聞報導，而電視媒體處理這種新聞都是蠻「公式」的，不但新聞組成元素一樣，畫面都是

訪問對話與現場場景，受訪對象一定是政府官員與民眾，或與事件有關之當事人；連新聞流程都是「公式化」[2]：

記者口白開場→訪問官員→帶入場景→訪問民眾→記者ending

表10.1.3　電視新聞公式化分析範例

主題／日期	政府單位	受訪者	對話	場景
國健局打造無菸環境，臺鐵禁菸 2004/11/02	國民健康局	・民眾（乘客） ・志工 ・國健局局長	・訪問旅客對二手菸感覺 ・訪問國健局局長 ・訪問乘客對政策的感覺	・火車 ・月臺 ・抽菸的民眾 ・志工宣示典禮 ・臺鐵大廳
山區農園水土保持 2004/11/02	農委會	・農民 ・水土保持解說員 ・農委會水保局局長	・訪問農民種植草皮的原因 ・訪問水土保持解說員種植草皮的原因 ・訪問農委會水保局局長水土保持方法	・河流及山坡地果園 ・農民種植的草皮 ・水土保持設備 ・水土保持風景區
民間提案參與港區設施 2004/10/21	公共工程委員會	・公共工程委員會主委 ・遠雄集團董事長	・訪問公共工程委員會主委說明 ・訪問遠雄集團董事長	「民間提案參與港區設施商機對談」場景（簡報過程、影片播放）

上例，2004年11月2日某電視新聞「國健局打造無菸環境，臺鐵禁菸」的呈現，就是典型公式化的政府新聞流程：

2　參閱鄭自隆（2008），《電視置入──型式、效果與倫理》，臺北：正中。

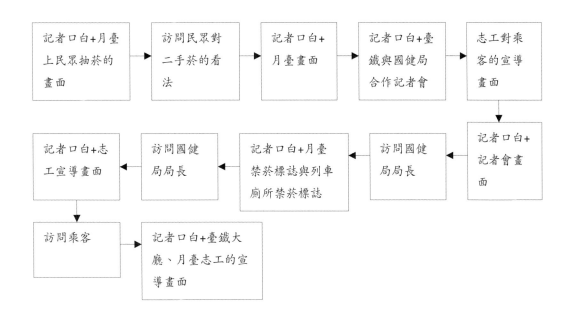

・意識型態分析

意識型態分析是以馬克思主義的文化理論為基礎，探討媒體所散播的文本，如何構築大眾特定的知識與社會立場，以唯物辯證討論生產模式、經濟關係如何決定人們的思想與社會關係，基礎（base）決定了上層結構（superstructure）——經濟體系建構了社會機制與社會價值，此外階級衝突、疏離感（alienation）也是分析指標。

馬克思主義的分析，當然可以討論大眾媒體的通俗素材文本，如電影中的富家千金愛上拉車的窮小子，就是階級衝突。電視劇裡的富家少爺拋棄繼承，跑到部落教小朋友打棒球，這是疏離。不過，馬克思主義的分析更常被用來討論：

媒介所有權（ownership）

政治、經濟、社會與媒體關係

媒體產製過程的控制因素

・心理分析

心理分析是心理學理論的支脈，討論人們如何在社會文化脈絡中，發展人格與性別認同。分析工具是佛洛伊德的夢的解析，以潛意識分析文本影像——

壓縮（condensation）：以單一影像象徵許多相關事物

轉換（displacement）：以小變大、以大變小

再現（conditions of representability）：以視覺代表思維

修正（secondary revision）：將影像賦予合理、連貫的敘述[3]

・功能分析

功能分析是討論媒體提供什麼樣的功能，讓閱聽人經由接觸（即「使用」）媒體，可以得到什麼樣的滿足，這就是傳播領域的使用與滿足（uses and gratification）理論，也是社會學取徑的研究方法。

Berger（1989）論及媒體素材的分析，可以從閱聽人面向來思考使用媒介可以得到哪些滿足，Berger列舉的「使用與滿足」元素多達二十四項：

娛樂性、瞭解公眾人物動態、體驗美好事物、與社群分享經驗、滿足好奇、宗教認同、打發時間、心理移情、守望環境避免危險、模仿他人、獲得認同、取得資訊、強化信念、想像愛情、企盼奇蹟、觀看他人錯誤、維持社會秩序、參與歷史、紓解不快情緒、紓解性壓力、嘗試禁忌、體驗醜陋、強化社會規範、惡人繩之以法，這二十四項應該涵蓋了閱聽人使用媒體的需求滿足。

・女性主義

大眾媒體文本常會不自覺呈現性別刻板印象，稱女性的胸部為「事業線」，稱精壯的年輕男性為「小鮮肉」。因此，以女性主義作為分析工具，討論女性價值、父權文化、男性象徵秩序、女體窺視，也是文本分析常用的取徑。

廣告的目的就是銷售，因此廣告訊息就會特別討好社會主流價值，所以，廣告中的性別意識就常成為研究題材。Pingree等人（1976）根據廣告中性別角色的刻板印象程度，發展出將廣告中的兩性角色分為五個層次的「性別意識量表（scale of sexism）」，用以測量兩性刻板印象，而此量表之後也成為相關研究重要的兩性刻板印象衡量指標。量表層級由1至5，Level 5為完全無性別角色刻板印象，而Level 1為呈現高度性別角色刻板印象。

---

[3] 李天鐸譯議（1993），《電視與當代批評理論》，臺北：遠流，頁189。

　　林幼嵐（2011）《廣告中的女性意識：世代差異》，政治大學廣告研究所碩士論文，以文本分析由巨觀的、歷史性的觀點，探討廣告中的女性意識從50年代迄今的改變，呈現有趣的發現──廣告是社會變遷的鏡子，演繹了臺灣女性的地位與角色。[4]

參、文本分析的思考

　　有人說「文本分析，是用我們看不懂的文字，解釋我們看得懂的現象」，真的是這樣嗎？

　　文本分析是提供insight seeing，或許可稱為「洞察式閱聽」，洞察式閱聽對藝術當然有必要，一幅趙無極的抽象畫、一座在北美館的裝置藝術、或是一首貝多芬交響樂，因為看不懂、聽不懂，所以期待有人導覽、詮釋，形成洞察式閱聽。不過對出現在大眾媒體的文本（大眾文化），如看一支30秒廣告片、或120分鐘的民視《嫁妝》，分析其背後的意識型態、符號意義是否有那麼必要嗎？

　　大眾文化與藝術畢竟是有差別的，藝術是作者的自我展演（the presentation of self），其主觀意圖完全展現，不必考慮或很少考慮閱聽人感受，也不要求傳播者與閱聽人認知要有交集，甚至有些藝術創作者根本沒想到觀眾，認為其傳播對象是少數的菁英小眾，知音難覓。

　　但大眾文化不一樣，使用大眾媒體為載具，透過不斷複製，以追求最大的閱聽人與收視率，絕對的商業性格、營利導向，內容反應社會品味與流行時尚。因為討好閱聽人，當然就得直白，一切以閱聽人感受為考量，傳播者主觀意圖一點也不重要，甚至必須隱藏；換言之，傳播者與閱聽人的認知，會被要求完全交集，或大部分交集。

　　大眾文化既然不是「陽春白雪」而是「下里巴人」的聲音，還需要insight seeing嗎？大眾傳播有潛化功能（cultivation），可能會無形中、慢慢轉化閱聽人

---

4 林幼嵐（2011），《廣告中的女性意識：世代差異》，臺北：國立政治大學廣告研究所碩士論文。鄭自隆教授指導。

表10.1.4　大眾文化與藝術

比較	大眾文化	藝術
載具	大眾媒體	作品就是載具
數量	多，可複製（duplicated）	單一
傳播對象	大眾	菁英小眾
意義	商業性格； 營利導向	自我展演
內容	直白； 反應社會品味； 取悦閱聽人	抽象； 展現創作者自我意識
閱聽人地位	收視率掛帥，以閱聽人感受為考量	不考慮或很少考慮閱聽人感受
傳播者主觀意圖	隱藏	完全展現
傳播者與閱聽人認知交集	完全交集，或大部分交集	不必交集，或很少交集
菁英觀點的評論	下里巴人	陽春白雪

的認知，這是長期的洗腦，既有洗腦功能，傳播學者就應對傳播者的動機、作品呈現，做insight seeing，以瞭解其背後的意圖。出版*Media Analysis Techniques*（《媒介分析方法》）的Arthur Asa Berger在該書的序文說，有4位電視評論家，同時看Dallas（朱門恩怨）的某一集，回去各寫評論：

第1位說，角色墮落，道德淪喪，反應了美國資本主義的社會疏離；
第2位說，男主角舉止怪異，是戀母情節；
第3位說，男主角表情誇張，節目呈現南方特色，自有其背後的意義；
第4位說，不同的觀眾可從節目中獲得不同滿足。

這4位評論者，第1位是研究馬克思主義、第2位是研究精神分析、第3位是研究符號學、第4位是社會學者。

這就是文本分析，各種取徑、各取所需，提供了insight seeing，讓我們從不同面向觀照文本。

第二節 個案討論「網路KUSO政治：2012年總統大選個案研究」

壹、導讀

競選傳播在臺灣是一個很棒的研究主題，選舉涉及「權」與「錢」的分配，於是政黨與候選人當然全力以赴，競逐這項零和的權力遊戲，因此每次選舉就會有一些新的「玩意兒」可供研究：

1991 電視廣告
1994 電視辯論
1996 陳履安「行腳祈福」
1998 陳水扁cosplay、扁帽工場
2000 候選人網站
2004 「228牽手護臺灣」
2008 馬英九「Long Stay」、微電影
2012 蔡英文「三隻小豬」、網路KUSO

網路KUSO看似輕鬆，但作爲學位論文卻必須嚴謹，這是新題目，而且是臺灣獨有的現象，所以沒有一個理論可以一網打盡，作者是個用功的好學生，蒐羅很多理論，從文本分析來看，這屬「結構分析」的論文，因此以理論爲支撐，先廣泛建構指標、再分析之，當然是正確的作法。

第四章研究結果發現的分節，作者分爲：反駁候選人、攻擊候選人、陳述選民需求、塑造候選人形象、其他等五節，從內文可以發現，無論是反駁候選人、陳述選民需求，或是塑造候選人形象，通通都是「攻擊候選人」，該年網路KUSO作品幾乎以馬英九爲箭靶，就和2014年臺北市長選舉連勝文成KUSO箭靶一樣。分類（typology）本就不易，既要周延也要互斥，或許只要以「攻擊」分類擇一即可：

- ・攻擊標的：候選人、政黨、政見
- ・功擊方式：展現矛盾、選民反對、族群對立（us against them）、 藐視性幽默

　　‧攻擊時間方面：前瞻性的攻擊（prospective attack，當選會帶給選民什麼災難）、回溯性攻擊（retrospective attack，以前幹過什麼壞事）[5]

　　第五章的「理論檢視與討論」極佳，將研究結果與理論對話，呈現好學校、好學生的研究潛力。

貳、個案

---

[5]　參閱鄭自隆（2012），《競選傳播：策略與管理》，臺北：華泰。

網路KUSO政治：2012年總統大選個案研究

研究生：王詣筑
畢業學校：國立政治大學新聞研究所
學位：碩士
畢業年度：2013
指導教授：鄭自隆 博士

壹、緒論

一、研究背景與動機

二、研究目的

　　KUSO一詞源於日文「くそ」，漢字寫作「糞」，即「排泄物」的意思。除了字面意義，也有同於英文口語「shit」的用法。關於KUSO意義起源的說法有兩種：第一種是日本遊戲玩家的「くそ game」，是指當遊戲玩家遇到無聊遊戲時如何堅持玩下去，亦即「認真玩爛game」。日本有極大的電玩市場，免不了出現一些毫無可玩性的遊戲，有些遊戲爛到讓玩家想哭，但卻又因為想知道究竟能夠爛到什麼程度而繼續玩下去，進而出現以認真態度對待爛東西的行為。另一種說法是臺灣玩家因日本雜誌《Saturn Magazine》在最爛遊戲專欄，介紹遊戲死亡火槍中主角受敵人攻擊的慘叫聲「くそ」，而將此當成口頭禪運用。上述兩種KUSO的解釋都具有「爛」的意涵。

　　KUSO概念一開始由日本傳入臺灣時，僅為小眾理解及運用，現今成為惡搞近義詞，為大眾所認識，吸引學術研究注意。臺灣針對KUSO的學術研究包含概念的轉變及文本符號的探究、KUSO言語機制與KUSO作為公共領域的可能性等。本研究選擇2012年總統大選為個案，考量KUSO以網路為表現場域，連結網路被視為政治、公民參與的論點，探究其作為參與政治的隱含意。整體來說，本研究之研究目的有三：

　　　　・分析競選KUSO的產製方式與主題內容；
　　　　・探究創作者如何反抗權力擁有者；
　　　　・找出創作者在作品中表達的觀點及立場。

貳、文獻回顧

一、KUSO釋義

‧自我表達價值

‧數位文化特徵

‧政治參與

二、解讀KUSO

‧狂歡節

狂歡節（Carnival）是俄國文學、文化評論家Mikhail Bakhtin提出的概念，以「笑與權力」、「擬仿」詮釋狂歡節以儀式、遊戲、象徵及各種縱慾現象，表達反神學、反權威、反專制、爭平等、爭自由的精神。

‧政治反堵

反堵（Jamming）是反霸權的行為，以介入、破壞、惡作劇、胡鬧或封鎖，對抗權力機構，以挑戰社會主流力量。

三、參與論述

‧退出與發聲

個人面對組織、社會、政府以及經濟市場的欺凌時，所做出退出（exit，如不投票）、發聲（voice，如抗議、網路KUSO）的回應，退出、發聲都是參與的行為。

‧庶民傳播與反權力

人們藉由新的傳播方式，建立屬於庶民的大眾傳播系統，如SMS、部落格、影音部落格（vlog）、維基……，經由社群網路的KUSO表達「反權力」。

‧公民動機的自我陶醉

網路時代的自我表達演變成公民動機的自我陶醉（civically motivated narcissism），narcissus就是「水仙花情節」（自戀）。在網路發表KUSO作品，是另一種型式的「自戀」。

．賦權

賦權（empowerment）是一種社會行動，人們透過行動干預社會，使得社會發生變化，而個人經不斷增強掌控的過程，可以瞭解個人得以改變社會、經濟及政治力量的能力。

四、本章小節

參、研究方法與設計

一、研究方法與指標建構

藉由文獻討論，並回應研究目的，建構十三項文本分析指標：

評估指標	概念來源
KUSO表現手法	
1. 作品是否使用改編某文本，以產生差異的創作方式？ 2. 作品是否加入新元素，改變舊有文本的意思？	狂歡節（Carnival）、政治反堵（political jamming）
3. 作品是否將多樣的文本元素混雜、組合在一起？	政治反堵（political jamming）
4. 創作素材是否使用大眾媒體報導、候選人的競選文宣或者當下的競選話題？	公民動機的自我陶醉（civically motivated narcissism）、賦權（empowerment）
顛覆權力持有關係	
5. 候選人／政黨的外貌形象，是否經過某些塗改或變造而被扭曲或醜化？ 6. 作品中有無出現粗鄙語言，或使用詛咒、辱罵的字詞來談論候選人／政黨？ 7. 是否將候選人與創作者／一般民眾的身分互換，或者由創作者／一般民眾扮演候選人或政治人物？	狂歡節（Carnival）
8. 作者是否以諷刺、幽默、笑的情緒處理作品主題？	狂歡節（Carnival）、政治反堵（political jamming）
9. 作品中是否流露出創作者／一般民眾有能力扭轉選舉局勢，造成選舉結果變化或者訴求換人做做看？	反權力與大眾的自我傳播（mass self-communication and counter power）、公民動機的自我陶醉（civically motivated narcissism）、賦權（empowerment）

個人評論與觀點	
10.作品是否以抱怨的方式，反抗候選人、競選活動、政績、政見或選舉相關議題？ 11.作品中是否期待候選人對於創作者／一般民眾有所回應？	發聲（voice）
12.是否出現競選連任候選人執政表現、政績、政見之相關內容，但作品對其卻無法同意、批評？	反權力與大眾的自我傳播（mass self-communication and counter power）
13.是否對候選人、選情或者競選期間的相關事件、議題，發表意見或觀察？	發聲（voice）、公民動機的自我陶醉（civically motivated narcissism）、賦權（empowerment）

二、研究對象

本研究選擇之2012年總統大選網路KUSO作品，內容必須涵蓋候選人本身、候選人言論、競選文宣、政見或政績，以及競選期間相關事件和議題中任一項，共取得圖片十七項、影音十七項，計三十四項樣本作品。

肆、研究結果與發現

一、反駁候選人

2008年馬英九競選廣告，再看一遍的原因是？

原作：國民黨競選廣告 片名：民進黨讓我們原地踏步	KUSO作品：2008年馬英九的競選廣告，再看一遍的原因是？

 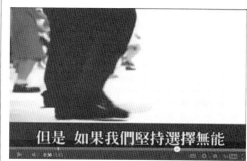

資料來源：無名小站／Billy Pan

1. 指涉對象：馬英九
2. 類型：影音
3. 原影音背景：作品使用馬英九2008年總統大選競選廣告，該廣告指出經過民進黨執政八年，許多數據表現都下滑，以此顯示出民進黨執政表現不佳。

4. 指標分析

KUSO表現方式	
1. 作品是否使用改編某文本，以產生差異的創作方式？	本研究將馬英九2008年總統大選競選影片重新上字幕
2. 作品是否加入新元素，改變舊有文本的意思？	原競選影片指出民進黨執政是臺灣原地踏步，經過本作品重新上字幕，原地踏步的變成馬政府
3. 作品是否將多樣的文本元素混雜、組合在一起？	無
4. 創作素材是否使用大眾媒體報導、競選文宣、候選人的政績、政見與言論，或者當下的競選話題？	作品使用馬英九2008年總統大選競選影片「民進黨讓我們原地踏步」
顛覆權力持有關係	
5. 候選人／政黨的外貌形象，是否經過某些塗改或變造而被扭曲或醜化？	無
6. 作品中有無出現粗鄙語言，或使用詛咒、辱罵的字詞來談論候選人／政黨？	無

7. 是否將候選人與創作者／一般民眾的身分互換，或者由創作者／一般民眾扮演候選人或政治人物？	無
8. 作者是否以諷刺、幽默、笑的情緒處理作品主題？	藉更新數據表達馬政府讓我們原地踏步
9. 作品中是否流露出創作者／一般民眾有能力扭轉選舉局勢，造成選舉結果變化或者訴求換人做做看？	「只有馬下臺，臺灣才能有未來」，顯示作者期待換人做做看
創作者評論與觀點	
10.作品是否以抱怨的方式，反抗候選人、競選活動、政績、政見或選舉相關議題？	無
11.作品中是否期待候選人對於創作者／一般民眾有所回應？	無
12.是否出現競選連任候選人執政表現之相關內容，但作品對其卻無法同意、批評？	無
13.作品中是否出現創作者個人的觀察或者意見？	作者相信馬英九下臺，臺灣才有未來

(1) KUSO表現方式

指標1：作品是否使用改編某文本，以產生差異的創作方式？

　　競選影片文宣「但是如果我們堅持向前走，誰也擋不住臺灣的進步」、「臺灣向前行，臺灣一定贏」，改成「但是如果我們堅持選擇無能，誰也擋不住臺灣的後退」、「臺灣想清楚，臺灣一定硬」。

指標2：作品是否加入新元素，改變舊有文本的意思？

　　「民進黨讓我們原地踏步」的競選影片，使用了自殺人數、高雄港貨櫃量排名、繳不起營養午餐費中小學人數、消費者信心指數、大學生起薪、中央政府欠債、亞洲四小龍排名以及經濟成長率等八項數據，指出臺灣在民進黨執政下停滯不前，本作品中將八項數據更新成馬政府執政時期的數字。數據資料來源有聯合報、自由時報與相關部會統計，時間集中在2010和2011年。當數字更新後，原地踏步的臺灣是馬政府造成。

(2)顛覆權力持有關係

指標8：作者是否以諷刺、幽默、笑的情緒處理作品主題？

　　原競選影片利用數據指民進黨不懂得執政，讓臺灣發展無法更進一步。但作者找了同樣的數據，年代爲馬政府執政時期，諷刺馬英九無法帶領人民向前，反倒還後退。

(3)創作者評論與觀點

指標13：作品中是否出現創作者個人的觀察或者意見？

　　作者更新後的八項數據都比競選影片中的數據還差，這對作者來說是馬政府執政表現不佳的證據。因此，作者以「但是如果我們堅持選擇無能，誰也擋不住臺灣的後退」和「只有馬下臺，臺灣才能有未來」傳達初期認爲馬英九不適任，總統應該換人做。

5. 研究者評論

　　作者將馬競選廣告中使用的數據，全都翻新成馬執政時期，而這些數據都沒有獲得改善。作者以今昔對比的方式攻擊馬，也引用數據增加其可信度。惟可惜的是作者僅使用上字幕的方式呈現，未對競選廣告的原音作任何處理，削弱作者的駁斥。

　　（餘、略）

二、攻擊候選人
賈伯斯

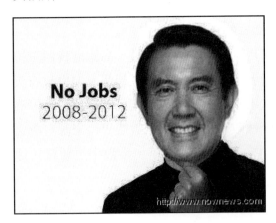

1. 指涉對象：馬英九
2. 類型：圖片

3. 原圖背景：蘋果創辦人賈伯斯逝世，蘋果官網出現紀念他的照片。照片左側寫著姓名「Steve Jobs」與生卒年「1955-2011」。

4. 指標分析

KUSO表現方式	
1. 作品是否使用改編某文本，以產生差異的創作方式？	馬英九圖像取代賈伯斯，名字以「No」取代「Steve」，出生日期改成馬英九執政年分「2008-2012」
2. 作品是否加入新元素，改變舊有文本的意思？	Jobs從姓氏轉變成字詞義「工作」
3. 作品是否將多樣的文本元素混雜、組合在一起？	無
4. 創作素材是否使用大眾媒體報導、競選文宣、候選人的政績、政見與言論，或者當下的競選話題？	無
顛覆權力持有關係	
5. 候選人／政黨的外貌形象，是否經過某些塗改或變造而被扭曲或醜化？	無
6. 作品中有無出現粗鄙語言，或使用詛咒、辱罵的字詞來談論候選人／政黨？	無
7. 是否將候選人與創作者／一般民眾的身分互換，或者由創作者／一般民眾扮演候選人或政治人物？	無
8. 作者是否以諷刺、幽默、笑的情緒處理作品主題？	原圖用來緬懷賈伯斯，在本作品則變成「紀念」馬英九執政時期（2008-2012），與工作機會稀少（No Jobs），以此作品諷刺馬執政
9. 作品中是否流露出創作者／一般民眾有能力扭轉選舉局勢，造成選舉結果變化或者訴求換人做做看？	無
創作者評論與觀點	
10.作品是否以抱怨的方式，反抗候選人、競選活動、政績、政見或選舉相關議題？	無
11.作品中是否期待候選人對於創作者／一般民眾有所回應？	無
12.是否出現競選連任候選人執政表現之相關內容，但作品對其卻無法同意、批評？	無

13.作品中是否出現創作者個人的觀察或者意見？	作者認為馬英九無法製造工作機會給人民

(1)KUSO表現方式

指標2：作品是否加入新元素，改變舊有文本的意思？

　　「Jobs」翻譯成「賈伯斯」，而非「工作們」或「很多工作」，是因該單字作姓氏用，因而音譯非意譯。雖然於創作時該作品保留姓氏，僅將名字「Steve」換成「No」，但實際上卻是要使用「Jobs」原本的字詞意涵，再用「No」來否定之。因此，「No Jobs」是要表達「沒有工作」，而非音譯成「諾爾賈伯斯」。

(2)顛覆權力持有關係

指標13：作品中是否出現創作者個人的觀察或者意見？

　　作者選擇將馬英九取名為「沒有工作」，而非「很多工作」（Many Jobs），從取名字的邏輯可窺知作者對馬英九的評價，即認為馬政府執政未能為人民製造更多的工作機會。

5. 研究者評論

　　本作品主要是利用詞彙意義來傳達出其對馬英九的不滿，因此語文能力是理解該作品的關鍵因素，缺乏語言能力者便無法對本作品產生共鳴，算是本作品理解門檻。總的來說，本研究認為該作品呈現的訊息明確，讓人能立即理解作者用意。

三、陳述選民需求（略）
四、塑造候選人形象（略）
五、其他內容（略）

伍、結論與建議
一、結論（略）
二、指標檢視與討論（略）
三、理論檢視與討論

1. 表現手法須結合實際內容討論

　　對於Bakhtin而言，擬仿是狂歡節的最初動力，藉由擬仿得以不受官方限制，將一切顛倒反置，使人們回歸、認清現實。擬仿通常以特定文本為對象，取笑或者重新操作之。本研究中將擬仿意涵化為指標2討論。根據研究結果顯示，部分文本的確採用此種方式創作，但在實際數量上仍少於改編形式。也就是說，擬仿作為狂歡節與對話論的結合，必須符合擬仿創作形式的作品，才稱得上是具備狂歡節特質。實際上KUSO創作方式多樣，絕非一種方式可以概括，但擬仿創作方式仍可以解釋部分作品。

　　反堵作為一種表現方式，其所代表的是對龐大權力機構進行破壞或者惡作劇，在本研究中龐大權力機構指的是政府、政黨組織或者人物。反堵的概念源自於創舊，而創舊則意指挪用、侵占等。反堵概念發展至今，Cammaerts（2007）認為其與拼湊相近，據此發展出指標1與指標3。在本次研究中以指標1出現次數為多，指標3通常伴隨指標1或指標2出現。

　　本次研究所蒐集樣本的創作手法，不脫離狂歡節和反堵中提到表現方式，惟作品是否具備前述兩個理論的精神意涵，抑或空有形式，尚須搭配實際內容分析。雖然在本研究中區分為「表現手法」類別，然實際上則無法忽略實質內容而論。同樣的狀況也發生在指標4，該指標汲取公民動機的自我陶醉與賦權兩項概念中主動關切某事物。對本研究而言，創作者主動關心之內容應具體化為競選相關內容。而創作者在作品中是如何「關切」競選相關內容，亦必須從作品脈絡觀之。

　　簡言之，本研究所選取的理論皆能夠解釋KUSO創作的方式，但具備表現方式是否即等同於具備該理論之特質，本研究不完全同意，仍須結合實際內容判斷。

2. 顛覆權力的衡量方式類型多樣

　　本研究從狂歡節的描述中截取部分敘述擬做指標，包含形象醜化、運用粗鄙語言、身分交換等，用來拉平上下之間的落差。三項指標僅有一項較多內容符合，但數量仍偏少數。對於這個情形，本研究認為狂歡節描述群眾如何透過嬉笑怒罵等行為表現逃離日常規訓，並藉此抹平高低之差距，但不代表是標準行為模

式，因此，創作者不見得必須選用本研究所列出的方式，才稱得上符合狂歡節之意涵。狂歡節及政治反堵中經常具備笑、幽默及諷刺的情緒在內，本研究亦將之列為指標之一，但感到笑、幽默涉及創作者與閱聽人是否具有相同的認知理解，因而諷刺對本研究而言是較為容易判斷之選項。由此可知，KUSO在看似無厘頭、搞笑之中隱含對權力批評，但實際上的呈現卻是多樣化，非能以特定規範得之。

反權力與大眾的自我傳播、公民動機的自我陶醉以及賦權三項概念，都包含主動關切自己有興趣的議題，意圖或者不經意地達到改變、影響之效。因此，本研究取此概念調整後作為指標。但在本次研究中，符合該項指標之數量仍屬於少數。也就是說，影響或改變選舉不一定是創作者目標。因此本研究認為，影響、改變選舉仍為顛覆權力的形式，但創作者可能不具有顛覆權力的意圖，或者並非以指標敘述的方式表現。

3. 創作者觀點貧弱僅能部分符合理論

在第二章文獻回顧參與論述篇幅中的四個理論概念，在本研究中主要用以分析創作者在作品中的個人觀點。Hirschman的EVL模式，在本研究僅取發聲概念討論，忠誠難以判斷與衡量故不討論，退出為發聲的相對面，雖然有以退為進的例外，但卻與忠誠一樣無法判別因此捨之。發聲雖然被定義為抱怨的典型，但抱怨之後緊接著的是對於組織單位的期許，期待藉由發聲換得組織的改變或者調整。但在本研究中，絕大多數的作品僅有抱怨而無下文，故無法全然符合發聲概念。部分發聲具有期待的內容，一是期待現任執政者不再執政，二是期待候選人能夠兌現承諾。由此觀之，發聲在檢視KUSO創作的侷限，最主要來自抱怨並非伴隨回應的期待。

本研究選擇Castells的大眾自我傳播與反權力這一概念，來討論KUSO創作與競選連任之候選人。Castells指出反權力是對既有權力的反對，本研究將之具體化成針對競選連任候選人之政績、政見表示不同意。符合的相關研究樣本確實可以明顯的判斷出創作者的反對，但這些反對通常缺乏理由、流於個人好惡。因此，KUSO是否能夠成為反權力計畫或者手段的一部分，抑或是這些創作者根本毫無完整的反叛規劃，僅針對單一議題傳達不滿？總而言之，反權力雖然有程度上的差別，但從KUSO作品來看，無法將此歸納為有計畫的反對權力行為，有可能僅是作者一時的抒發。

　　整體來說，發聲與大眾自我傳播及反權力有著類似的問題，即使作品能夠符合指標，但僅能以理論的最淺層面向解釋之。

四、研究限制與建議（略）

第三節　個案討論「消息來源公關稿與報紙新聞報導之差異比較：華航新聞個案研究」

壹、導讀

消息來源與新聞媒體的互動關係，Gieber與Johnson（1961）提出三種關係型態，對立（完全不重疊）、合作（部分重疊）及同化（完全重疊）。對立模式常見於政治新聞，媒體被說爲「天生的反對黨」，對政府或不同意識型態的政黨、政治人物採批判的態度。完全重疊的同化模式，則會在影劇新聞與消費新聞看到，媒體依賴消息來源供稿，反正也沒啥可批評的，就成爲消息來源的影印機與傳聲筒；那企業新聞呢？

當企業發生危機時，媒體與企業會處於對立、完全不重疊的狀態，企業會想辦法掩蓋，媒體則會成爲監督者，發揮守望環境的功能。不過，在「承平」時期，這篇論文證實了部分重疊的合作模式，媒體固然依賴消息來源供稿，消息來源同樣要依賴媒體「博版面」。

要處理這樣的題目，當然可以使用大量歷史資料的內容分析法。不過使用內容分析處理一百則公關稿，跟使用五則公關稿的文本分析，應該會得到同樣的觀察結論，因此使用文本分析當然是正確的選擇。

文本分析有很多切入的角度，這篇論文使用「結構分析」，新聞要求的是正確、客觀，新聞寫作就得直白，符號學之類的分析當然不合適，所以回到新聞專業，使用新聞價值、新聞結構、新聞框架等元素，即可分析消息來源與媒體屬於哪一種互動模式。

作者是任職華航的在職生，做與工作有關的題目是值得鼓勵的，但在職生寫本業的論文常成爲「業務報告」與宣傳稿。不過，這篇論文還是維持應有的水準，尤其結論寫得清清爽爽，最後還與理論對話，探討古典新聞價值理論面對「市場新聞學」時能怎麼辦。

貳、個案

消息來源公關稿與報紙新聞報導之差異比較：華航新聞個案研究

研究生：林珈妤
畢業學校：國立政治大學傳播學院在職專班
學位：碩士
畢業年度：2013
指導教授：鄭自隆 博士

壹、緒論
一、研究動機與目的（略）
二、個案說明（略）
三、研究問題與研究策劃

　　本研究以「歡慶47週年華航勾勒營運願景林志玲代言展示空地服全新制服未來企業總部同時公布」、「華航加入天合聯盟SkyTeam」、「華航招募空服員歡迎說故事高手」、「華航發表2013年月桌曆」之華航公關稿及相關報紙新聞報導進行文本分析，期透過以上個案，並運用「新聞價值」、「新聞結構」、「新聞框架」為理論基礎，研究華航公關稿與報紙新聞報導之差異比較：

　　　・華航公關發布之公關稿，構成元素為何？
　　　・媒體報導華航新聞之構成元素為何？
　　　・華航公關稿及媒體報導之差異比較為何？

貳、文獻檢閱（略）
一、新聞價值
二、新聞結構
三、新聞框架
四、消息來源與媒體間的互動模式

參、研究方法
一、文本分析法

　　文本分析，重點即在文字（text），是在比較文學的脈絡下，從作品分析發展演變而來。Van Dijk的文本分析在層級上是要掌握新聞的語意結構，也就是新

聞的基礎意義結構（meaning structures），而不是停留在音韻、語型、語法等表面結構之上；在單位上，它是以論述結構為主，而非將論述拆解成個別的字、句，只作局部的分析；在面向上，則要注意論述風格的變化，例如：語句的選擇、文字的形成、或文體的章法結構。至於脈絡的分析，則重視使用語言與論述的情境因素，也著重分析新聞論述與社會脈絡的互動關係。

　　意即研究「文本」，不只是文字本身，同時也包含了「詮釋」的過程，並對文本中所蘊含的關係進行分析研究。

二、分析對象
　　（註：即上述之四則華航所發布之新聞稿，及相同新聞事件之自由時報、蘋果日報、聯合報、中國時報之報導）

肆、研究分析與發現
一、個案分析一：「歡慶47週年華航勾勒營運願景」（略）

二、個案分析二：「華航加入SkyTeam天合聯盟」

分析指標	華航公關稿	新聞報導
新聞價值	突出性：內容平均分配馬英九總統、天合聯盟主席及華航高層	人情趣味性：刊載華航空服員與彩繪機合照
新聞寫作結構	倒金字塔式：著重第三方之平衡說法	倒金字塔式：民眾及長榮說法；至於最後一段，屬次重要內容
新聞內容結構之新聞元素	What：華航加入SkyTeam之優勢	What：旅客利益
新聞內容結構之新聞表現	教育功能：華航加入SkyTeam之優勢	娛樂功能：搭配空服員與彩繪機合照
新聞框架	新聞組織框架	新聞個人（認知）框架、文本框架
消息來源與媒體間的互動模式	華航公關稿與新聞報導間的互動均屬合作模式	
照片處理	華航董事長與天合聯盟主席合照、大合照，以及馬總統與貴賓之點燈儀式，共計三張	多刊登空服員與彩繪機合照，合計六張
新聞長度	約975字	平均約600-800字

三、個案分析三：「華航招募空服員歡迎說故事高手」（略）

四、個案分析四：「中華航空2013年月桌曆發表」（略）

伍、結論與建議

一、研究結論

・華航與媒體屬合作模式

　　華航公關期待透過媒體向社會大眾報導其組織事件，需要媒體「報新聞」，而媒體記者為讓報導多樣化，亦需要華航「餵新聞」，這相互需要之關係，是共同建構的過程，產生了「合作模式」。

　　然而這種合作模式，並非「媒體決定論」，公關人員會「計畫性供稿」，有系統的規劃媒體採訪策略，所以消息來源之設計，會影響媒體採訪事件之面向，因此雙方於內容上會具有部分重疊性。然華航公關稿畢竟以華航為依歸，新聞報導亦以媒體組織為依歸，各自皆有框架，因此產生「競合關係」，故雖具有互動及合作之特質，然最終之新聞報導結果，仍與華航公關稿有些微差異。

　　亦即，華航公關稿因應媒體需求而對其組織之新聞框架稍做退讓及改變，然媒體並未因應華航公關而改變其原有之新聞框架，仍按其自身之假設及認知進行報導，未因華航公關需求而改變其編採策略。

・華航公關稿以宣傳企業立場為主

　　華航公關稿以宣傳組織優勢為目的，故新聞價值以實用性強度偏高，公關稿之內容、字數、排序等，皆可顯示華航公關對實用性之表現。經分析，華航公關稿除第一段破題說出事件重點後，第二段起皆與組織營運、組織目標、旅客利益、民眾資訊相關，平均字數約600字以上；若遇組織極為重視之事件，公關稿字數可高達2,000字，且陳述內容仍以實用性居多。

　　此外，華航公關為恐事件內容過於生硬無趣，故設計了與事件相關之議題，即於華航公關稿加入人情趣味性及突出性之特質，增加事件報導之取材廣度，如安排空服員受訪、邀請知名人士及府會高層背書、搭建精美活動舞臺及炫麗的視覺展演等，如此之表現方式雖降低公關稿之實用性，然已成為該事件成功

見刊與否的重要關鍵。

・媒體報導以突出性、人情趣味性、娛樂功能為主，降低企業立場

媒體記者為了讓新聞報導吸引閱聽眾注目及討論，在接收華航公關所提供之第一層事件解釋後，會再以第二層之自身觀點及假設，突顯事件之突出性、人情趣味性及娛樂功能，進行新聞素材包裝，其中突出性、人情趣味性及娛樂功能之表現。

娛樂功能導向就是「視覺化」，以新聞照片之編排策略最為明顯，如媒體偏好使用空服員走秀、知名人士倩影、飛機照片等。圖文於一篇報導的比例，以「圖等於文」或「圖大於文」的表現方式居多。至於報導內容，多搭配華航公關稿之實用性資訊加以解說。新聞報導字數相較華航公關稿而言，因版面受到新聞照片編排策略影響而減少，平均約400字，較華航公關稿減少約200字，故新聞之實用性價值強度相對減弱。

二、理論對話：新聞價值之探討

新聞媒體確實重視人情趣味性，公關人員為了迎合媒體需求，會提供媒體相關採訪素材。媒體方面，若公關稿或新聞事件不符合需求，則會調整加重人情趣味性之報導比重，降低影響性、實用性等較具知識價值的內容，讓「假事件」（pseudo-event）的表現方式更為明顯。

新聞媒體日趨走向人情趣味性的花俏報導，日漸忽視影響性、實用性新聞之篇幅，主要原因在於市場利益考量。若新聞寫得過於學理、過於專精，缺乏娛樂性質，恐影響銷售量，然如此之新聞編輯策略，新聞專業易遭忽略。新聞價值的拿捏與方向，足以改變社會全貌，這也是新聞工作者所必須面對的課題。

三、研究限制與未來研究建議（略）

CHAPTER 11

個案研究法

第一節　方法

壹、意義

　　所謂「個案」指的是自然情境運作的個人、組織或事件，因此個案研究（case study）就是在真實生活情境中，研究當代現象的一種研究方法；換言之，個案研究和實驗法雖然都關注獨特的研究主題，但最大的差異在於貼近實際且真實生活經驗，研究主題不被操弄（manipulated）。

　　因此，個案研究的研究對象可以是個人、組織、事件，在傳播領域可以找到一些例子：

　　・個人：對報人、廣告人行誼之描述
　　・組織：對媒體、廣告、公關、製作公司之運作研究
　　・事件：對單一事件之研究（如2012年總統大選民進黨「三隻小豬」，電影、電視節目、廣告、公關活動產出）

　　個案可以是單一個案或複合案例：單一個案就是觀察一個人、一個組織或一個事件；複合案例則是觀察一群人（如2014年318太陽花學運領導群）、整體產業（如媒體集中購買對廣告代理產業的影響）、類似事件（如1991年野百合學運與2014年太陽花學運之比較）。個案研究觀察的重點有三項：

．What：即發現事實，經由研究對現象發生過程、結果做詳實的描述，因此個案研究也可以是fact-finding survey。

．Why：即探討原因，經由演化過程與結果，探討分析其發生原因。

．How：即預測軌跡，瞭解其發生原因，並做成控管機制，對負面現象避免再次發生，對正面現象則複製其成功經驗，如研究某電影推廣策略，瞭解其大賣原因後，做成通則，讓下一部片子可以參考運用。

因此，從What、Why、How三個觀察重點，可以瞭解傳播領域若使用個案研究法，必須具備下列三項功能：

．描述現象：完整、客觀地讓現象重現；以2012年總統大選民進黨「三隻小豬」個案爲例，必須完整呈現事件從2011年10月9日發生小豬運動，直到2012年1月14日選舉結束的來龍去脈。

．歸納通則：經由現象觀察，歸納通則形成結論；如前例，從個案事件的描述中，歸納出選戰大事件（mega-event）的企劃通則。

．啓發推論：結論具概化能力（generalization），可供類似現象參考。依上例，爾後選戰要推動「大事件」，就應循創新、象徵、互動、在地、參與、持續等六個原則企劃。

在傳播領域，只要個案具特殊性與代表性，無論新聞、廣告、公關，甚至電影都可以應用，很多研究生以個案研究法來撰寫論文（見表11.1.1：應用個案研究法之碩士論文舉例），其題目選擇可供參考。[1]

表11.1.1　應用個案研究法之碩士論文舉例

研究生	論文	畢業學校	年度
鄭琹薇	總統參選人黨內初選之競選文宣策略分析：1995年民主進步黨黨內初選個案研究	中國文化大學新聞研究所	1996

---

[1]　表11.1.1之應用個案研究法碩士論文，皆爲鄭自隆教授指導。

黃昭蓉	競選活動分析：1996年總統大選陳履安「行腳祈福」個案研究	中國文化大學新聞研究所	1998
隋淑芬	休閒娛樂報之事件行銷管理研究	中國文化大學新聞研究所	1999
廖文華	臺灣布袋戲電影〈聖石傳說〉之行銷傳播策略個案研究	中國文化大學新聞研究所	2001
林政忠	選舉活動中議題影像化之研究──2001年郭榮振立法委員選舉之個案研究	國立政治大學廣播電視研究所	2002
秦家琇	電視廣告製作管理：德芙巧克力電視廣告之個案研究	世新大學傳播研究所	2003
林志青	政治造勢活動之企劃與效果研究：以〈世紀首航〉個案為例	中國文化大學新聞研究所	2003
顏孝蓉	社會變遷與電視廣告、品牌行銷研究：以〈歐香咖啡〉為例	中國文化大學新聞研究所	2003
方怡芬	新商品品牌管理與廣告策略研究：左岸咖啡館個案	中國文化大學新聞研究所	2004
鄭筱翎	電視購物節目區塊分析與消費者購買行為關聯性：〈東森得易購〉個案研究	中國文化大學新聞研究所	2007
邱啓紋	電視偶像劇操作置入型態分析──三立《命中注定我愛你》個案研究	國立政治大學廣告研究所	2009
劉昭卉	大型競選造勢活動研究：1996-2008四次總統選舉個案	國立政治大學傳播學院在職專班	2010
吳風行	廣告與社會變遷：中華汽車個案研究	國立政治大學廣告研究所	2011
王純玉	系統電視宣導節目再現客家族群形象之研究：《感動時刻》個案	國立政治大學廣告研究所	2012
林卉槿	教學醫院公關運作方式之個案研究	國立政治大學傳播學院在職專班	2013
楊維綺	行政院報紙廣告內容分析：2011年「挺臺灣，現在進行事」系列廣告個案研究	國立政治大學傳播學院在職專班	2013
王復正	雜誌封面設計因素與銷售量關聯性：《商業週刊》個案研究	中國文化大學新聞研究所	2013
劉明華	公益公關活動執行分析：2008年雅芳明日基金個案研究	國立政治大學傳播學院在職專班	2013

林珈妤	消息來源公關稿與報紙新聞報導之差異比較——華航新聞發布個案研究	國立政治大學 傳播學院在職專班	2013
蔡慶立	影響時事評論節目收視率因素之研究：「年代晚報新聞點對點」個案分析	中國文化大學 新聞研究所	2014

貳、執行

一、個案選擇

個案研究以「個案」為研究主體，因此如何選擇個案，就成了論文首先要面對的問題，所選擇的個案必須有意義；也就是要問「為什麼」選它，其次須思考要分析「什麼」？有什麼研究價值？在傳播領域，個案的選擇應考慮特殊性與代表性：

· 特殊性：針對一種特殊情境、事件、節目或現象進行研究，而此個案呈現足供討論的特殊意義。如臺灣總統選舉的「大事件」：1996年陳履安「行腳祈福」、2004年陳水扁「228牽手護臺灣」、2008年馬英九「Long Stay」、2012年蔡英文「三隻小豬」都具獨特性，是值得探討的個案。

· 代表性：所謂代表性，指的是此個案應有概化能力，研究結果最好能推論到其他的企業或產業。在商學領域，個案選擇常會是成功或失敗經驗，可供類似企業借鏡參考；不過在傳播產業，成功經驗可以依樣畫葫蘆的例子並不多。

個案選擇後，就必須思考主題的選擇，每一個個案都有不同面向可以切入，在傳播領域不鼓勵做overview，而是要「小題大作」，見微方能知著。

如臺灣第一次有候選人電視辯論，是1994年的臺北市長選舉，由臺視與中國時報主辦，臺視轉播，邀請3位候選人參加：國民黨黃大洲、民進黨陳水扁、新黨趙少康。若以此為題目進行個案研究，如果做overview的描述，就成為雜誌中的一篇報導，或是結案報告，但作為學術或學位論文，就要從下列的子題中「小題大作」，才能呈現研究者的功力：

表11.1.2 個案研究之研究子題與分析方法（範例）

研究子題	分析方法
籌辦過程	深度訪問、觀察法
候選人幕僚作業	深度訪問、觀察法
候選人辯論訊息分析	內容分析
候選人辯論非語文訊息分析	內容分析
傳播效果：媒體反應與評論	深度訪問、內容分析、觀察法
傳播效果：選民評論	焦點團體座談、調查法
傳播效果：民調分析	深度訪問

二、資料蒐集與分析方法

個案研究因以特定個案為研究對象，因此視子題不同，就會有不同的資料蒐集，包含文獻檔案、媒體報導、人物行誼、現象演化、社會回應，不同的資料處理，當然就會使用不同的研究方法。

不過個案研究，與其稱為「法」，不如說是一種研究概念，通常不會只使用單一的研究方法，而是以複合式研究方法（mixed research methods）的型態，會一次使用很多方法以討論該個案。以前引的2012年蔡英文「三隻小豬」為例，不同主題，就會有不同關注方向，因此就會有不同資料來源與分析方法。

表11.1.3 個案研究之資料來源與分析方法（範例）

資料來源	分析方法	2012年蔡英文「三隻小豬」個案
文獻檔案	檔案分析、歷史分析	會議資料、新聞稿、文宣廣告、總部往來函電（email）、對手回應資料
媒體報導	內容分析	平面媒體新聞 電視媒體新聞
人物行誼	深度訪問、觀察法	候選人回應
現象演化	觀察法	事件發展歷程
社會回應	焦點團體座談、調查法、媒體內容分析	媒體評論 選民

三、報告撰寫

個案研究除單獨為研究主體外，也會雖搭配其他研究方法，成為輔助研究方法。如臺灣房地產廣告演變之內容分析，固以整體的房地產廣告演變為主，但亦可在內容分析完竣後，用研究發現以檢視某家大型房地產公司，歷年的廣告內容的演變；德菲法亦是，如建構企業博物館公關指標，指標建構後，用以分析某企業博物館之公關功能。

以個案研究作為輔助研究方法的論文，個案研究發現可置於第四章的最後一節；若個案研究是主要研究方法的論文，則依下列的章節撰寫，仍以2012年蔡英文「三隻小豬」個案作為說明：

第一章　緒論

應說明研究動機、描述個案，與研究目的；個案說明應描述此個案緣起與發展過程，而且要特別強調此個案之特殊性或代表性，以展現研究價值。此外，研究目的則敘述在個案架構下，所切入之研究子題，如：
・記錄事件發展
・觀察策略形成
・分析媒體評論

第二章　文獻探討

可從選戰策略之「大事件」、活動行銷的理論與相關研究來討論。

第三章　研究方法

此案例有三項子題，應針對研究子題（研究目的），說明應蒐集之資料與資料分析方法。

研究目的	分析方法
記錄事件發展	觀察法、檔案分析
觀察策略形成	觀察法、深度訪談
分析媒體評論	內容分析

第四章　研究結果與發現

應依研究子題分節撰寫：

第一節　事件發展

第二節　策略形成

第三節　媒體評論

第五章　結論與建議

結論之歸納應抽象化，而且具概化能力，以供後續個案參考；而建議，可特別針對實務運用，提出具體建議。同前例，可由此個案形成選戰「大事件」之結論。

1. 創新性：活動應具原創性
2. 象徵性：三隻小豬對抗大怪獸，呈現階級抗爭
3. 互動性：雙向回饋系統，民進黨→民眾→民進黨
4. 在地性：由下而上（bottom-to-top）的推動
5. 參與感：應強，而且呈現複合式參與，延續時間長
6. 持續性：活動應持續到投票日

表11.1.4　個案研究之報告撰寫

章次	章名	內容
1	緒論	研究動機 個案說明（說明此個案之特殊性或代表性） 研究目的（在個案架構下，所切入之研究子題）
2	文獻探討	討論主要理論與相關研究
3	研究方法	針對研究子題，說明應蒐集之資料與資料分析方法
4	研究結果與發現	依研究子題分節撰寫
5	結論與建議	結論（應抽象化，具概化能力） 建議（可特別針對實務運用，提出建議）

第二節　個案討論「大型競選造勢活動研究：1996-2008四次總統選舉個案」

壹、導讀

　　選舉策略是傳播學院研究生有興趣的題目，每次選舉均有很多研究生以當次選舉策略分析作為論文題材。臺灣解嚴、告別兩蔣威權統治後，自1989年起幾乎年年有選舉，題材不虞匱乏。

　　本論文為複合式個案討論，以1996至2008年四次總統選舉，大型競選造勢活動個案作為比較，依時間軸陳述，但做橫向的類型、表現形式、優劣勢分析、影響及效果的比較。

　　本論文有二項優點：
　　‧方法完整：個案描述，除檢視中國時報、聯合報、自由時報新聞外，並使用深度訪談，訪談對象包含相關輔選幹部及跑線的媒體記者，再由二種方法所蒐集的資料，交叉比對，做成表現形式、優劣勢分析、影響及效果的討論，呈現當事人（輔選幹部）及旁觀者（媒體記者）的兩造看法。

　　‧個案描述清晰：四個案除1996年陳履安「行腳祈福」外，均對當次選舉有重大影響。本論文資料蒐集完整，可清楚呈現該個案之來龍去脈，留下歷史記錄，足供後續選舉參考。

　　此外，本論文用詞中性、評論中肯，亦值得肯定。當然論文文字本就要求中性，但就很多研究生論文充斥太多溢美之詞，成了宣傳品，而選戰分析涉及政黨傾向、意識型態、對候選人好惡，本就不容易拿捏。

貳、個案

大型競選造勢活動研究：1996-2008四次總統選舉個案

研究生：劉昭卉

畢業學校：國立政治大學傳播學院在職專班

學位：碩士

畢業年度：2010

指導教授：鄭自隆 博士

壹、緒論

一、研究背景和目的

　　本研究基於研究目的與內容，選擇四次總統大選中的各一個案，而選擇個案的指標是以影響性及大型活動（mega-events）規模的條件來篩選，依序探討1996年陳履安「行腳祈福」、2000年陳水扁「百萬人民站出來」、2004年陳水扁「牽手護臺灣」及2008年馬英九「Long Stay」四個案例。以四次不同年代的總統選舉中特定單一的造勢活動，依據「事件行銷」及「選舉造勢活動」對大型活動的分類及SWOT優劣勢分析模式，本研究中欲探討以下幾個問題：

- ·總統大選造勢活動的類型；
- ·選舉造勢活動的表現形式；
- ·造勢活動個案的優劣勢分析；
- ·造勢活動個案的影響及效果；
- ·四大造勢活動個案比較。

二、臺灣選舉史回顧（略）

三、個案簡述（略）

貳、文獻探討（略）

一、事件行銷

二、公關造勢活動分類

三、競選文宣及造勢活動

四、建構SWOT

參、研究方法

一、個案研究

　　針對四個案，在各年選舉的造勢活動期間，檢視中國時報、聯合報、自由時報所報導刊登，關於主要政黨之候選人的相關造勢活動新聞，進行一連串系統性分析。

二、深度訪談

　　針對四次造勢活動個案中的競選幹部及參與報導的媒體記者進行訪談，以瞭解在規劃及執行各類造勢活動時的實際狀況，其造勢活動現場、後臺及發想背景，比較新聞報導所呈現的異同處。

年分	輔選活動人員	記者
1996	陳豐義／時任陳王陣營競選辦公室主任 訪談時間、地點：2009/11/20陳豐義辦公室	第一號受訪者 報社文字記者／離職 訪談時間、地點：2009/11/10受訪者工作地點
2000	羅文嘉／時任陳呂總部文宣群副總幹事 訪談時間、地點：2009/11/1羅文嘉辦公室	第二號受訪者 衛星電視新聞臺文字記者／離職 訪談時間、地點：2009/11/12臺北市咖啡店
2004	羅文嘉／時任陳呂總部總統候選人特別助理；訪談時間、地點：2009/11/1羅文嘉辦公室 張益瞻／時任陳呂總部活動部主任；訪談時間、地點：2009/11/18臺北市咖啡店	第二號受訪者 衛星電視新聞臺文字記者／離職 訪談時間、地點：2009/11/12臺北市咖啡店
2008	匿名受訪者／時任馬蕭陣營活動隨行幕僚 訪談時間地點：2009/11/4受訪者辦公室	第三號受訪者 衛星電視新聞臺文字記者／在職 訪談時間、地點：2009/11/7受訪者工作地點

　　訪談大綱

　　輔選活動人員：

　　1. 您認為當時您做過最成功的造勢活動是哪些？最不成功的造勢活動是哪些？最有印象、最值得紀念的造勢活動是哪些？

2. 您在擬定最成功的造勢活動時，其最大考量因素為何？

3. 活動當天的狀況是否如您所預期？有沒有符合原本目的？

4. 若能再重來一次，您認為這項造勢活動應再如何做調整？

5. 您認為當年對手陣營最成功的造勢活動是哪些？為什麼？

6. 您認為此次活動對於往後的競選活動有何影響？

媒體記者：

1. 您認為當年選戰中，最重要的造勢活動是哪一次？為什麼？

2. 不論造勢活動成功或失敗，您認為影響成敗的造勢關鍵為何？

3. 您認為本個案對當年選戰其他陣營有無影響？

4. 您認為本個案對往後選舉有無影響？

肆、研究發現與分析

一、1996年陳履安「行腳祈福」（略）

二、2000年陳水扁「百萬人民站出來」（略）

三、2004年陳水扁「228牽手護臺灣」

1. 個案描述

　　活動方式的靈感來自1989年舉行於波羅的海三小國的波羅的海之路（Baltic Way），當天參與的人們都牽起雙手，整個活動以臺灣全島為舞臺，北起基隆和平島，南到屏東昌隆村，全長近五百公里，經過十八縣市、六十四鄉鎮市，而活動最高潮是陳水扁總統和前總統李登輝在下午2時28分，和全臺百萬人民一起高舉牽著的雙手，面向臺灣最高峰玉山的方向，人龍結成一道守護臺灣的穩固防線，以及臺灣民主長城，強調臺灣主權，對抗中國布署的飛彈威脅。

　　「228牽手護臺灣」活動為臺灣有史以來最盛大的群眾運動，估計這次出席的人數超過二百萬民眾參加活動，以南北相連近五百公里、人龍綿延不絕貫穿全島方式，表達相同訴求。

　　民進黨運用「228牽手護臺灣」把「公投」及「臺灣認同」，成功與選戰連結，強化了民主深入的力度，也提高了對陳呂陣營的支持度。根據政治大學選舉研究中心對「2004年總統選舉結果的解釋」指出，在活動後支持民進黨的民調

明顯上升，願意領公投票參與公投的人數也增加，反觀想投公投的人支持國民黨的人數則下降。報告指出，此次選戰中對「臺灣認同」的基礎擴大、強度增加，是造成勝選的關鍵因素，公投則也是影響臺灣認同的關鍵之一。

活動日期	2004年2月28日
候選人選情	陳水扁在四年執政成績不盡理想的氛圍下，遭遇國親兩黨的連宋合配，在初期選情即無法施展開來，處於落後狀態。藉由「228牽手護臺灣」的籌備過程，強力塑造臺灣認同的訴求，將綠營選情逐步加溫。「228牽手護臺灣」活動成功帶動綠營氣勢，並吸納中間選民，而活動中感動的牽手畫面也延續話題熱潮直至投票日，最後以0.2%的差距險勝連宋，並首次達成民進黨選票過半的成績。
活動特色	・全臺灣同時定點一起做同一個動作 ・由南至北的超大型社運活動，各地皆有特色隊伍 ・電子媒體破天荒進行聯合製播
民調數字	・活動前民調支持率：2/20中時民調結果顯示，國民黨的連宋配43%，民進黨的陳呂配40% ・活動後民調支持率：3/6中時民調結果顯示，國民黨的連宋配38%，而民進黨的陳呂配40%，連宋下滑了五個百分點
大選結果	民進黨陳呂配以得票率50.10%連任成功，同時也是創黨以來最高得票率；連宋配49.90%

2. 活動類型&表現方式
　　・全臺灣同時定點一起做同一個動作；
　　・由南至北的超大型社運活動，各地皆有特色隊伍；
　　・電子媒體首次進行聯合製播。

3. 優劣勢分析
　　・優勢：引用波羅的海三小國的創新活動，突破傳統選舉；
　　・優勢：成功結合228歷史經驗、守護臺灣及陳水扁連任三者的高關聯性，把選戰擴大為國家認同層次；
　　・劣勢：活動準備時間冗長。

4. 效果及影響
　　　　・活動占據媒體版面，為扁營選情加溫，對連宋陣營形成壓力；
　　　　・提前凝聚綠營選民士氣，並吸納中間選民；
　　　　・戶外大型活動再創新局；
　　　　・「愛臺灣」的國家認同影響選舉。
註：詳細內容請參閱該論文

5. 個案意義
　　　陳水扁在面對第二次尋求連任的總統大選，選戰遭遇比第一次更困難，除了過去四年執政成績的包袱，還得面對國親合作的連宋配所形成最大的競選壓力。本個案「228牽手護臺灣」，則可視為幫助連任勝選的主要功臣，以大格局的國家認同維護臺灣主權的訴求，成功提前凝聚泛綠選民的士氣，激起支持者繼續力挺陳水扁，以跨越黨派的主軸吸納中間選民，創造了空前絕後的社運紀錄，加上媒體聯合製播，不論平面或電子媒體都捕捉到活動畫面，又將本個案的話題熱度持續一個月至選舉投票日。

　　　本個案執行的難度，是本研究個案中最高的一個，事前籌備期長達三個月以上，投入的財力、物力也都十分龐大，最後成功動員號召了200萬人在臺灣各地，牽手連成一線。這樣的社運紀錄搭配了228紀念日的時間點，在跨越族群及政黨的訴求下，往後選舉可能很難再成功複製。
註：詳細內容請參閱該論文

四、2008年馬英九「Long Stay」（略）

伍、研究結論與研究建議
一、研究結論
1. 競選造勢活動的意義及功能
　　　　・型塑及強化選戰主軸
　　　　・大型活動可達成多項功能成效
　　　　・加深勝選的助力

2. 造勢活動的表現形式

‧陳履安「行腳祈福」：陳陣營為政治活動第一次舉辦連續十八天長時間的行腳臺灣行程，帶來不一樣的選舉模式；加上候選人宗教形象突出，在臺灣第一次用非政治的競選策略，以社會性、宗教性的活動，希望達到政治的目的──當選。

‧陳水扁「百萬人民站出來」：阿扁總部在選前七天，舉辦三場區域型超大型造勢晚會，而活動的舞臺、音響、燈光、音樂皆是找民間名家參與設計及執行，並依選情態勢調整三場各自不同的節目內容，例如：在選前最後一夜播放李遠哲挺扁的VCR，達成臺灣首次政黨輪替。

‧陳水扁「228牽手護臺灣」：陳呂陣營成功策劃舉辦一場由南至北的超大型社運活動，各地皆有特色隊伍，全臺灣同時約有200萬人在同一時間點（2時28分）做同一件事（與旁人手牽手拉成一長條隊伍）。此外，全臺電視新聞臺聯手合作製播與拍攝，創下臺灣社運紀錄的新頁，最後以微小的差距達成連任的目標。

‧馬英九「Long Stay」：馬陣營將全臺分為六大區域，每個區域以長住的方式停留一至二週，做深入拜訪及職業體驗。行程中的晚上會安排地方座談瞭解民情，並入住當地民家體察民意；並搭配候選人政策白皮書的發布，在區域結尾時舉行「區域經濟論壇」，長達四個月的「Long Stay」計畫，也成為國民黨成功贏回執政權的重要造勢活動。

二、研究限制與建議（略）

第三節　個案討論「電視偶像劇操作置入型態分析：三立《命中注定我愛你》個案研究」

壹、導讀

　　這是一篇很少數以內容分析法進行個案研究的論文，作者是喜歡看偶像劇又細心的女生，也唯有這樣的特質，方能用內容分析來處理很細膩的電視置入。本論文有二項特點：

一、個案選擇正確

　　個案研究要求個案的選擇要具特殊性與代表性，特殊性指的是此個案呈現足供討論的特殊意義；而代表性，是期待此個案有概化能力，研究結果能推論到其他的企業或產業，以供參考。

　　三立電視的《命中注定我愛你》剛好符合特殊性與代表性的要求，其超高的收視率迄今沒有偶像劇超越，置入的商品包含FCB四個象限的各式商品，而置入手法細緻，不會鑿斧斑斑，足供其他偶像劇參考。

二、結論漂亮

　　很多內容分析論文，結論是在瑣碎的數字打轉，只有樹沒有林，這篇論文的結論是對置入的拆解，歸納得漂亮：

　‧對置入贊助商
1. 以劇情彌補商品的抽象特性，更完整呈現商品利益；
2. 可以在不同橋段中，呈現多樣化的商品訊息；
3. 劇情所賦予的象徵意義，使得商品的存在更具說服力；
4. 可呈現企業形象和品牌精神，並具體化服務業「不可觸知性」。

　‧適合置入的商品類型，應考慮：
1. 商品是否是「載具」？
2. 商品能否與運鏡融和？

3. 商品「外型」是否搶眼？

　・置入技法

1. 對白：以活動或意涵替代商品名稱，隱藏商業動機；

2. 情節：以劇情再現商品功能，用商品說故事；

3. 置入型態：「角色置入」使商品反客為主；

4. 置入元素：巧妙地呈現在戲劇中的各種不同位置。

貳、個案

電視偶像劇操作置入型態分析：
三立《命中注定我愛你》個案研究

研究生：邱啓紋
畢業學校：國立政治大學廣告研究所
學位：碩士
畢業年度：2009
指導教授：鄭自隆 博士

壹、研究動機

一、臺灣偶像劇的興起（略）

二、個案描述

《命中注定我愛你》2008年3月開播，第二集就取得同時段偶像劇收視冠軍；5月25日播出的第十一集收視率打破了歷年最高偶像劇《王子變青蛙》8.13%的紀錄；7月播出的第二十集收視率更高達13.64%，並以最高平均收視率10.91%的好成績，刷新了本土偶像劇的新高紀錄。

除了在收視告捷之外，《命中注定我愛你》的網路人氣也紅不讓，打敗其他日劇和韓劇，榮登2008年Google關鍵字搜尋排行最熱門電視劇／電視節目的冠軍（實力媒體，2009年3月）。高收視使得《命中注定我愛你》的海外版權漲到250萬，截至2008年底已售出了日、韓、越南、星、馬、香港及中國的海外版權，粗估已為三立帶來了1億元的進帳。若加上周邊商品授權、播出時的頻道費、廣告費及各種贊助等創造的產值，總計《命》劇的產值已高達2億元臺幣（明報周刊，2008），在臺所引起的熱潮甚至還登上了《華爾街日報》。

《命中注定我愛你》並獲頒97年度電視金鐘獎的最佳戲劇節目獎與最佳節目行銷獎。不同過去單純平面、電視的宣傳，《命》劇使用雙臺聯播手法、視覺宣傳統一化；還有許多不同於其他類型節目的媒體效益，如商品的置入行銷、周邊商品的回收、海外版權銷售等，增加了電視臺的收益。

三、研究動機

偶像劇所帶來的短暫風潮，靠著觀眾對劇中人物當下的喜愛，能暫時將某個

品牌的形象與該要角的風格形象結合在一起，而以一種比較討喜的方法打入觀眾的心中。倘若觀眾對該演員的喜愛沒有隨著這齣劇而結束，那麼觀眾對品牌的形象，在沒有接收到其他相衝突訊息的狀況之下，就可能會因「可取得性效果」而持續保留。

此外，潛化理論雖然不足以用來解釋觀眾對電視劇中所置入的某個品牌的形象，但是偶像劇中持續呈現的固定的「年輕人的生活方式」（如穿著時髦、對愛情和未來懷抱夢想、勇於冒險、充滿熱情等特質），仍可能會影響大量收看偶像劇的族群之價值觀和其選購商品時當下的心境。偶像劇既然引領潮流，影響閱聽眾之思考與行為模式，因此探討偶像劇「如何」以置入型式傳遞商品訊息有其一定之重要性，本研究之研究目的有三：

(1)檢視偶像劇中，不同商品類型之置入型態為何；
(2)檢視偶像劇中，不同置入型態其所呈現之商品資訊分布情形；
(3)檢視不同的商品類型，在偶像劇中所呈現的商品訊息分布狀況。

貳、文獻探討（略）
一、置入性行銷
二、廣告訊息
三、商品類型

參、研究方法（略）
一、內容分析法
二、研究對象之選取
三、分析單位及類目建構
四、研究執行

肆、研究結果與發現（略）
一、商品類型與置入型態之關聯性
二、置入型態與商品資訊之關聯性
三、商品類型與商品資訊之關聯性

伍、結論與建議

一、商品類別、置入型態、商品資訊之互動關係

1. 商品類型與置入型態

　　以理性商品而言，無論是低涉入度的便利貼或是高涉入度的MSI筆記型電腦，最常使用的是男、女主角以外的「其他角色」，顯示理性商品強調功能、標準化、大眾化的特質。感性商品則與女主角搭配的比率最高。

　　FCB四項商品中，並以感性高涉入度的「無人物」比率最高，顯示劇中常以特寫方式呈現該類商品。產品類最常與女主角搭配露出，顯見產品使用上之個人化的特質；服務類與「男主角」、「女主角」、「其他角色」搭配的次數相當，顯見眾人可同時享受相同服務。商品出現位置中，產品類以「商品被使用」占最多，服務類則為「鏡頭特寫商品／滑行帶過商品外觀」最多，可見產品類多與人物搭配呈現，服務類則多以「事件發生的場景」展示。

2. 置入型態與商品資訊

　　商品資訊中，「特惠」、「購後保證」、「安全性」、「新點子」四項資訊「對白」之「提及商品資訊」之比率皆較「無提及商品資訊」多，顯見此四項資訊係屬內涵上較為抽象複雜的資訊，故須以對白輔助說明。其他資訊如「性能」、「包裝或外觀」之意涵，則相對上較為簡明易懂，故可用如「展現商品使用過程」、「鏡頭單獨特寫商品」之手法呈現，無須以對白輔助解釋。此外，「包裝或外觀」在角色分布上，男、女主角皆以「角色手持／配戴／使用商品，且商品外觀清楚可辨識」最多，可見劇中角色最常以「動態置入」之方式，呈現商品之外觀。

3. 商品類型與商品資訊

　　高涉入度商品之「價格／價值」、「成分或內涵」，呈現比率明顯高於低涉入度商品；感性商品之「價格／價值」、「成分或內涵」、「可得性」、「特惠」、「購後保證」、「安全性」，呈現比率皆高於理性商品。

　　由此可知，《命》劇中對感性商品所提供的商品資訊，較理性商品為多。FCB模式四項分類中，感性高涉入度商品之「價格／價值」、「成分或內涵」、

「可得性」、「特惠」、「購後保證」、「安全性」呈現的比率，皆高於其他三種商品，顯見《命》劇較強調感性高涉入度商品。

二、戲劇置入之思考

1.戲劇置入的優點
‧戲劇置入能以劇情彌補商品的抽象特性，以更完整的方式呈現商品利益

　　3M便利貼屬理性低涉入度商品，爲日常生活中常用的消耗品，商品利益爲具體的「好撕不黏手、來去不留痕跡」。《命》劇中以「陳欣怡＝便利貼」關係之建構，替3M這項商品增添了感性的人格特質，讓觀眾以理解「人物」的角度切入，來解讀3M便利貼的商品特性。

　　萬寶龍、麗星郵輪屬感性高涉入度商品，商品利益爲抽像的「浪漫、豪華」，強調個人主觀感性的情感，戲劇置入可彌補其商品利益的模糊特徵，以情節使之具體化。

	商品利益	劇情呈現
理性商品（3M便利貼）	好撕不黏手、來去不留痕跡：具體事實	加入感性特質： 女主角陳欣怡是個付出不求回報，常被人忽視的濫好人
感性商品（萬寶隆、麗星油輪）	浪漫、豪華：抽象模糊的形容詞	以具體情節呈現出「浪漫、豪華」： 浪漫：在郵輪上跳華爾滋、求婚、放煙火、現場真人演奏音樂、贈送象徵「愛情」的邱比特玩偶 豪華：對白說出具體價格，兩天一夜郵輪之旅花費女主角20萬元、萬寶龍Cool Blue鋼筆14,600元、男主角在麗星郵輪上求婚的萬寶龍戒指50萬元、拍賣會上的萬寶隆首飾組市值300萬元

‧可在不同橋段中呈現多樣化的商品訊息，或重複強調單一訊息
　　不同30秒的電視廣告，戲劇置入由於播映的時間較長，故能在不同的橋段中呈現出多樣化的商品訊息。3M便利貼在《命》劇中呈現出了「性能」、「包裝或外觀」、新點子（此指「便利貼女孩陳欣怡」，即角色置入），甚至還以口頭方式簡要的說明了便利貼的歷史；亦能在不同橋段中，重複呈現單一之商品訊息，如《命》劇的主軸即爲「便利貼女孩」的成長與蛻變。

‧劇情所賦予的象徵意義，使得商品的存在更具說服力

　　劇中陳欣怡為了能用自己的錢買Cool Blue鋼筆送給紀存希當生日禮物，不惜當掉了父親所遺留下的金項鍊嫁妝。陳欣怡其後流產傷心遠走上海，Cool Blue於是成了紀存希與陳欣怡闊別兩年期間的重要信物。紀存希在上海簽訂合約時，趙總問道：「這支鋼筆一定是一支很Lucky的筆吧？您靠它拿到了不少合約？」紀存希回應：「是啊，這是一個很重要的朋友送我的生日禮物，這兩年來我不管去哪裡，我都會帶著這支筆。」劇情堆疊使得Cool Blue的象徵意義與重要性不言可喻。

‧可呈現企業形象和品牌精神，並具體化服務業的「不可觸知性」

　　服務業有「不可觸知性」的特性，改善有四種策略：視覺化、關聯性、明確的象徵物和實證數據。「服務」若能以場景方式置入戲劇，非但可取得較產品更大的置入「面積」，尚能以「視覺化」方式將服務內涵呈現在觀眾的眼前。

　　本劇第一集幾乎全在麗星郵輪上拍攝，劇情除了描述紀存希與陳欣怡的相識過程，亦以運鏡方式（如由遠拉近特寫船身外觀、以橫向滑行的方式帶出甲板上全景等）和不同橋段的穿插（麗星郵輪上包括甲板上的吧檯前、甲板上日夜景、房間裡、船身外觀），展現出了各式各樣的船上風景、配備和設施。劇中座艙長為紀存希客製化專屬之求婚慶功晚宴說明了服務的「成分或內涵」，並將服務之「異質性」轉化為優勢。麗星郵輪座艙長贈與紀、陳兩人的邱比特（象徵愛情）玩偶視為「明確的象徵物」，建構出「豪華郵輪之旅=愛之旅」之關係。

2. 適合使用「戲劇置入」的商品類型

‧商品是否是「載具」？

　　本劇以3M便利貼出現的次數最多，其次為萬寶龍。便利貼的曝光次數高居各項置入商品之冠，原因除「陳欣怡=便利貼」關係之建構，使得3M之「聽覺置入」的比率大幅提高（劇中人物常以「便利貼」稱呼陳欣怡）之外，便利貼商品本身之「載具性質」，即「訊息傳達」之特性，亦大幅度提升了便利貼的「視覺露出」機會。如第二十三集中未出席婚禮的石安娜，就將自己的祝福寫在便利貼上，留言表達出她對紀存希與陳欣怡婚禮之慶賀。

「載具性質」也說明了爲何具溝通功能的手機、筆記型電腦，皆爲戲劇置入最常呈現的商品之一。

· 商品能否與運鏡融和？

萬寶龍的露出次數排名第二，僅次於3M便利貼。萬寶龍曝光頻繁的原因：其一爲「單一品牌多樣商品」的置入手法，此舉能提升品牌在劇中的能見度；其二則因偶像劇運鏡爲強調角色之情緒起伏，常以鏡頭特寫角色臉部表情或人物上半身，故使陳欣怡所配戴之萬寶龍標誌項鍊曝光大爲提升。

· 商品「外型」是否搶眼？

置入型態最常呈現出「包裝或外觀」，本研究認爲強調外型之感性商品，如珠寶、服裝，與以特殊造型爲主打之理性商品（如以鋼琴烤漆打造的筆電外殼），皆非常適合以戲劇置入來推銷商品。

此外，感性商品之「顯著視覺置入」比率明顯高於理性商品，顯見偶像劇視覺上較強調感性商品，故建議感性商品業者可以多考慮使用戲劇置入推銷商品。

3. 偶像劇《命中注定我愛你》之置入技法

· 對白：以品名、活動或意涵替代商品名稱，隱藏商業動機

「麗星郵輪」此名稱在劇中只被提到過一次，其餘時候皆被口頭代換爲「豪華遊輪之旅」、「愛之旅」、「一個重燃愛火的機會」等正向詞彙，名稱的代換不但縮減了其背後強烈的說服企圖，亦可降低觀眾對說服訊息的抗拒，且增加了商品的感性價值。萬寶隆戒指則是「妳在我心中的分量，更是表示著我要一輩子照顧妳、疼妳的決心……」，感性的價值藉著言語的正向堆疊不斷提升。

· 情節：以劇情活化再現商品功能，用商品說故事

將置入商品融入劇情發展是最佳、也最自然的戲劇置入呈現方式，也是置入性行銷優於其他推廣傳播工具的最大特點。

《命》劇以劇情活化再現商品功能，用商品說故事。劇中便利貼能幫人夢想

成眞、萬寶隆戒指幫男主角套住了命中注定的另一半、麗星郵輪的浪漫傳說，戲劇置入以情節為三項置入商品加入了超自然的功能，和廣告相比，雖然商品訊息在劇中的呈現較為分散，但藉由故事娓娓道來的方式，商品訊息也得到了進一步的延伸。

・置入型態：「角色置入」使商品反客為主

　　《命》劇第一集中，安排陳欣怡以旁觀者的角色，向觀眾介紹「便利貼女孩」的由來，說道：「陳欣怡，菜市場名字排名第一名的名字，她的存在就像是一張便利貼：她很方便，用過之後可隨手拋棄，呼之即來，揮之即去，不占空間，永遠安靜」，建立了「角色陳欣怡」與「商品便利貼」兩者間的強烈連結。

　　劇中「便利貼」為陳欣怡的綽號，《命》劇的主軸即為「便利貼女孩」的成長與蛻變。陳欣怡起初是個自卑、退縮且懦弱、逆來順受的女孩。因此，劇中人物亦會以便利貼的商品特性來鼓勵她，巧妙的帶出了3M的商品故事。

　　隨著紀存希愈來愈重視陳欣怡，「便利貼女孩」的地位也隨著劇情的推演不斷爬升；間接的，也讓便利貼這項商品的重要性不斷的被放大與強調。在30秒的電視廣告中，商品是唯一的主角，戲劇的主角則是人物，「角色置入」的手法使得商品反客為主，陳欣怡儼然成為3M便利貼之最佳代言人。

・置入元素：巧妙地呈現在戲劇中的各種不同位置

　　便利貼的功能與使用手法在劇中是十分多元的，舉例而言，在第二集陳欣怡從麗星郵輪返家之後，開燈，放下行李，按下答錄機，最後走到沙發上坐了下來，鏡頭隨著女主角的走動開始滑行，也拍攝到了欣怡家中貼在牆上、樓梯上、烤箱上、桌邊、樓梯欄杆上的便利貼，除了展示出便利貼能貼在許多不同的地點之外，隨處可見的便利貼亦再次呼應了「便利貼女孩陳欣怡」的核心劇情。商品能以出現在背景的方式露出，是置入的優勢。

三、後續研究建議（略）

四、研究限制（略）

參考書目

Allen, R. C. (1987). *Channels of Discourse: Television and Contemporary Criticism*, The University of North Carolina Press.

Berger, A. A. (1989). *Media Analysis Techniques,* Newbury Park, CA: Sage.

Davis, J. J. (1997). *Advertising Research: Theory and Practice*, Upper Saddle River, NJ: Prentice Hall.

Defleur, M. (1970). *Theories of Mass Communication*. New York: David McKay.

Dooley, D. (1984). *Social Research Methods*, Englewood Cliffs, NJ: Prentice-Hall.

Faherty, V. (1979). Continuing social work education: results of Delphi survey. *Journal of Education for Social Work,* 15(1), 12-19.

Fletcher, A. D. and T. A. Bowers. (1991) *Fundamentals of Advertising Research*, Belmont, CA: Wadsworth.

Festinger, L. A. (1957). *A Theory of Cognitive Dissonance*, New York: Row and Peterson.

Fiske, J. (1990). *Introduction to Communication Studies*, UK: Routledge.

Gieber, W. and Johnson, W. (1961). "The city hall beat: a study of reporter and source roles", *Journalism Quarterly,* 38: 289-97.

Hovland, C. I., Lumsdaine, A. A. and Sheffield, F. D. (1949). *Experiment on Mass Communication*. New York, NY: John Wiley.

Hovland, C. I. and Janis, I. L. (eds) (1959). *Personality and Persuasibility*. New Haven, CT: Yale University Press.

Kruger, R. A.(1988). *Focus Group*, Newbury Park, CA: Sage.

Krugman, H. E. (1965). "The impact of television advertising", *Public Opinion Quarterly*, 29: 349-56.

Lasswell, H. D. (1948). 'The structure and function of communication in society' in Bryson (ed.), *The Communication of Ideas*. New York: Harper and Brothers.

Lowery, S. and M. L. Defleur (1983). *Milestones in Mass Communication Research*,

New York: Longman.

McComb, M. and Shaw, D. L. (1972). "The agenda-setting function of mass media', *Public Opinion Quarterly,* 36: 176-87.

McQuail, D. and S. Windahl (1993). *Communication Models,* New York: Longman.

Newcomb, T. (1953). "An approach to the study of communicative acts", *Psychological Review,* 60: 393-404.

Noelle-Neumann, E. (1984). *The Spiral of Silence,* Chicago: University of Chicago Press.

Percy, L. and Rossitor, J. R. (1980). *Advertising Strategy,* NY: Praeger.

Petty, R. E. and J. T. Cacioppo (1981). "Issue involvement as a moderator of the effects on attitude of advertising content and context", in K. B. Monroe (ed.). *Advances in Consumer Research,* Vol. 8, Ann Arbor, MI: Association for Consumer Research.

Ray, M. L. (1973). "Marketing communication and the hierarchy of effects", pp.147-76 in Clarke, P. (ed.), *New Models for Communication Research.* Beverly Hills, CA: Sage.

Reynolds, P. D. (1971). *A Primer in Theory Construction,* Indianapolis, IN : Bobbs-Merrill.

Seidman, I. (2006). *Interviewing as Qualitative Research,* New York: Teachers College Press, Columbia University.

Stokes, J. (2003). *How to do Media and Cultural Studies,* Newbury Park, CA: Sage.

Tichenor, P. J., Donohue, G. A. and Olien, C. N. (1970). "Mass media and differential growth in knowledge", *Public Opinion Quarterly,* 34: 158-70.

White, D. M. (1950). "The gatekeeper: a case studying the selection of news", *Journalism Quarterly,* 27: 389-90.

Mimmer, R. D. and J. R. Dominick (2000). *Mass Media Research: An Introduction,* Belmont, CA: Wadsworth.

Wuthnow, R., J. D. Hunter., A. Bergesen and E. Kurzweil (1984). *Cultural Analysis,* UK: Routledge.

王石番（1991）。《傳播內容分析法》，臺北：幼獅。

王雲東（2007）。《社會研究方法》，臺北：威仕曼。

李沛良（1992）。《社會研究的統計分析》，臺北：巨流。

李政賢譯（2009）。《訪談研究法》，臺北：五南。

黃新生（1987）。《媒介批評：理論與方法》，臺北：五南。

陳新豐（2015）。《量化資料分析：SPSS與EXCEL》，臺北：五南。

陳國明等（2010）。《傳播研究方法》，臺北：威仕曼。

鄭自隆（2013）。《公共關係：策略與管理》，臺北：前程。

鄭自隆（2014）。《廣告策略與管理》，臺北：華泰。

哈囉：

我們的粉絲專頁終於成立囉！

2015年5月，我們新成立了【五南圖書　教育/傳播網】粉絲專頁，期待您按讚加入，成為我們的一分子。

在粉絲專頁這裡，我們提供新書出書資訊，以及出版消息。您可閱讀、可訂購、可留言。有什麼意見，均可留言讓我們知道。提升效率、提升服務，與讀者多些互動，相信是我們出版業努力的方向。當然我們也會提供不定時的小驚喜或書籍折扣給您。

期待更好，有您的加入，我們會更加努力。

五南圖書出版股份有限公司
WU-NAN BOOK COMPANY LTD.

【五南圖書　教育/傳播網】臉書粉絲專頁

五南文化事業機構其他相關粉絲專頁，依您所需要的需求也可以加入呦！

五南圖書 法律/政治/公共行政

五南財經異想世界

五南圖書中等教育處編輯室

五南圖書 史哲/藝術/社會類

台灣書房

富野由悠季《影像的原則》台灣版　10月上市！！

魔法青春旅程－4到9年級學生性教育的第一本書

國家圖書館出版品預行編目資料

傳播研究與效果評估／鄭自隆著. －－初
版.－－臺北市：五南，2015.09
　　面；　公分
ISBN 978-957-11-8264-3（平裝）
1.傳播研究
541.83　　　　　　　　　　104015791

1ZEZ

傳播研究與效果評估

作　　者 ― 鄭自隆(381.7)

發 行 人 ― 楊榮川

總 編 輯 ― 王翠華

主　　編 ― 陳念祖

封面設計 ― 吳岱芸

出 版 者 ― 五南圖書出版股份有限公司

地　　址：106台北市大安區和平東路二段339號4樓

電　　話：(02)2705-5066　傳　　真：(02)2706-6100

網　　址：http://www.wunan.com.tw

電子郵件：wunan@wunan.com.tw

劃撥帳號：01068953

戶　　名：五南圖書出版股份有限公司

法律顧問　林勝安律師事務所　林勝安律師

出版日期　2015年9月初版一刷

定　　價　新臺幣620元